Kohlhammer

Tina In-Albon

Kinder und Jugendliche mit Angststörungen

Erscheinungsbilder, Diagnostik, Behandlung, Prävention

Verlag W. Kohlhammer

1. Auflage 2011

Umschlag: Gestaltungskonzept Peter Horlacher
Gesamtherstellung:
W. Kohlhammer Druckerei GmbH + Co. KG, Stuttgart
Printed in Germany

ISBN 978-3-17-021074-5

Inhalt

Vorwort

Wer Ängste bewältigen möchte, muss über Ängste Bescheid wissen. Dazu möchte dieses Buch einen Beitrag leisten. Es richtet sich an Kinder- und Jugendlichenpsychologen, -psychotherapeuten, Studierende der Psychologie, Praktiker aus den Bereichen Klinische Psychologie, Kinder- und Jugendpsychiatrie, Pädagogik, Pädiatrie und deren Nachbardisziplinen.

Mit der in diesem Buch verwendeten männlichen Form sind selbstverständlich beide Geschlechter gleichermaßen gemeint.

Kinder in unterschiedlichem Alter und verschiedenen Entwicklungsstufen können unterschiedliche Bedürfnisse haben. Um Verwirrungen zu vermeiden, wird mit dem Begriff „Kinder" sowohl auf Kinder als auch auf Jugendliche verwiesen. Wenn der Verweis spezifisch für eine Altersgruppe gilt, wird explizit darauf hingewiesen.

Ich möchte die Gelegenheit nutzen, an dieser Stelle einigen mir besonders wichtigen Menschen zu danken. Zuallererst meiner Mentorin Silvia Schneider, von der ich so viel lernen und profitieren durfte. Sie unterstützte mich in jeder Hinsicht und half mir, meine Ideen weiterzuentwickeln. Mein „größter" Dank gilt jedoch neben all den fachlichen Inputs ihrer sehr herzlichen und wertschätzenden Art.

Weiterhin danke ich meinen Kolleginnen, Kollegen und wissenschaftlichen Hilfskräften der vergangenen Jahre in der Abteilung Klinische Kinder- und Jugendpsychologie der Universität Basel. Mein besonderer Dank geht an Stefanie Brennwald für das sorgfältige Korrekturlesen.

Einen herzlichen Dank für die Unterstützung, Freundschaft und Liebe an meine Eltern, Freunde und meine Liebe Daniel Wampfler.

Basel, im Frühjahr 2011
Tina In-Albon

1 Einleitung

Beim Schreiben an diesem Buch habe ich mich oft an „meine" Therapiekinder zurückerinnert. Kinder, die aufgrund ihrer Ängste längere Zeit die Schule nicht besuchen konnten, die sich nicht mit Freunden verabredeten oder ganz allgemein nicht die Kindheit oder Jugend leben konnten, die man allen Kindern und Jugendlichen eigentlich wünschen würde. Aufgrund dieser Erfahrungen und weiterer Fakten, die im Verlauf des Buches beschrieben werden, sind die Angststörungen als häufig sehr beeinträchtigende und belastende Störungen zu sehen, die Kinder ihrer Kindheit und Unbekümmertheit berauben können.

Ein großes Dankeschön geht daher an dieser Stelle an alle Kinder, von denen ich so viel lernen durfte. Es macht mir viel Freude, zu sehen, wie sie ihre Jugend „nachholen" oder mir erzählen, dass sie ihre Mutmach-Karten noch immer haben. Selbstkritisch muss ich mir aber auch die Frage stellen, was ich hätte besser machen können. Die Hoffnung bleibt, dass auch jene Kinder etwas mitnehmen konnten, die mir von keinem Erfolgserlebnis berichteten. Auch ihnen gilt ein großes Dankeschön, dass sie mich zum Nachdenken angeregt und damit aufgefordert haben, weiter zu untersuchen, wie man den betroffenen Kindern besser helfen kann. Denn obwohl die Therapieforschung bei Angststörungen im Kindes- und Jugendalter gute Ergebnisse zeigt, gibt es doch noch einige Kinder, die nicht oder nur ungenügend von den gegenwärtigen Therapien profitieren. Ganz zu schweigen von den Kindern, die im Stillen leiden und gar keine Behandlung erhalten. Das Ziel muss daher sein, dass auch diese Kinder von einer nachhaltig wirksamen Therapie profitieren, und dass Kinder mit einem erhöhten Risiko, eine Angststörung zu entwickeln, frühzeitig erkannt werden und präventiv gehandelt werden kann, damit es gar nicht erst zu einer Angsterkrankung kommt.

Tatsache ist leider noch immer, dass Kinder mit Angststörungen leicht verkannt werden, da sie nicht wie Kinder mit Verhaltensstörungen auffallen. Fast jedes zehnte Kind leidet an einer Angststörung, und es ist erwiesen, dass sich Angststörungen nicht „von alleine auswachsen", sondern einen Risikofaktor für die Entwicklung weiterer psychischer Störungen im Jugend- und Erwachsenenalter darstellen. Dennoch erhalten die wenigsten Kinder und Jugendlichen mit einer Angststörung eine adäquate Behandlung. Dies beispielsweise im Gegensatz zu Kindern mit Verhaltensauffälligkeiten. Das zappelige, unruhige Verhalten kann von außen wahrgenommen werden, während Ängste sich im Inneren des Kindes abspielen und es daher eher im Stillen leidet.

Angst ist ein normales Gefühl, das jeder kennt, wie Freude, Wut und Traurigkeit. Normalerweise tritt Angst als angemessene Reaktion auf bedrohlich beurteilte Ereignisse auf. Obwohl Angst meistens als unangenehm erlebt wird, ist sie nicht gefährlich. Im Gegenteil, die Angst kann sehr nützlich und sinnvoll sein. Als die Menschen noch in der freien Natur lebten, war Angst lebensnotwendig als Vorbereitung auf Flucht und Kampf. Auch heute ist ein gewisses Maß an Angst sinnvoll. Beispielsweise zeigt sich diese Alarmreaktion beim Überqueren einer Straße, wenn plötzlich ein Auto hupend und schnell auf uns zukommt, so dass diese automatische Angstreaktion uns rasch zur Seite springen lässt und uns so vielleicht das Leben rettet. Die körperlichen Reaktionen, die man verspürt, wenn man Angst hat oder nervös ist, dienen der Vorbereitung des Körpers auf schnelles Handeln, wie zum Beispiel schnelles Herzklopfen, um möglichst schnell weglaufen zu können. Dieser Aspekt der Angst geht häufig unter, wenn von Ängsten gesprochen wird. Ängste werden häufig nur als etwas Gefährliches und Schlimmes angesehen. Dass die Angst jedoch in gewissem Ausmaß sinnvoll sein kann, ist für die Zielsetzung in der Behandlung wichtig. Das Ziel einer Angsttherapie ist nicht, dass das Kind keine Angst mehr hat, sondern dass es angemessen mit angstauslösenden Situationen umgehen kann.

Angststörungen im Kindes- und Jugendalter sind von großer gesundheitspolitischer Bedeutung, da sie zu den häufigsten psychischen Störungen gehören, über den Verlauf stabil sind und einen bedeutenden Risikofaktor für die Entwicklung weiterer psychischer Störungen im Jugend- und Erwachsenenalter darstellen. Zudem liegt das Erstauftretensalter psychischer Störungen häufig im Kindes- und Jugendalter, so dass anzunehmen ist, dass eine adäquate Behandlung von psychischen Störungen im Kindes- und Jugendalter auch eine Prävention psychischer Störungen im Jugend- und Erwachsenenalter darstellt.

Diese Hinweise und die Tatsache, dass Kinder mit Angststörungen oft einen hohen Leidensdruck haben und ihr Alltag beeinträchtigt ist, verweisen auf den dringenden Handlungsbedarf, die Erkennung von Angststörungen zukünftig zu verbessern, damit Betroffene frühzeitig eine adäquate Behandlung bekommen.

Im ersten Teil dieses Buches wird ein Überblick über die Epidemiologie und Erscheinungsbilder der verschiedenen Angststörungen gegeben. Im zweiten Teil werden Erklärungsansätze von Angststörungen beschrieben. Im dritten Teil wird auf die Diagnostik eingegangen, gefolgt vom vierten Teil, in dem der aktuelle Stand der Therapieforschung vorgestellt und diskutiert wird. Besonderen Wert wird auf den Teil zur Behandlung gelegt. Voraussetzungen und einzelne Komponenten für die Therapie werden ausführlich beschrieben und mit praktischen Beispielen veranschaulicht. Es sollte an dieser Stelle jedoch deutlich gesagt werden, dass das Buch kein Therapiemanual darstellt. Zusätzlich werden neue Ansätze in der Psychotherapie vorgestellt. Zudem wird im Buch eingegangen auf Geschwister von Kindern mit Angststörungen, Emotionsregulation sowie Angststörungen und Autismus. Um Prävention geht es im Abschlussteil.

2 Angst und Angststörungen im Kindes- und Jugendalter

2.1 Geschichte der Angststörungen im Kindesalter

In der Geschichte der Klinischen Psychologie war die Erforschung von Angststörungen bei Kindern und deren Behandlung zu Beginn der 1920er Jahre ein angesagter Forschungsbereich. Aus heutiger Sicht sind die beiden bekanntesten Studien, die im Folgenden beschrieben werden, ethisch sicherlich sehr fragwürdig, dennoch sind sie für die Erforschung von Ängsten und deren Behandlung bedeutsam.

Berühmt-berüchtigt sind die Konditionierungsversuche an „Little Albert“, publiziert 1920 von John B. Watson und Rosalie Rayner. Albert war ein gesundes, normal entwickeltes neun Monate altes Kind. In einer Vorstudie beobachtete man Alberts Reaktionen, als er mit einer Ratte, einem Hasen, einem Hund, einem Affen, Wolle und Masken mit und ohne Haare konfrontiert wurde. Dabei zeigte Albert keinerlei Angstreaktionen. Hingegen zeigte er Furcht und begann zu weinen, wenn hinter ihm mit einem Hammer auf eine Eisenstange geschlagen wurde. Watson und Rayner stellten folgende Fragestellungen auf: Kann eine Angstkonditionierung auf Tiere wie z. B. eine weiße Ratte hergestellt werden, indem gleichzeitig zur visuellen Darbietung der Ratte auf eine Eisenstange geschlagen wird? Wird es nach dieser Konditionierung zu einer Generalisierung der Ängste auf andere Objekte kommen? Welche Effekte hat die Zeit? Falls nach einer gewissen Zeit die emotionalen Reaktionen nicht abflachen, welche Methoden gibt es zur Beseitigung? Die Konditionierungsversuche mit Albert begannen, als dieser elf Monate alt war. Bezüglich ethischer Bedenken beschrieben die Autoren, dass sie zunächst gezögert hätten, die Konditionierung durchzuführen, dann aber zur Überzeugung gelangt seien, dass es sowieso irgendwann zu solchen Ereignissen kommen würde, wenn das Kind das behütete Umfeld verlasse.

Die ersten Konditionierungen fanden mit einer Ratte statt. Als Albert die Ratte berührte, wurde hinter ihm mit einem Hammer auf eine Eisenstange geschlagen. Beim zweiten Durchgang begann Albert zu wimmern und zögerte, die Ratte zu berühren. In der Folge fanden fünf Durchgänge statt, in denen die Ratte gleichzeitig mit dem lauten Ton präsentiert wurde. Beim fünften Durchgang und in Folge bei der alleinigen Präsentation der Ratte begann Albert zu weinen und krabbelte weg. Weitere fünf Tage später wurde untersucht, ob sich die Angst generalisiert hatte. Bei der ersten Präsentation eines Hasen lehnte er sich weg, wimmerte und brach in Tränen aus. Das gleiche

Verhalten zeigte er bei Pelz, Baumwolle und Watsons Haaren. Bei der Präsentation der Ratte wimmerte er und krabbelte davon. Mit Holzblöcken spielte er nach wie vor gerne. Wiederum fünf Tage später fixierte Albert die Ratte mit den Augen und zog sich zurück, weinte jedoch nicht. Damit war es den Autoren leider noch nicht genug und es wurden weitere Konditionierungsversuche durchgeführt. Zudem wurde Albert in einen anderen Raum gebracht. Bei der Konfrontation mit der Ratte, dem Hasen und dem Hund zeigte Albert nur leichte Angstreaktionen und versuchte, seine Hände so weit weg wie möglich von den Tieren zu halten. Erneut wurde dann bei der Präsentation der Tiere auf eine Eisenstange geschlagen. Dies führte bei Albert wiederum zu einem Rückzugsverhalten. Nach einem Monat wurden Albert die Maske mit Bart, der Pelz, die Ratte und der Hase präsentiert. Er weinte, als der gezwungen wurde, die Maske zu berühren, und wimmerte, wenn man sich ihm mit dem Pelz näherte. Die Ratte fixierte er mit seinen Augen und als die Ratte seine Hand berührte, zog er sie schnell weg. Das gleiche Verhalten zeigte sich auch beim Hasen und beim Hund.

Dann wurde von den Autoren beschrieben, dass im Anschluss an diese (letzte) Sitzung die Mutter mit Albert weggezogen sei, so dass keine Rekonditionierung hätte durchgeführt werden können. Watson und Rayner erwähnten folgende Methoden zur Beseitigung der Ängste: Konstante Konfrontation, damit sich eine Habituierung auf den angstauslösenden Reiz einstellt. Rekonditionierung, indem bei der Präsentation der Tiere Süßigkeiten oder andere beliebte Lebensmittel gegeben werden.

Weshalb die Mutter wegzog, und was aus Albert wurde, ist bis heute nicht bekannt. Im Zusammenhang mit dieser Studie können, neben den ethischen Aspekten bezüglich der Durchführung der Studie und der Nicht-Beseitigung der willkürlich erzeugten Angst, weitere Probleme festgehalten werden. Es fehlte eine Operationalisierung der Variable „Furcht“ und eine klare Quantifizierung des Verhaltens von Albert. So wird im Studienprotokoll nur von „verzieht das Gesicht“, „wimmert“ und „fällt vorn über“ berichtet. Zudem werden gegen Ende des Experiments die Reaktionen von Albert immer unklarer beschrieben. Des Weiteren wurde der Versuchsplan immer wieder neu angepasst. Beispielsweise wurden weitere Konditionierungsversuche durchgeführt, als die Reaktionen von Albert schwächer wurden.

Die zweite wichtige Studie von Mary Cover Jones folgerte 1924 aus dem Versuch von Watson, wenn man Kindern Ängste ankonditionieren könne, es auch möglich sein sollte, diese wieder abzukonditionieren. Die von Watson beschriebenen Methoden zur Rekonditionierung und Beseitigung der Ängste wurden in der Behandlung des „kleinen Peters“ angewendet. Peter war ein fast drei Jahre alter Junge mit einer starken Angst vor Kaninchen, Ratten, Pelzmänteln, Federn und Baumwolle. Am stärksten ausgeprägt war seine Angst vor Kaninchen. Zunächst bestand die Behandlung darin, ihn mit einem Kaninchen zu konfrontieren. Da dieses Vorgehen nicht zur gewünschten Angstreduktion führte, bekam Peter in Anwesenheit des Kaninchens sein Lieblingsessen. Dabei wurde das Kaninchen graduiert immer näher an Peter herangeführt. Peter wurde immer vertrauter mit dem Kaninchen und war dann auch fähig, das Kaninchen zu berühren und mit ihm zu spielen.

Die Geschichte des kleinen Peter ist der erste Fall der Verhaltenstherapie, dessen Behandlungsgeschichte bekannt ist (Pongratz, 1973). Mit dieser Behandlung nahm Jones die von Wolpe entwickelte Methode der Desensibilisierung vorweg (Wolpe, 1958). In Anwesenheit des angstauslösenden Reizes wird eine positive Reaktion provoziert, die inkompatibel und stärker als die negative Reaktion ist (Peter erhält sein Lieblingsessen, während ein Kaninchen anwesend ist). Zudem erfolgt die Annäherung an das Kaninchen schrittweise. Auch bei diesem Experiment gibt es einige kritische Punkte zu berücksichtigen. Beispielsweise der Wechsel der Behandlungsmethode von der einfachen Präsentation des angstauslösenden Stimulus zur Präsentation mit der Darbietung des Lieblingsessens sowie die Nicht-Überprüfung der Generalisierung der Effekte auf andere angstauslösende Stimuli wie beispielsweise Ratten, Pelzmäntel und Federn. Zudem wurden keine Nachuntersuchungen durchgeführt, so dass keine Aussagen zur Stabilität des Behandlungserfolges gemacht werden können.

Man könnte denken, dass insbesondere die „Therapieergebnisse" zum kleinen Peter dem Bereich der Angststörungen im Kindesalter hätten Auftrieb geben sollen, aber nach diesen Versuchen gingen Forschungsarbeiten zum Thema „Angststörungen bei Kindern" stark zurück. Für lange Zeit herrschte die Meinung vor, Ängste bei Kindern würden „sich schon wieder auswachsen". Dass dem nicht so ist, konnten in den vergangenen Jahren mehrere wissenschaftliche Studien zeigen, die unter anderem in den folgenden Kapiteln behandelt werden.

2.2 Angst, Furcht und Phobien

Bevor auf die übermäßigen Ängste, d. h. die krankhafte Angst eingegangen wird, soll hier zunächst eine Definition erfolgen, was unter Angst zu verstehen ist. Angst ist eine notwendige und normale Emotion. Evolutionsgeschichtlich hat die Angst eine überlebensnotwendige Funktion: Sie ist ein Schutzmechanismus, der in tatsächlichen oder auch nur vermeintlichen Gefahrensituationen ein angemessenes Verhalten einleitet. Da die Kosten einer Flucht relativ gering sind, aber diejenigen einer übersehenen Bedrohung sehr hoch sein können (Tod), ist die „Alarmanlage Angst" eher empfindlich eingestellt, was jedoch zu einigen „Fehlalarmen" führen kann. Im Folgenden werden die verschiedenen Begriffe Angst, Furcht und Phobie beschrieben:

Angst ist eine elementare, überlebensnotwendige Basisemotion, welche sich in als bedrohlich empfundenen Situationen äußert. Angst ist ein in die Zukunft gerichtetes Warnsignal.

Furcht ist das Gefühl konkreter Bedrohung. Im Gegensatz zur allgemeinen Emotion Angst ist die Furcht immer ganz konkret auf ein bestimmtes Objekt bezogen, meist rational begründbar und angebracht. Man spricht daher von der Furcht *vor* etwas.

Phobie ist eine krankhafte, unbegründete und anhaltende Angst vor Situationen, Gegenständen, Tätigkeiten oder Personen. Sie äußert sich im übermäßigen, unangemessenen Wunsch, den Anlass der Angst zu vermeiden. Ein Kennzeichen von Phobien ist die unmittelbare Angstreaktion bei Auftreten des phobischen Reizes (z. B. Hund, Spritze, vor anderen sprechen).

2.3 Angst oder Angststörung?

Was ist nun aber der Unterschied zwischen normaler Angst und krankhafter Angst?

Ängste werden dann als eine Krankheit bezeichnet, wenn sie lange anhalten, starke und anhaltende Beeinträchtigungen für das Kind bedeuten, das Kind darunter leidet, sie langfristig die normale Entwicklung des Kindes verhindern (z. B. nicht mit Freunden spielen, nicht zur Schule gehen) oder familiäre Probleme auslösen. Ängste, die mild oder nur vorübergehend auftreten und für die jeweilige Entwicklungsphase normal sind, sollten entsprechend nicht behandelt werden und gehen mit einer neuen Entwicklungsphase vorüber.

Wie bereits beschrieben, sind Ängste etwas Normales. Milde Ängste gehören zur normalen Entwicklung eines Kindes dazu. Typischerweise handelt es sich im Kindesalter um schwache Ängste, die zeitlich vorübergehend auftreten. **Tabelle 2.1** gibt einen Überblick über Ängste und Angststörungen im Entwicklungsverlauf von Kindern und Jugendlichen. Man erkennt dabei, dass sich verschiedene Formen der Angst im Laufe des Lebens entwickeln. „Fremdelangst“ (oder „Achtmonatsangst“) ist eine weitgehend kulturunabhängige Angst, die die meisten Kinder in unterschiedlicher Ausprägung zwischen dem siebten und zwölften Lebensmonat haben, aber dann wieder von alleine abklingt. Des Weiteren rufen plötzliche, laute Geräusche, Dunkelheit und Geister Angstreaktionen bei Kleinkindern hervor. Diese Ängste sind Teil der normalen Entwicklung. Eltern können die Kinder bei der Angstverarbeitung unterstützen und dem Kind Sicherheit geben, aber die Ängste können sie nicht verhindern.

Tab. 2.1: Entwicklungstypische Ängste und alterstypische Angststörungen von Kindern und Jugendlichen (nach Carr, 1999, S. 404 und Schneider, 2004, S. 10)

Alter	Entwicklungstypische Ängste	Alterstypische Angststörungen
0–6 Monate	Intensive sensorische Reize, Verlust von Zuwendung, laute Geräusche	
6–12 Monate	Fremde Menschen, Trennung	
2–4 Jahre	Phantasiekreaturen, potentielle Einbrecher, Dunkelheit	Trennungsangst, Spezifische Phobien (Geister)

Alter	**Entwicklungstypische Ängste**	**Alterstypische Angststörungen**
5–7 Jahre	Naturkatastrophen (Feuer, Überschwemmung), Verletzungen, Tiere	Spezifische Phobien (Tier-Typus, Blut-Spritzen-Verletzungstypus)
8–11 Jahre	Schlechte schulische und sportliche Leistungen	Prüfungsangst
12–18 Jahre	Ablehnung durch Alterskameraden	Soziale Phobie, Agoraphobie, Panikstörung

Fazit – Angst oder Angststörung?

Eine Angst ist dann behandlungsbedürftig, wenn das Leben und die Entwicklung des Kindes beeinträchtigt sind und das Kind über einen längeren Zeitraum unter der Angst leidet.

3 Epidemiologie der Angststörungen im Kindes- und Jugendalter

Bevor die Prävalenzen von Angststörungen beschrieben werden, möchte ich eine kurze Einbettung der Angststörungen in die Häufigkeiten der psychischen Störungen im Kindes- und Jugendalter vornehmen. Die Mehrheit der Übersichtsarbeiten zur Epidemiologie psychischer Störungen im Kindes- und Jugendalter fand Lebenszeitprävalenzraten von 20 %, so dass eine relative Einheitlichkeit der Ergebnisse von ungefähr 20 % als gültig angenommen werden kann, trotz methodischer Unterschiede über die Studien hinweg (z. B. Petermann, 2005; Ihle & Esser, 2002; Steinhausen, Metzke, Meier & Kannenberg, 1998). Dies wird auch durch eine aktuelle Studie aus den USA mit 10 123 Jugendlichen zwischen 13 und 18 Jahren belegt, welche eine Prävalenzrate von 22,2 % für psychische Störungen gefunden hat (Merikangas et al., 2010). Es ist anzunehmen, dass etwa jedes fünfte bis zehnte Kind zu einem gegebenen Zeitpunkt unter einer psychischen Störung leidet.

Weniger Studien liegen zu Prävalenzraten bei jüngeren Kindern vor, jedoch zeigen sich auch da bereits bedenkliche Häufigkeiten. In einer aktuellen Studie von Carter et al. (2010) zeigte sich auch bei Sechsjährigen, dass jedes fünfte Kind die Kriterien für eine psychische Störung erfüllte, welche mit einer Beeinträchtigung einherging (21,6 %). Ohne Beeinträchtigung ergab sich eine Häufigkeit von 32 %. Kuschel et al. (2008) untersuchten in Deutschland drei- bis sechsjährige Kindergartenkinder. Je nach Beurteiler (Eltern, Erzieher) lagen die Prävalenzraten zwischen 0,5 % und 9,4 %, wobei internalisierende Störungen deutlich häufiger angegeben wurden als externalisierende Störungen.

3.1 Prävalenzen der Angststörungen

Angststörungen kommen im Kindes- und Jugendalter häufig vor. In einer Überblicksarbeit haben Ihle und Esser (2002) die wichtigsten Studien zur Entwicklungsepidemiologie psychischer Störungen des Kindes- und Jugendalters zusammengefasst. Für die Angststörungen liegt der Median für die in den Studien untersuchten Periodenprävalenzen (Sechsmonats- bis Lebenszeitprävalenzen) bei 10,4 %. Somit sind Angststörungen die häufigsten psychischen Störungen im Kindes- und Jugendalter (siehe auch Costello et al., 2003; Merikangas et al., 2010). **Tabelle 3.1** gibt einen Überblick zu den Prävalenzraten von Angststörungen aus verschiedenen epidemiologischen Studien im deutschen Sprachraum.

Tab. 3.1: Prävalenzraten (in %) von Angststörungen im Kindes- und Jugendalter im deutschsprachigen Raum

Angststörung	**Federer et al. 2000**	**Steinhausen et al. 1998**	**Essau et al. 1998**		**Wittchen et al. 1998**	
Alter (Jahre)	8	7–16	12–17		14–24	
Stichprobengröße	826	1964	3021		1035	
Zeitraum Prävalenzerhebung	6 Mte	6 Mte	12 Mte	LZ	12 Mte	LZ
Angststörung	9.5	11.4	11.3	18.6	9.3	14.4
Störung mit Trennungsangst	2.8	0.8	--	--	--	--
Spezifische Phobie	5.2	5.8	2.7	3.5	1.8	2.3
Soziale Phobie	0.4	4.7	1.4	1.6	2.6	3.5
GAS	1.4	0.6	0.2	0.4	0.5	0.8
Panikstörung	0	--	0.5	0.5	1.2	1.6
Agoraphobie	0	1.9	2.7	4.1	1.6	2.6
Zwangsstörung	--	0.2	1.0	1.3	0.6	0.7
PTBS	0.1	--	1.0	1.6	0.7	1.3

Anmerkung: -- = Störung nicht erhoben, LZ = Lebenszeit

Bei den sog. „pre-teens" (Kinder unter zwölf Jahren) finden konservative Schätzungen eine Periodenprävalenz von 3,05 % (Ford, Goodman & Meltzer, 2003), wogegen gemäß anderen Studien bis zu 23,9 % der Population von einer Angststörung betroffen sind (für einen Überblick siehe Carthwright-Hatton, McNicol & Doubleday, 2006).

Über das Alter hinweg zeigen sich bei den verschiedenen Angststörungen unterschiedliche Prävalenzraten. Im Vorschulalter ist die Störung mit Trennungsangst die häufigste Angststörung (Cartwright-Hatton et al., 2006; Costello et al., 2005a; Pine et al., 1998). In der Adoleszenz zeigt sich ein Anstieg der Prävalenzraten bei der Sozialen Phobie und der Generalisierten Angststörung (Fergusson et al., 1993; Verhulst et al., 1997). Die Panikstörung im Kindes- und Jugendalter ist mit einer Lebenszeitprävalenz von unter 1 % eher selten (Federer et al., 2000; Pine et al., 1998; Reed & Wittchen, 1998). Unterschiedliche Prävalenzraten in den Studien hängen davon ab, ob das Kriterium einer klinisch signifikanten Beeinträchtigung im Zusammenhang mit der Angststörung gegeben ist, welche Verfahren zur Erfassung der Angststörungen eingesetzt wurden sowie welches Klassifikationssystem zugrunde lag.

3.2 Erstauftretensalter der Angststörungen

Wie wichtig bereits das Kindesalter in Bezug auf die psychische Gesundheit ist, zeigen Untersuchungen zum Erstauftretensalter psychischer Störungen. Sowohl retrospektive als auch prospektive Studien verweisen darauf, dass die Hälfte aller Lebenszeitdiagnosen bereits vor dem 14. Lebensjahr beginnen (Kim-Cohen et al., 2003; Kessler et al., 2005). Wie **Tabelle 3.2** verdeutlicht, haben die Angststörungen insgesamt einen frühen Beginn, wobei dieser je nach Angststörung variieren kann. Eine retrospektive Befragung von 9 282 erwachsenen Probanden ergab einen Median von elf Jahren für das Erstauftretensalter von Angststörungen. Spezifische Phobien und die Störung mit Trennungsangst hatten mit sieben Jahren den frühesten Beginn. Der Median bei der Sozialen Phobie lag bei 13 Jahren. Das Auftretensalter der weiteren Angststörungen lag im Median zwischen 19 und 31 Jahren (Kessler et al., 2005). Im Vergleich dazu haben zum Beispiel Störungen durch Substanzkonsum durchschnittlich einen späteren Beginn und eine größere Spannweite. Diese Daten werden durch eine prospektive Studie gestützt (Kim-Cohen et al., 2003). Diese zeigte, dass 50 % von 26-jährigen Jugendlichen mit einer aktuellen Diagnose einer psychischen Störung bereits im Alter zwischen 11 und 15 Jahren eine psychische Störung hatten.

3.3 Stabilität der Angststörungen

Mehrere Studien verweisen auf einen stabilen Verlauf der Angststörungen von der Kindheit in die Adoleszenz und das Erwachsenenalter (z. B. Essau, Conradt & Petermann, 2002; für einen Überblick siehe Weems, 2008). Gemäß der Überblicksarbeit von Ihle und Esser (2002) zeigen psychische Störungen über alle Altersstufen eine hohe Stabilität. Die Stabilitätsrate emotionaler Störungen zeigte, dass ungefähr die Hälfte psychisch auffälliger 13-Jähriger auch noch im Alter von 18 Jahren emotionale Störungen aufwies. Ein ähnliches Bild zeigte sich für den Verlauf der emotionalen Störungen vom 18. bis zum 25. Lebensjahr (Ihle, Esser, Schmidt & Blanz, 2002). Interessant sind auch die Ergebnisse zu den zeitlichen Veränderungen und Variationen der Geschlechterverhältnisse von internalisierenden und externalisierenden Störungen der Mannheimer Kurpfalzstudie. Bei den externalisierenden Störungen zeigten die Jungen diese Störungen im Grundschul- und im Erwachsenenalter häufiger als Mädchen, nicht aber im Jugendalter. Im Gegensatz dazu zeigte sich bei den internalisierenden Störungen, dass Frauen erst im frühen Erwachsenenalter höhere Werte aufwiesen (Ihle et al., 2002). In einer Studie von Zivin et al. (2009), in der auch eine hohe Persistenz psychischer Störungen gefunden wurde, zeigte sich zudem, dass der wahrgenommene Bedarf an Hilfe ein Prädiktor für Angststörungen zwei Jahre später war. Wie bereits Pine et al. (1998) konnten auch Carballo et al. (2010) zeigen, dass die höchste Stabilität der Angststörungen Phobien und die Soziale Phobie aufwiesen.

Es liegen jedoch auch eher kontroverse Befunde vor. Beispielsweise zeigte sich in der auf 15 Jahre angelegten Zürcher Längsschnittstudie (Angst & Vollrath, 1991) eine geringe Stabilität (4 %) für reine Angststörungen (spezifisch Generalisierte Angststörung und Panikstörung). Bei der Sozialen Phobie erfüllte nach der Manifestation niemand kontinuierlich die Diagnosekriterien (Merikangas et al., 2002). In der EDSP Studie (*Early Developmental Stages of Psychopathology Study*) erfüllten zum Zwei-Jahres-Follow-Up nur noch 19,7 % der Baseline-Erhebung die Kriterien für eine Angststörung (Wittchen, Lieb, Pfister & Schuster, 2000). Dabei zeigte sich eine große Varianz zwischen den unterschiedlichen Angststörungen. Die stabilsten Angststörungen waren die Panikstörung (44 %) und die Spezifische Phobie (30,1 %), die Störungen mit der geringsten Stabilität waren Agoraphobie (13,4 %) und Soziale Phobie (15,8 %). Auch in der Studie von Last et al. (1997) waren nach drei bis vier Jahren 80 % der Kinder von ihrer ursprünglichen Angststörung remittiert.

Stellt man sich dann aber die Frage, ob es diesen Kindern gut geht, kann dies verneint werden. Die EDSP Studie zeigte, dass nur 10 % der Kinder mit einer Spezifischen Phobie zur Baseline-Erhebung zehn Jahre danach keine Diagnose mehr erfüllten, 41 % berichteten die gleiche Störung und bei insgesamt 73 % wurde eine andere Angststörung oder depressive Störung diagnostiziert (Emmelkamp et al., 2009).

3.4 Verlauf der Angststörungen – Angststörungen im Kindes- und Jugendalter als Risikofaktor?

Neben den Prävalenzraten von Angststörungen verweisen Studien zum Verlauf der Angststörungen eindringlich darauf, dass psychische Störungen im Kindes- und Jugendalter sich nicht „auswachsen", sondern einen beträchtlichen Risikofaktor für die Entwicklung weiterer psychischer Störungen darstellen. Dabei ist der Verlauf von Angststörungen am besten untersucht. Mehrere Studien konnten zeigen, dass Angststörungen im Kindes- und Jugendalter anderen Angststörungen, Affektiven Störungen, Substanzabhängigkeiten oder auch Schmerzstörungen vorausgehen (z. B. Brückl et al., 2007; Woodward & Fergusson, 2001). **Tabelle 3.2** gibt einen Studienüberblick betreffend dem Verlauf von Angststörungen von der Kindheit und frühen Adoleszenz bis zur späten Adoleszenz und dem jungen Erwachsenenalter, wobei ausschließlich prospektive Studien aufgeführt sind.

Den stärksten Nachweis, dass Angststörungen einen Risikofaktor für die Entwicklung weiterer psychischer Störungen darstellen, liefern Längsschnittstudien. Beispielsweise konnte die New Yorker Längsschnittstudie von Pine et al. (1998) für einige Störungen einen spezifischen und für andere Störungen einen unspezifischen Verlauf darstellen. Von der Kindheit ins Erwachsenenalter, sagten Spezifische Phobien ausschließlich Spezifische Phobien voraus. Damit vergleichbar, gingen Soziale Phobien ausschließlich Sozialen Phobien voraus.

Die Störung mit Trennungsangst zeigte in dieser Studie einen Trend, Panikanfällen vorauszugehen (vgl. folgender Abschnitt) und die Störung mit Überängstlichkeit (Generalisierte Angststörung) zeigte mit einer Vielzahl von Störungen einen Zusammenhang.

Tab. 3.2: Prospektive Verlaufsstudien von Angststörungen im Kindesalter als Risikofaktor für die Entwicklung weiterer psychischer Störungen

Studie	Methodik	Ergebnisse
Lewinsohn et al., 2008	N= 816; retrospektiv mit 16 Jahren, dann mit 17, 24 u. 30 Jahren	73.5 % der Stichprobe mit TA in der Kindheit entwickelten psych. Störung in Adoleszenz, v. a. Dep und PS
Brückl et al., 2007 (EDSP)	N= 1090, 14–24 Jahre, FU 4 J.	TA → PS/AG, SPP, GAS, Zwang, Bipolare Störungen, Schmerzstörungen, Alkoholabhängigkeit
Foley et al., 2004	N=161 Zwillinge mit TA; 8–17 Jahre, FU 18 Mte	TA → GAS, Dep, CT, ADHS, Phobien. 59 % der Stichprobe erfüllte keine Störung bei FU; kein Zhg TA/PS
Aschenbrand et al., 2003	N= 85, 9–13 Jahre, FU 7 J.	TA → AS; kein Zhg TA/PS
Schneider & Nündel, 2002	N= 113, 8–15 Jahre, FU 7 J.	TA → PS
Pine et al., 1998 (NYCLS)	N= 776, 9–18 Jahre, FU 9 J.	SPP → SPP, SoP → SoP, OAD → MD, SP, GAS
Merikangas et al., 2002	N= 591, 18–19 Jahre, FU 15 J.	SoP → SoP, PS, AG, Dep
Stein et al., 2001 (EDSP)	N= 2548, 14–24 Jahre, FU 34–50 Mte	SoP → SoP, Dep; SoP&Dep → Suizidversuche
Moffitt et al., 2007 (DM-HDS)	N= 1037, Kohortenstudie 32 J.	GAS ↔ MD
Goodwin et al., 2004 (CHDS)	N= 1265, Kohortenstudie 21 J.	ängstlicher/introvertierter Charakterzug → AS (SoP, SPP, PS, AG), MD
Copeland et al., 2009 (GSMS)	N= 1420, 9/12–19/21 Jahre, FU 12 J.	Kindheit-Erwachsenenalter: GAS → PS, TA → GAS, AG, Dep, GAS → GAS, PS, AG; Adoleszenz-Erwachsenenalter: GAS-Dep

Studie	Methodik	Ergebnisse
Hale et al., 2008	N= 1318, 12–16 Jahre, FU 5 J.	SoP → SoP, GAS → GAS (Frauen)
Bittner et al., 2007 (GSMS)	N= 906, 9–13 Jahre, FU 6–10 J.	TA → TA, SoP → SoP, GAS, ADHS; OAD → OAD, PS, Dep, CD
Bittner et al., 2004 (EDSP)	N= 2548, 14–24 Jahre, FU 4 J.	AS → MD
Gregory et al., 2007 (DMHDS)	N= 1073, 11–32 Jahre	SPP → SPP; AS → SoP, PTBS, SPP; Zwang; AG, GAS
Clark et al., 2007	N= 9297, 45 Jahre, FU 45 J.	AS im Alter von 7, 11, 16 Jahren → AS, Dep
Kim-Cohen et al., 2003 (DMHDS)	N= 1037, Geburtskohorte 26 Jahre	AS → AS, Dep
Essau et al., 2002	N= 1035, 12–17 Jahre, FU 1.3 J.	AS → Dep, Somatoforme Störungen, Substanz, 42 % keine Störung zu FU
Kaplow et al., 2001 (GSMS)	N= 936, 9–13 Jahre, FU 4 J.	GAS → Alkoholkonsum
Woodward & Fergusson, 2001 (CHDS)	N= 964, 14–16 Jahre, FU 21 J.	AS → MD, AS, Drogen
Ferdinand & Verhulst, 1995	N= 459, 13–16 Jahre, FU 8 Jahre, Fragebogen	Ängstlich, dep → ängstlich, dep, Aufmerk.probleme

Anmerkungen: Methodik = strukturierte Interviews, wenn nicht anders vermerkt.
ADHS = Aufmerksamkeitsdefizit-/Hyperaktivitätsstörung; AG = Agoraphobie; AS = Angststörung; CD = Verhaltensstörung (Conduct Disorder); Dep = Depression; FU = Follow-Up; GAS = Generalisierte Angststörung; MD = Major Depression; OAD = Störung mit Überängstlichkeit; PS = Panikstörung; PTBS = Posttraumatische Belastungsstörung; SoP = Soziale Phobie; SPP = Spezifische Phobie; TA = Störung mit Trennungsangst

Hinweise für einen spezifischen Verlauf ergaben sich auch aus einer prospektiven Studie mit Kindern von Eltern, die entweder eine Panikstörung oder eine Major Depression hatten (Weissman et al., 1997). Phobien und die Störung mit Überängstlichkeit hatten ein stark erhöhtes Risiko, als Folgestörung eine Major Depression zu entwickeln. Neben einem erhöhten Risiko im Erwachsenenalter, eine weitere psychische Störung zu entwickeln (Drogenmissbrauch), haben Jugendliche mit einer Angststörung auch ein erhöhtes Risiko, bildungsbenachteiligt zu sein und suizidales Verhalten zu zeigen (Woodward & Fergusson, 2001).

Angststörungen wurden auch gezeigt als Risikofaktor für körperliche Gesundheitsprobleme (Beesdo et al., 2009), soziale Schwierigkeiten und Probleme mit Gleichaltrigen (Asendorpf et al., 2008).

Ist die Störung mit Trennungsangst ein Risikofaktor für die Panikstörung?

Die „Trennungsangsthypothese" stellte Donald Klein 1980 auf. Er vermutete, dass die Trennungsangst bzw. der Verlust von wichtigen Bezugspersonen in der Kindheit eine spezifische prädisponierende Bedingung für die Entwicklung einer Panikstörung sei. Seine Hypothese löste eine Reihe von Studien zum Zusammenhang von Trennungsangst in der Kindheit und der Panikstörung im Erwachsenenalter aus. Klein ging (1980) davon aus, dass bei Kindern mit Trennungsangst und Erwachsenen mit Panikstörung eine erniedrigte Schwelle zur Auslösung des von Bowlby (1969) postulierten angeborenen, biologischen Kontrollmechanismus zur Regulation von Trennungsangst bestehe. Dies würde erklären, weshalb es ohne reale Gefahr immer wieder zu einer Aktivierung des Alarmsystems und somit zum Auslösen eines „falschen Alarms" kommt. Verschiedene Autoren vermuten bei der Trennungsangst und der Panikstörung gemeinsame zugrunde liegende psychopathologische Prozesse (z. B. erhöhte Sensitivität gegenüber respiratorischen Stimulationen; Pine et al., 2000). Diesen Studien zufolge sollte in der klinischen Praxis die Lebenszeitkomorbidität der Störung mit Trennungsangst und Panikstörung kein seltenes Phänomen sein. Bemerkenswerterweise findet jedoch diese Thematik in der klinisch-psychologischen Literatur nur wenig Aufmerksamkeit. Zusammenfassend lässt sich sagen, dass weiterhin Unklarheit darüber besteht, ob Trennungsangst in der Kindheit als spezifischer Risikofaktor für die Entwicklung einer Panikstörung betrachtet werden sollte oder eher als allgemeiner Risikofaktor für die Entwicklung einer psychischen Störung. Die Studien, die einen spezifischen Zusammenhang finden konnten und diejenigen, die dies nicht zeigen konnten, halten sich etwa die Waage (In-Albon & Schneider, 2006). Es kann festgehalten werden, dass Trennungsangst ein bedeutsamer Risikofaktor für die Entwicklung psychischer Störungen im Erwachsenenalter ist.

3.5 Komorbidität von Angststörungen

Epidemiologische Studien zeigen, dass Angststörungen häufig komorbid mit anderen psychischen Störungen auftreten, aber auch eine hohe Komorbidität untereinander aufweisen.

Mit zunehmendem Alter nimmt die Komorbidität von Angststörungen und depressiven Störungen zu. Dabei gehen die Angststörungen den Depressionen meist voraus (Essau et al., 2000).

Neben den Komorbiditäten unter den internalisierenden Störungen sind auch die Komorbiditätsraten mit externalisierenden Störungen (z. B. Aufmerksamkeitsdefizit-/Hyperaktivitätsstörung (ADHS), nicht zu unterschätzen. In der Zürcher Studie (Steinhausen et al., 1998) hatten 12,5 % der 7- bis 16-Jährigen mindestens eine zusätzliche komorbide Störung. Die höchste Komorbiditätsrate zeigte sich bei den Angststörungen. Eine hohe Überlappung zeigte sich zwischen Angststörungen und externalen Störungen (ADHS, Oppositionelles Trotzverhalten) und zwischen Angst- und affektiven Störungen. So erfüllten 60 % der Kinder und Jugendlichen mit Angststörungen die Kriterien für eine komorbide externale Störung und 83 % der Kinder und Jugendlichen mit einer primären externalen Störung erfüllten gleichzeitig die Kriterien einer Angststörung. Auch die Bremer Jugendstudie (Essau, 2003) untersuchte die Komorbidiätsraten von Angststörungen. Von den 1 035 zwölf- bis 17-jährigen Jugendlichen war die Komorbiditätsrate innerhalb der Angststörungen niedrig (14,1 %). Hingegen war die Komorbidität der Angststörungen mit anderen psychischen Störungen mit 51 % hoch. Das häufigste Komorbiditätsmuster waren Angst- und depressive Störungen. Die Jugendlichen mit komorbiden Angststörungen waren stärker belastet und suchten häufiger Hilfe als Jugendliche mit einer Angststörung ohne komorbide Störungen.

3.6 Angststörungen und Schulleistungen

Neben den komorbiden Störungen, der Beeinträchtigung und dem Leidensdruck durch die Störung selbst, haben Angststörungen bei Kindern und Jugendlichen weitere Konsequenzen. Beispielsweise sind die schulischen und sozialen Leistungen beeinträchtigt (Kessler et al., 1994; Last et al., 1992). Die Schule wird insbesondere von Jugendlichen mit Sozialer Phobie frühzeitig verlassen (Van Ameringen et al., 2003). In einer Normstichprobe von 1 817 Kindern konnte nachgewiesen werden, dass Angststörungen einen signifikanten Risikofaktor für das Nichtbeenden der High-School mit 20 Jahren darstellt (Duchesne et al., 2008). Dies hat sowohl soziale als auch wirtschaftliche Implikationen. Bei jüngeren Kindern können Angststörungen zu einer Schulvermeidung führen, was wiederum soziale und schulische Beeinträchtigungen nach sich zieht (Berg, 1992) (vgl. Abschnitt Schulvermeidung).

3.7 Angststörungen und Suizid

In einem Drittel der Länder der Welt haben Adoleszente im Alter zwischen 15 und 24 Jahren ein erhöhtes Suizidrisiko. Jugendliche mit suizidalem Verhalten weisen oft psychische Störungen auf (Beautrais, Joyce & Mulder, 1996), zudem liegen auch häufig komorbide Störungen vor (Wunderlich et al., 1998). Es konnte gezeigt werden, dass das Suizidrisiko umso höher ist, je früher eine psychische Störung auftritt (Weller, Young, Rohrbaugh & Weller, 2001). Da Angststörungen mit einem Erstauftretensalter in der Kindheit anderen psychischen Störungen zeitlich voraus gehen (Kessler et al., 2005), stellt sich die Frage, ob das Suizidrisiko bei Kindern und Jugendlichen mit Angststörungen erhöht ist.

Khan et al. (2002) konnten zeigen, dass das Suizidrisiko bei einer vorliegenden Angststörung generell erhöht ist (Khan, Leventhal, Khan & Brown, 2002). Auch Boden et al. (2007) untersuchten in ihrer Längsschnittuntersuchung einer Geburtskohorte *Christchurch Health and Developmental Study* (CHDS) über 25 Jahre den Zusammenhang zwischen Angststörungen und Suizidgedanken respektive Suizidversuchen. Sie beschrieben eine signifikante Assoziation zwischen Angststörungen und Suizidgedanken, ebenso eine Assoziation zwischen Angststörungen und Suizidversuchen. Wurden komorbide Störungen ins Modell einbezogen, sank das Ausmaß der Assoziation, sie blieb jedoch signifikant. Angststörungen konnten einen Anteil von 10 % der Suizidgedanken und 7 % der Suizidversuche erklären. Adoleszente mit mehr als zwei Angststörungen hatten im Vergleich zum Stichprobenanteil ohne Angststörungen ein erhöhtes Risiko für Suizidgedanken und für Suizidversuche. Weitere Autoren konnten aufzeigen, dass Angststörungen bei Jugendlichen das Risiko von Suizidversuchen und -gedanken erhöhen (Gould et al., 1998; Mazza & Reynold, 1998; Khan, Leventhal, Khan & Brown, 2002; Foley et al., 2006; Nock et al., 2008) und somit mit Suizidalität assoziiert sind (Schmidtke & Schaller, 2000; Bridge et al., 2006). Vorhandene Angststörungen zeigten sich folglich wiederholt als deutliches Risiko für einen Suizidversuch.

Es liegen jedoch auch Studienergebnisse vor, die nicht durchgängig nachweisen konnten, dass Angststörungen einen spezifischen Risikofaktor für Suizidalität darstellen. In einer klinischen Studie (N = 186) wiesen 64 % der Jugendlichen eine Angststörung auf. Dabei unterschieden sich Jugendliche mit Suizidgedanken jedoch nicht von denjenigen mit einem Suizidversuch (Camparini Righini et al., 2005). Nach statistischer Kontrolle komorbider affektiver Störungen konnten Beautrais et al. (1996) Angststörungen nicht mehr signifikant mit einem Suizidversuch in Verbindung bringen, wohingegen die affektiven Störungen mit Suizidversuchen assoziiert blieben. Teilweise fanden sich Assoziationen mit anderen Störungen, jedoch bestand nach Kontrolle der Störvariablen keine Verbindung mehr zwischen Angststörungen und Suizidalität (Woodward & Fergusson, 2001).

Aufgrund der inkonsistenten Ergebnisse ist die Studie von Thompson, Mazza, Herting, Randell und Eggert (2005) sehr interessant. Dabei wurde untersucht, ob Angststörungen direkt oder indirekt auf Suizidalität wirken. Sie zeigten anhand einer Risiko-Schülergruppe (*N* = 1 287), in der 10,8 % über Suizidversuche berichteten, dass Angststörungen nur indirekt als Mediator wirkten, indem sie Auswirkungen auf Depression und Hoffnungslosigkeit hatten, welche dann auf die Suizidalität einwirkten.

Fazit – Epidemiologie der Angststörungen

Zusammenfassend lässt sich festhalten, dass die Häufigkeit von Angststörungen einhergehend mit einer klinisch signifikanten Beeinträchtigung im Kindes- und Jugendalter bei ca. 10 % liegt und die Angststörungen damit die häufigsten psychischen Störungen im Kindes- und Jugendalter darstellen. Das Erstauftretensalter von Angststörungen liegt im Median bei 11 Jahren. Die Komorbidität sowohl mit internalisierenden als auch externalisierenden Störungen ist hoch. Im Hinblick auf den Verlauf kann festgehalten werden, dass in vielen Fällen die Kontinuität der gleichen Störung moderat ist, dass aber die Kontinuität von Psychopathologie, sei es eine andere Angststörung oder eine andere psychische Störung, substantiell ist (siehe auch Ihle & Esser, 2002). Es liegen deutliche empirische Hinweise vor, dass Angststörungen im Kindes- und Jugendalter einen Risikofaktor für die Entwicklung weiterer psychischer Störungen im Jugend- und Erwachsenenalter darstellen. Des Weiteren kann festgehalten werden, dass Angststörungen einen Risikofaktor für Suizidgedanken und Suizidversuche darstellen, und dass daher insbesondere bei anhaltenden Angststörungen die Patienten auf Suizidgedanken und Suizidpläne angesprochen werden sollten.

4 Erscheinungsbilder und Klassifikation der Angststörungen im Kindes- und Jugendalter

4.1 Klassifikation von Angststörungen

Angststörungen manifestieren sich sehr unterschiedlich. Im aktuellen DSM-IV-TR (APA, 1994) werden 13 verschiedene Angststörungen beschrieben (für einen Überblick siehe **Tab. 4.1**). Zusätzlich haben viele der Diagnosen mehrere Subtypen, beispielsweise hat die Spezifische Phobie fünf Subtypen (Tier-Typus, Umwelt-Typus, Blut-Spritzen-Verletzungs-Typus, Situativer-Typus, anderer Typus).

Im DSM-IV-TR wird nur die Störung mit Trennungsangst den Störungen im Kindes- und Jugendalter zugeordnet, bei den übrigen Diagnosen gelten bis auf bestimmte Spezifika für Kinder und Jugendliche die gleichen Diagnosekriterien wie für Erwachsene.

Die im Kindes- und Jugendalter wichtigsten Angststörungen sind die Phobien, die Störung mit Trennungsangst und die Generalisierte Angststörung. Die Zwangsstörung und die Posttraumatische Belastungsstörung sind im DSM-IV-TR bei den Angststörungen klassifiziert, unterscheiden sich aber teilweise von den anderen Angststörungen. Im Hinblick auf das DSM-V sind Diskussionen im Gange, ob die Zwangsstörung weiterhin den Angststörungen zugeordnet sein soll oder eine Kategorie Zwangsspektrumsstörungen eingeführt wird (z. B. Hollander et al., 2008; Phillips et al., 2010).

Im Unterschied zum DSM-IV unterteilt das ICD-10 (WHO, 1993) die Angststörungen in *phobische Angststörungen* (F40) und *andere Angststörungen* (F41), welche die Panikstörung und die Generalisierte Angststörung umfassen. Des Weiteren werden im ICD-10 vier kinder- und jugendspezifische Angststörungen, die „Emotionalen Störungen des Kindesalters“, unterschieden:

- Emotionale Störung mit Trennungsangst des Kindesalters (F93.0)
- Phobische Störungen des Kindesalters (F93.1)
- Störung mit sozialer Ängstlichkeit des Kindesalters (F93.2)
- Emotionale Störung mit Geschwisterrivalität (F93.3)

Die kindspezifische Generalisierte Angststörung (F93.80) wird ausschließlich in den Forschungskriterien, demnach nicht in den klinisch-diagnostischen Leitlinien aufgeführt.

Im Gegensatz zum ICD-10 hat das DSM die unterschiedlichen Kriterien für Kinder und Erwachsene beim Wechsel von DSM-III-R zum DSM-IV wieder aufgehoben. Gründe dafür waren einerseits die häufig vergleichbaren Symptome bei Kindern und Erwachsenen und andererseits, die Schwierigkeit zu entscheiden, wann die Kriterien der Kinder respektive der Erwachsenen angewandt werden, wenn beispielsweise beide Diagnosekriterien erfüllt sind. So wurden zwei der drei kindspezifischen Störungen im DSM-III-R (Störung mit Überängstlichkeit und die Störung mit Kontaktvermeidung) in die Erwachsenendiagnosen überführt. Die Störung mit Überängstlichkeit wurde der Generalisierten Angststörung und die Störung mit Kontaktvermeidung der Sozialen Phobie zugeordnet. Damit die Kriterien dennoch entwicklungsangemessen sind, hat das DSM-IV bei verschiedenen Kriterien Hinweise angegeben, z. B. dass Phobien mindestens sechs Monate anhalten müssen. Bei der Sozialen Phobie wird vorausgesetzt, dass das Kind über sozial angemessene Kompetenzen verfügt oder bei der Generalisierten Angststörung muss nur ein Symptom (z. B. Schlafschwierigkeiten, Reizbarkeit) erfüllt sein, das mit Angst und Sorge verbunden ist. Die Spezifika werden bei den spezifischen Angststörungen in den folgenden Kapiteln näher erläutert.

Es wird deutlich, dass sich die beiden Klassifikationssysteme ICD und DSM zwar in einigen Kriterien überlappen, aber keineswegs völlig deckungsgleich sind (siehe **Box 4.1**). Hinweise zum DSM-V sind in **Box 4.2** aufgeführt.

Tab. 4.1: Symptomatik, Dauer und Spezifika der Angststörungen im Kindesalter nach DSM-IV-TR

Störung	Symptomatik	Dauer	Spezifika
Störung mit Trennungsangst	A) Entwicklungsmäßig unangemessene und übermäßige Angst vor Trennung von zu Hause, den Eltern oder anderen engen Bezugspersonen. Mind. drei von acht Kriterien müssen erfüllt sein: • Übermäßiger/s Kummer/Leiden bei erwarteter oder tatsächlicher Trennung. • Sorgen, eine wichtige Bezugsperson zu verlieren oder dass ihr etwas zustoßen könnte. • Sorgen, dass ein Unglück zu einer Trennung führt. • Anhaltender Widerwillen oder Weigerung, zur Schule zu gehen aus Angst vor Trennung. • Anhaltende Angst, alleine zu Hause oder ohne Erwachsene in einem anderen Setting zu sein. • Wiederholte Alpträume von Trennungssituationen. • Wiederholte Beschwerden über körperliche Symptome, wenn eine Trennung bevorsteht oder stattfindet.	≥ vier Wochen	DSM-IV-TR: vor 18. Lebensjahr

Störung	Symptomatik	Dauer	Spezifika
Spezifische Phobie	A) Unangemessene, anhaltende und starke Angstreaktion gegenüber bestimmten Objekten, Situationen oder Tieren, von denen keine reale Gefahr ausgeht. B) Konfrontation mit angstauslösendem Objekt ruft unmittelbare Angst hervor. C) Angst wird als übertrieben und unbegründet erkannt. D) Angstauslösendes Objekt wird vermieden oder unter starker Angst ertragen.	unter 18 Jahren ≥ sechs Monate	B) Angst kann sich durch Weinen, Wutanfälle, Erstarren oder Anklammern ausdrücken. C) muss bei Kindern nicht vorliegen.
Soziale Phobie	A) Anhaltende Angst in sozialen Situationen oder Leistungssituationen, wo es zu einer Konfrontation mit unbekannten Personen kommt oder man beurteilt werden kann. Befürchtung, etwas Peinliches zu tun oder Angstsymptome zu zeigen. B) Konfrontation mit gefürchteter sozialer Situation ruft unmittelbare Angst aus. C) Angst wird als übertrieben und unbegründet erkannt. D) Gefürchtete soziale oder Leistungssituationen werden vermieden oder unter starker Angst ertragen.	unter 18 Jahren	A) Kinder müssen über altersentsprechende soziale Kompetenzen verfügen. Angst muss auch gegenüber Gleichaltrigen vorliegen, nicht nur gegenüber Erwachsenen. B) Angst kann sich durch Weinen, Wutanfälle, Erstarren oder Anklammern ausdrücken. C) muss bei Kindern nicht vorliegen.
Generalisierte Angststörung	A) Übermäßig starke oder unbegründete und nicht kontrollierbare Sorgen an der Mehrzahl der Tage über verschiedene Situationen und Lebensbereiche. B) Schwierigkeiten, die Sorgen zu kontrollieren. C) Angst und Sorgen sind mit mind. drei Symptomen verbunden: Ruhelosigkeit, leichte Ermüdbarkeit, Konzentrationsschwierigkeiten, Reizbarkeit, Muskelanspannung, Schlafschwierigkeiten.	≥ sechs Monate	C) bei Kindern genügt ein Symptom.

Störung	Symptomatik	Dauer	Spezifika
Zwangsstörung	A) Zwangsgedanken oder Zwangshandlungen • Zwangsgedanken: wiederholte, anhaltende Gedanken, Impulse oder Bilder, die Angst auslösen. Personen versuchen, den Gedanken zu unterdrücken, zu ignorieren oder zu neutralisieren. • Zwangshandlungen: wiederholte Verhaltensweisen, welche aufgrund der Zwangsgedanken ausgeführt werden müssen. • Die Handlungen sollen Unwohlsein reduzieren und einem gefürchteten Ereignis vorbeugen. B) Person erkennt, dass die Zwangsgedanken oder -handlungen übertrieben oder unbegründet sind. C) Die Zwangsgedanken und -handlungen verursachen erhebliche Belastungen oder Beeinträchtigungen.	Nicht spezifiziert	B) Kinder müssen dies nicht erkennen.
Panikstörung mit Agoraphobie	A) Wiederholte, unerwartete Panikattacken • nach einer Attacke mind. ein Monat Sorgen über weitere Panikattacken oder Sorgen über die Bedeutung oder Konsequenzen der Attacke. B) Vorliegen einer Agoraphobie.	≥ ein Monat	
Posttraumatische Belastungsstörung	A) Konfrontation mit traumatischem Ereignis, welches erlebt oder beobachtet wurde oder lebensbedrohlich erschien. Reaktion gekennzeichnet durch Furcht, Hilflosigkeit oder Entsetzen. B) Während oder nach Ereignis hat die Person mind. ein Symptom des Wiedererlebens, drei Symptome der Vermeidung und mind. zwei Symptome erhöhten Arousals.	> ein Monat	Akute Belastungsstörung: mind. zwei Tage, max. vier Wochen A) bei Kindern kann sich Reaktion durch aufgelöstes oder agitiertes Verhalten äußern. B) Wiedererleben bei Kindern: Spielen, beängstigende Träume, traumaspezifische Neuinszenierung.

4.1.1 Klassifikation von Angststörungen im Vorschulalter

Da die Diagnosekriterien des DSM respektive ICD mehrheitlich auf der Symptomatik Erwachsener beruhen, stellt sich die Frage, wie übertragbar die Kriterien für Kinder im Vorschulalter sind. Das Klassifikationssystem für Kleinkinder ist das *Zero to Three* (DC-0-3R, 2005). Zudem hat auch das DSM eine Arbeitsgruppe für Diagnosekriterien im Vorschulalter eingesetzt (RDC-PA, 2003). Ein Ausschnitt an Merkmalen des DC-0-3R ist in **Tabelle 4.2** dargestellt.

Tab. 4.2: Merkmale von Angststörungen im Kleinkindalter (modifiziert nach DC: 0-3R)

Angststörung	Merkmale	Dauer
Störung mit Trennungsangst	• Entwicklungsmäßig unangemessene und übermäßige Angst vor der Trennung von zu Hause oder von Bezugspersonen. • Charakterisiert durch untröstliches oder andauerndes Weinen, wenn Bezugsperson weggeht. Lässt sich nicht durch andere beruhigen. • Kind kann während einer Trennung aggressiv oder selbstverletzend sein. • Angst und Vermeidung kann sich auch bei der Kinderbetreuungseinrichtung zeigen. • Kinder können der Bezugsperson von Raum zu Raum folgen und verweigern, alleine zu sein. • Alpträume können ohne spezifischen Inhalt auftreten.	Mind. ein Monat
Spezifische Phobie	• Übertriebene, unbegründete und anhaltende Angst, ausgelöst durch das Vorhandensein oder die Erwartung eines spezifischen Objektes oder einer spezifischen Situation, welche unmittelbar zu Weinen, Wutanfällen, Erstarren oder Anklammern führen kann. • Führt zu Vermeidung, Beeinträchtigung des Kindes und der Familie und/oder der Entwicklung des Kindes.	Mind. vier Monate
Soziale Phobie	• Ausgeprägte und anhaltende Angst vor einer oder mehreren sozialen oder Leistungssituationen, in denen das Kind mit unbekannten Personen konfrontiert ist oder beurteilt werden könnte. Beispiele können sein Spielen, Familienzusammenkünfte, Geburtstagsfeste, Klassenkreis. • Kind reagiert mit Panik, Weinen, Wutanfall, Erstarren, Anklammern, Rückzug von Situationen. Führt zu Beeinträchtigung bei Kind und Familie und/oder der Entwicklung des Kindes.	Mind. vier Monate
Generalisierte Angststörung	• Kind hat übermäßige Angst und Sorgen an der Mehrzahl der Tage, die es nur schwer kontrollieren kann. Es kann wiederholt nach Rückversicherung fragen. • Sorgen in mind. zwei Situationen oder Beziehungen • Mind. ein körperliches Symptom: Ruhelosigkeit, Konzentrationsschwierigkeiten, Reizbarkeit, Muskelverspannung, Schlafprobleme, leichte Ermüdbarkeit	Mind. sechs Monate

Angststörung	Merkmale	Dauer
Angststörung Nicht-näher bezeichnet	• Angst oder Vermeidung führt zu Leidensdruck und Beeinträchtigung, wobei Kriterien für eine Angststörung nicht erfüllt sind. • Kind zeigt Reizbarkeit und Erregbarkeit, unkontrolliertes Weinen, Schwierigkeiten beim Schlafen und Essen, Trennungsangst oder soziale Ängste. • Vor allem mit einer Familiengeschichte von Angststörungen können die Symptome einen frühen Beginn von Angststörungen anzeigen.	Im DC:0-3R Dauer nicht spezifiziert

Box 4.1: DSM-IV-TR und ICD-10

In einer Studie, in der Kinder sowohl nach den DSM-IV-TR als auch nach den ICD-10 Kriterien diagnostiziert wurden, zeigte sich generell, dass das DSM mehr Kinder mit einer Angststörung diagnostiziert (Adornetto, Suppiger, In-Albon, Schneider, submitted). Die Übereinstimmungen zwischen DSM-Diagnosen und den kindspezifischen Diagnosen des ICD (F9) waren höher als mit F4-Diagnosen. Höhere Übereinstimmungen zeigten sich für die Störung mit Trennungsangst (Kinder: 64 %, Eltern: 73 %), während die Übereinstimmungen für die Spezifischen Phobien (Kinder: 23 %, Eltern: 19 %) und die Generalisierte Angststörung geringer ausfielen (Kinder: 20 %, Eltern: 79 %). Die häufigsten Gründe für eine Nicht-Übereinstimmung zwischen DSM- und ICD F9-Diagnosen waren bei der Störung mit Trennungsangst, dass die Störung nicht vor dem sechsten Lebensjahr vorlag und die Diagnosen einer Generalisierten Angststörung erfüllt waren. Bei der Spezifischen Phobie waren die Hauptgründe für eine Nicht-Übereinstimmung, dass die panikartigen Symptome und die Beeinträchtigung im sozialen Bereich nicht erfüllt waren.

Box 4.2: DSM-V und ICD-11

DSM-V

Derzeit sind einige Studien im Gange, um einzelne Diagnosekriterien auf ihre Handhabbarkeit und Wissenschaftlichkeit zu überprüfen.

Das Erscheinen des DSM-V ist für Mai 2013 angekündigt. Die gegenwärtigen zur Revision in Diskussion stehenden Kriterien sind auf der Website aufgeführt (www.dsm5.org). Zur Diskussion stehen beispielsweise die Anzahl benötigter Symptome (z. B. bei der Störung mit Trennungsangst), die Dauer der Störung (z. B. Generalisierte Angststörung), Altersbeschränkungen (z. B. Störung mit Trennungsangst) und das Verschieben von Störungsbildern in andere Kategorien (Zwangsstörung).

ICD-11

Auch das ICD der WHO befindet sich in Überarbeitung. Das ICD-11 soll 2014 erscheinen, als elektronische Datenbank und in Buchformat. Veränderungen im Bereich psychischer Störungen im Kindes- und Jugendalter sind für Bipolare Störungen geplant. Während des Prozesses der Überarbeitung werden vermehrt Psychologen einbezogen und die ICD- und DSM-Arbeitsgruppen kooperieren in Absprache (Clay, 2010).

Fazit – Klassifikation von Angststörungen

ICD-10 und DSM-IV erfassen teilweise unterschiedliche Kinder. Dies bedeutet, zumindest für Länder, in denen das ICD gilt, dass mit dem DSM Forschungsbefunde von Kindern und Jugendlichen gewonnen werden, die verschieden sind von den Kindern und Jugendlichen, bei denen die Befunde zur Anwendung kommen sollen.

4.2 Phobien

Kinder mit Phobien zeigen eine übertriebene, anhaltende und starke Angstreaktion gegenüber bestimmten Objekten (z. B. Spritzen), Situationen (z. B. Dunkelheit), Tieren oder sozialen Interaktionen (z. B. Vortrag halten), von denen keine reale Gefahr ausgeht. Die Konfrontation mit dem phobischen Reiz oder die Antizipation löst meist unmittelbare Angst aus. Mit der Zeit beginnen die Betroffenen, die gefürchtete Situation zu vermeiden, bzw. aus ihr zu flüchten. Vor allem Kinder verharren häufig trotz starker Angst in der Situation (z. B. in der Schule). Die Unterscheidung der einzelnen Phobieformen wird dabei in Abhängigkeit des gefürchteten Inhalts der Phobie getroffen. Hat die Angst einen ganz konkreten Auslöser (z. B. Angst vor Spinnen, Spritzen, Fantasiegestalten), handelt es sich um eine *Spezifische Phobie*. Tritt die Angst immer in sozialen Situationen auf (z. B. vor der Schulklasse sprechen) und befürchtet das Kind, sich zu blamieren oder vor anderen „dumm dazustehen“, spricht man von einer *Sozialen Phobie*. Bei Ängsten, die in verschiedenen Situationen wie in Menschenmengen, an öffentlichen Orten oder bei Entfernung von zu Hause auftreten, ist eine *Agoraphobie* mit oder ohne Panikstörung abzuklären. Eine Agoraphobie mit Panikstörung bedeutet, dass neben den phobischen Ängsten plötzliche und unerwartete Angstanfälle auftreten, die mit einer Reihe von als unangenehm erlebten Symptomen und unangemessenen Sorgen über die Symptome einhergehen.

Das Erscheinungsbild von Phobien lässt sich am besten anhand von drei Komponenten – Körper, Verhalten und Gedanken – beschreiben. Alle Formen der Phobien können bei Kindern starke körperliche Symptome wie Herzklopfen, Bauchschmerzen oder Zittern auslösen. Die Gedanken kreisen um das phobische Objekt und beinhalten häufig die Überzeugung, dass eine Begegnung mit diesem zu persönlichem Schaden führen wird (z. B. „Der Hund wird mich beißen.“, „Die Anderen denken, ich sei dumm.“). Das Verhalten des Kindes ist dadurch geprägt, dass gefürchtete Situationen vermieden oder verlassen werden. Das Kind sucht oft auch die Nähe seiner Eltern, die ihm Sicherheit vermitteln. Häufig reagiert das Kind auch in Form von Schreien, Wutanfällen, Gelähmtsein oder Anklammern an eine Bezugsperson.

Der Beginn von Phobien ist je nach Inhalt unterschiedlich. In einer retrospektiven Befragung von 370 Phobikern zeigen Tierphobien den frühesten Beginn (7 Jahre), gefolgt von Blutphobien (9 Jahre), Zahnarztphobien (12 Jahre), Soziale Phobien (16 Jahre), Klaustrophobien (20 Jahre) und Agoraphobien (28 Jahre) (Öst, 1987).

4.2.1 Spezifische Phobien

Fallbeispiel: Claudia

Claudia berichtete, seit zwei Jahren eine anhaltende und ausgeprägte Angst vor Spritzen zu haben. Beim bloßen Gedanken an eine Impfung, werde es ihr ganz flau im Magen. Bei der letzten Impfung beim Hausarzt habe sie so intensive Angst empfunden, dass sie „getobt" hätte und festgehalten werden musste. Dabei habe ihr Herz sehr stark geklopft, sie habe geschwitzt, gezittert und sich davor gefürchtet, die Kontrolle zu verlieren oder zu sterben. Bereits der Anblick und Bilder von Spritzen und Nadeln würden ihr Angst machen und sie versuche, allem, was mit Spritzen und Nadeln zu tun habe, aus dem Weg zu gehen. Sie wisse, dass diese Angst übertrieben und unbegründet sei. Trotzdem empfinde sie diese starke Angst, leide stark darunter und sei immer stärker im Alltag beeinträchtigt.

Erscheinungsbild Spezifische Phobie

Im Kapitel zur Geschichte der Angststörungen wurden die beiden historischen Fallberichte des „little Albert" und „des kleinen Peter" beschrieben. Die Beschreibung beinhaltete Hinweise zur Symptomatik (Weinen, Rückzug, Vermeidung), möglichen Angstinhalten (Tiere), einem Weg der Entstehung (Konditionierung) und Interventionsmöglichkeiten (Konfrontation, Desensibilisierung). Im Folgenden werden diese Komponenten anhand empirischer Hinweise ausführlicher beschrieben. Die häufigsten Inhalte von Spezifischen Phobien bei Kindern im Vorschulalter sind Angst vor Fremden, Dunkelheit und Tieren. Bei Grundschulkindern kommen Ängste vor Gewittern, Stürmen und Angst um die eigene Sicherheit hinzu. Bei Teenagern zwischen 12 und 17 Jahren sind es Ängste vor Tieren, Naturkatastrophen und spezifischen Situationen wie enge Räume oder Höhen.

Diese Objekte oder Situationen können für viele etwas unangenehm sein, dennoch finden die meisten einen Weg, diese Ängste zu kontrollieren und ihren Tagesbeschäftigungen nachzugehen. Im Gegensatz zu diesen leichten und vorübergehenden Ängsten, die im Kindesalter häufig vorkommen, sind Phobien, die bei Kindern und deren Eltern aufgrund des Schweregrads und Leidensdrucks zu einem Behandlungswunsch führen und eine klinische Diagnose erlauben, seltener.

Wie bereits in der Einleitung zu den Phobien beschrieben, lässt sich auch das klinische Erscheinungsbild der Spezifischen Phobie am besten durch das Drei-Komponenten-Modell beschreiben. Das primäre Verhalten ist die Vermeidung des angstauslösenden Objekts oder der angstauslösenden Situation. Beispielsweise vermeidet das Kind bestimmte Räume wie Keller oder Garage, um keiner Spinne zu begegnen. Auf der kognitiven Ebene berichten Kinder häufig katastrophale Gedanken oder negative Erwartungen. Wie bereits erwähnt, zeigen auch Kinder mit Spezifischen Phobien physiologische Reaktionen in Anwesenheit oder in Erwartung des gefürchteten Objekts oder der gefürchteten Situation (z. B. Herzrasen, Schwitzen oder Zittern).

Epidemiologie Spezifische Phobie

In der Bremer Jugendstudie wurde für die Spezifischen Phobien eine Lebenszeitprävalenz von 3,5 % gefunden (Essau et al., 1998). Interessanterweise nahm die Häufigkeit der Spezifischen Phobien bei den 1 035 Jugendlichen im Alter zwischen 12 und 17 Jahren über das Alter hinweg eher zu. In einer Stichprobe von Achtjährigen zeigte sich eine Sechsmonatsprävalenz von 5,2 % (Federer et al., 2000). Wie bereits beschrieben, ist die Spezifische Phobie mit einem Erstauftretensalter von sieben Jahren (Kessler et al., 2005) eine der frühesten psychischen Störungen. Die Literatur weist daraufhin, dass Mädchen im Vergleich zu Jungen häufiger Spezifische Phobien aufweisen, diese intensiver erleben und sie von anderen als ängstlicher wahrgenommen werden (Silverman & Moreno, 2005).

Im Ganzen gesehen zeigen mehrere Studien, dass ca. 60 % der Kinder mit Spezifischer Phobie eine komorbide Störung haben. Dabei haben 50 bis 75 % eine andere Angststörung. Komorbide Störungen beinhalten auch depressive Störungen, Verhaltensauffälligkeiten, aber auch Enkopresis, Enuresis, Übergewicht und Lernschwierigkeiten (Strauss & Last, 1993). Diese Ergebnisse zeigten sich auch in der Bremer Jugendstudie, in der ungefähr die Hälfte der Jugendlichen mit einer Spezifischen Phobie gleichzeitig die Kriterien für eine weitere Angststörung erfüllten (Essau et al., 2000). Am häufigsten trat die Spezifische Phobie gemeinsam mit der Posttraumatischen Belastungsstörung, Zwangsstörung und Nicht Näher Bezeichneten Angststörung auf. Jeweils ein Drittel der Betroffenen wies gleichzeitig eine Depressive oder eine Somatoforme Störung auf.

In einer aktuellen Studie zur Phänomenologie der Spezifischen Phobie im Kindesalter konnten Ollendick et al. (2010) zeigen, dass Komorbiditäten bei mehr als drei Viertel der Kinder vorlagen. Ein Drittel der Stichprobe hatte weitere Spezifische Phobien als komorbide Störung. Die weiteren komorbiden Störungen waren Generalisierte Angststörung, Soziale Phobie, Störung mit Trennungsangst und Aufmerksamkeitsdefizit-/Hyperaktivitätsstörung (ADHS).

Die Autoren untersuchten Unterschiede zwischen zwei Subtypen der Spezifischen Phobie: Tier-Typus und Umwelt-Typus. Die Ergebnisse zeigten, dass der Schweregrad für beide Typen als gleich eingeschätzt wurde, die Kinder mit

Phobien des Umwelt-Typus im Vergleich zum Tier-Typus mehr körperliche Symptome berichteten, mehr komorbide Störungen hatten (Generalisierte Angststörung und Trennungsangst) und eine geringere Lebensqualität berichteten. Diese Befunde gehen einher mit Ergebnissen aus der Therapieforschung, die besagen, dass Kinder mit Spezifischer Phobie, Umwelt-Typus, im Vergleich zu Kindern mit Spezifischer Phobie, Tier-Typus, geringere Therapieerfolge erzielen (Silverman et al., 1999).

Nur wenige Studien untersuchten die Stabilität der Spezifischen Phobie. Milne et al. (1995) untersuchten die Häufigkeit von klinischen Phobien (Spezifische Phobie, Soziale Phobie und Agoraphobie) und subklinischen Ängsten in der Adoleszenz während drei Jahren. Von 112 erhobenen Jugendlichen zu beiden Messzeitpunkten erfüllten lediglich 11 % (n= 12, mit irgendeiner Phobie) die Kriterien derselben Phobie auch noch nach einem Jahr. Jedoch zeigte die Mehrzahl (56 %) der Jugendlichen mit Spezifischer Phobie zum Zeitpunkt 1 auch noch zum Zeitpunkt 2 Symptome und subklinische Ängste.

Gemäß den Ergebnissen der Dresdner Prädiktoren Studie zeigte sich, dass die Spezifische Phobie einen Prädiktor darstellt für die Entwicklung weiterer Angststörungen, Depressionen und Somatoformen Störungen (Trumpf et al., 2009).

Klassifikation Spezifische Phobie

In der vierten Auflage des DSM wurden erstmals spezifische Merkmale von Phobien im Kindesalter eingearbeitet. Gemäß DSM-IV-TR ist die Spezifische Phobie eine ausgeprägte und anhaltende Angst, die übertrieben oder unbegründet ist und die durch das Vorhandensein oder in Erwartung eines spezifischen Objekts oder einer spezifischen Situation ausgelöst wird (vgl. **Tab. 4.1**). Beide Klassifikationssysteme (DSM, ICD) unterscheiden fünf Subtypen der Spezifischen Phobie:

- Tier-Typus (z. B. Insekten, Hunde)
- Umwelt-Typus (z. B. Sturm, Wasser)
- Blut-Spritzen-Verletzungs-Typus (Spritzen, Blut sehen)
- Situativer Typus (z. B. Fahrstuhl, Tunnel, Flugzeug)
- Anderer Typus (z. B. laute Geräusche, kostümierte Figuren)

Es wird in den beiden Klassifikationssystemen darauf hingewiesen, dass bei Kindern Angstreaktionen sich in Form von Weinen, Wutanfällen, Erstarren oder Anklammern ausdrücken können. Des Weiteren soll berücksichtigt werden, dass Kinder ihre Angst häufig nicht als übertrieben oder unbegründet einschätzen und sich zudem selten durch ihre Phobie belastet fühlen.

Die Diagnose einer Spezifischen Phobie sollte nur dann vergeben werden, wenn andere Angststörungen ausgeschlossen werden können. Eine Diagnose der Spezifischen Phobie ist unangebracht, wenn sich die Angst des Kindes auf Situationen mit folgenden Inhalten beschränkt: Trennungen von der Bezugsperson (Störung mit Trennungsangst), soziale Beurteilung und peinliches Verhalten (Soziale Phobie), Schmutz/Ansteckung (Zwangsstörung), Angst vor Panikattacken und/oder Unfähigkeit, aus Situationen zu flüchten (Panikstörung mit/ohne Agoraphobie), als Reaktion auf ein traumatisches Ereignis (Posttraumatische Belastungsstörung) oder übertriebene, unkontrollierbare Sorgen (Generalisierte Angststörung).

4.2.2 Soziale Phobie

Fallbeispiel: Nils

Nils berichtete, dass er sich ängstlich und nervös fühle, wenn er von anderen beobachtet wird. Er habe Angst, etwas zu sagen oder etwas zu tun, was peinlich sein könnte und dass die anderen denken könnten, er sei dumm oder dass sie ihn auslachen könnten. Er berichtete, Angst davor zu haben, geärgert zu werden und dass er sich bei Jungen und Mädchen, die er nicht kenne, unsicher fühle. In der Schule habe er Angst, sich zu melden, wenn er sich bei einer Antwort nicht hundertprozentig sicher sei. Zudem mache es ihm Mühe, vor anderen zu schreiben und andere zu bitten, ihr Verhalten zu ändern. Falls es doch zu einer der genannten Situationen kommt, berichtete Nils von starken Bauchschmerzen. Aufgrund der Angst melde sich Nils sehr selten in der Schule und habe nur wenige Freunde. Manchmal habe er auch Mühe, wegen den Teamkollegen ins Fußballtraining zu gehen.

Erscheinungsbild Soziale Phobie

Kennzeichen der Sozialen Phobie ist eine übermäßige Angst und Sorge, sich zu blamieren oder etwas zu tun oder zu sagen, was peinlich sein könnte. Diese Angst tritt sowohl Erwachsenen gegenüber als auch bei Gleichaltrigen auf.

Die häufigsten angstauslösenden Situationen für acht- bis zwölfjährige Kinder mit Sozialer Phobie sind solche, die öffentliches Sprechen beinhalten (z. B. Vorlesen, ein Referat halten o.ä.). Sie werden von der Mehrheit (88,8 %) als angstauslösend bewertet (Beidel, 1992). Andere häufig angegebene angstauslösende Situationen sind, vor anderen zu essen (39,3 %), auf Parties zu gehen (27,6 %), vor anderen zu schreiben (27,6 %), öffentliche Toiletten zu benutzen (24,1 %), mit Autoritätspersonen zu sprechen (20,7 %) und informelles Sprechen (13 %) (Beidel, 1992). Obwohl die Situationen des öffentlichen Sprechens universell angstauslösend sind, werden sie nicht tatsächlich am häufigsten genannt, wenn Kinder mit Sozialer Phobie gebeten werden, ein Tagebuch über zwei Wochen zu führen. Befunde von Beidel und Morris (1995) zeigen, dass die Mehrzahl (60 %) der ängstigenden Situationen in der Schule auftreten. Die Mehrzahl (42,9 %) der angstauslösenden Situationen sind unstrukturierte Interaktionen mit Gleichaltrigen (Beidel, 1992). Prüfungssituationen sind die zweit-häufigsten, gefolgt von Situationen, in denen man vom Lehrer aufgerufen wird, vor anderen etwas aufzuführen, einen Bericht vorzulesen oder an der Tafel zu schreiben.

Als Hinweise einer Sozialen Phobie im Kindesalter können Verhaltensweisen wie zum Beispiel Schulverweigerung und Vermeidung von altersgemäßen sozialen Aktivitäten auftreten. Kinder mit Sozialer Phobie bevorzugen oft untypische, „einsame" Hobbies wie etwa Programmieren von Computern oder Beschäftigung mit historischen Fakten (Melfsen & Warnke, 2004). In der Regel ist durch die Soziale Phobie die soziale Kontaktfähigkeit des Kindes eingeschränkt und es besteht ein erheblicher Leidensdruck. Zu Familienmitgliedern und gut bekannten Gleichaltrigen besteht jedoch meist ein gutes Verhältnis.

In Erwartung oder während der gefürchteten sozialen Situationen kommt es zu körperlichen Symptomen (z. B. Herzklopfen, Zittern, Schwitzen, Erröten, Schwächegefühl, Übelkeit), dysfunktionalen Gedanken (z. B. „Die anderen werden mich auslachen.") und Verhaltensänderungen (z. B. Weinen, Schweigen, Weglaufen). Diese Reaktionen auf unterschiedlichen Ebenen werden im Folgenden ausführlicher beschrieben. Die Gedanken von Kindern mit Sozialer Phobie sind durch einen negativen Selbstfokus und Selbstabwertung gekennzeichnet. Typisch sind Gedanken, zu versagen, gedemütigt zu werden, in eine peinliche Situation zu geraten oder unangemessen zu reagieren. Die Aufmerksamkeit wird auf eigene Schwächen oder früheres Versagen gelenkt. Turner, Beidel und Jacob (1994) beobachteten bei Kindern im Gegensatz zu Erwachsenen eine Gedankenleere („paucity of thoughts"). Gemäß diesen Beobachtungen scheinen Kinder mit Sozialer Phobie nicht von negativen Gedanken überflutet zu werden, wie erwachsene Patienten mit Sozialer Phobie berichten, sondern sie scheinen in Angstsituationen unfähig zu sein, zu denken.

Kinder mit Sozialer Phobie nennen Herzklopfen, Zittern, Erschauern, Schwitzen, aber auch Bauchschmerzen, Kopfschmerzen, Schwindel, Atemlosigkeit, Muskelanspannung oder ein komisches Gefühl im Magen als körperliche Symptome in angstauslösenden Situationen (Beidel et al., 1991).

Kinder mit Sozialer Phobie haben häufig gemeinsam, dass ihr Sprechverhalten reduziert ist. Sie beginnen seltener Gespräche mit anderen und sprechen weniger. Des Weiteren vermeiden sie es häufig, im Mittelpunkt der Aufmerksamkeit zu stehen, oder sie ziehen sich vom sozialen Kontakt zurück. Zum Vermeidungsverhalten zählt auch das Sicherheitsverhalten. Häufige Sicherheitsverhaltensweisen sind, keine Fragen zu stellen, leise zu sprechen, es zu vermeiden, andere anzusehen oder die Haare ins Gesicht fallen zu lassen (Melfsen & Warnke, 2009).

Epidemiologie Soziale Phobie

Im Kindesalter beträgt die Punktprävalenzrate der Sozialen Phobie etwa 1–3 % (Anderson et al., 1987; Kashani & Orvaschel, 1990). Im Jugendalter erhöht sie sich dann auf 5–10 % (Hayward, Killen, Krämer, & Taylor, 1998; Wittchen, Stein, & Kessler, 1999). Dies spiegelt die Angaben zum Erstauftretensalter und zur Epidemiologie von Angststörungen wider, dass Soziale Phobien häufig mit dem Schulalter auftreten.

Eine Soziale Phobie im Kindes- und Jugendalter hat zumeist langwierige Folgen (Turner & Beidel, 1989). Durch das Vermeiden einer großen Anzahl an sozialen Situationen werden der Erwerb adäquater sozialer Kompetenzen und der Aufbau von Freundschaften eingeschränkt (Rubin, LeMare, & Lollis, 1990). Peer-Ratings zeigen zum Beispiel, dass ängstliche Kinder weniger beliebt sind und von Gleichaltrigen zwar nicht abgelehnt, aber vernachlässigt werden (Strauss et al., 1988). Sie sind zurückgezogener, einsamer und haben somit ein erhöhtes Risiko für soziale Inkompetenz (Inderbitzen-Pisaruk, Clark & Solano, 1992), denn mit dem Ausmaß, soziale Situationen zu vermeiden, sind auch die Gelegenheiten zum Erlernen sozialer Fertigkeiten und der Aufbau von Freundschaften eingeschränkt (Rubin et al., 1990).

Es gibt Befunde, wonach die Soziale Phobie, die vor dem elften Lebensjahr auftritt, ohne Behandlung auch im Erwachsenenalter bestehen bleibt (Davidson, 1993). Aber auch später auftretende Soziale Phobien sind keine vorübergehenden Ängste. Sie stellen einen Risikofaktor für weitere psychische Störungen dar, etwa einen sekundären Alkoholmissbrauch oder eine depressive Entwicklung (Albano, DiBartolo, Heimberg & Barlow, 1995; Wittchen, Fuetsch, Sonntag, Müller & Liebowitz, 2000).

Klassifikation Soziale Phobie

Da die soziale Angst im Jugendalter weit verbreitet ist, muss die Soziale Phobie von normalem sozialem Unbehagen abgegrenzt werden. Erst wenn soziale Ängste das Leben langfristig massiv beeinflussen, handelt es sich also um eine Soziale Phobie. Sie ist gekennzeichnet durch eine dauerhafte, unangemessene Furcht vor sozialen Situationen oder Leistungssituationen. Beidel (1992) konnte dementsprechend zeigen, dass sich Kinder mit Sozialer Phobie von normalgesunden Kindern hinsichtlich der Häufigkeit angstauslösender Situationen, dem Schweregrad des Unbehagens, ihrer Reaktion auf diese Situationen und der Häufigkeit von angepasstem und unangepasstem Bewältigungsverhalten unterscheiden.

Bei der Sozialen Phobie nach DSM-IV-TR wird hervorgehoben, dass bei Kindern gewährleistet sein muss, dass sie im Umgang mit bekannten Personen über die altersentsprechende soziale Kompetenz verfügen, und die Angst auch gegenüber Gleichaltrigen und nicht nur in der Interaktion mit Erwachsenen auftritt. Des Weiteren wird betont, dass Prüfungsangst, Lampenfieber und Schüchternheit in sozialen Situationen mit fremden Personen weit verbreitet sind und nicht als Soziale Phobie diagnostiziert werden, es sei denn, die Angst oder Vermeidung führt zu einer klinisch bedeutsamen Beeinträchtigung und starker Belastung. Zusätzlich sollte die Soziale Phobie über mindestens sechs Monate anhalten. Wie bei der Spezifischen Phobie kann sich die Angst durch Weinen, Wutanfälle, Erstarren oder Zurückweichen von sozialen Situationen mit unvertrauten Personen ausdrücken. Das Kriterium, womit die Person erkennt, dass die Angst übertrieben oder unbegründet ist, darf bei Kindern fehlen. Differentialdiagnostisch ist nebst der Abgrenzung einer Sozialen Phobie zu sozialem Unbehagen zu beachten, dass auch Agoraphobie oder depressives Verhalten zu Vermeidung sozialer Situationen führen können. Falls eine Schulverweigerung vorliegt, muss zwischen Sozialer Phobie, Trennungsangst und Schulschwänzen unterschieden werden.

4.3 Störung mit Trennungsangst

Fallbeispiel: Marina

Die Mutter berichtete, dass die Trennungsängste bereits in der Spielgruppe aufgetreten seien. Sie berichtete, dass Marina geäußert habe, dass sie Angst habe, dass der Mutter etwas passieren könne und dass Marina leiden würde, wenn eine Trennung bevorstehe oder eine Trennung stattfindet. Marina würde ihre Freunde meistens mit nach Hause bringen, so dass sie nicht zu ihnen gehen müsse. Auswärts schlafen, zum Beispiel bei den Großeltern, würde nicht gehen. Des Weiteren würde Marina vor oder bei Trennungssituationen häufig von einem „komischen Gefühl im Bauch" erzählen. Die Mutter berichtete, dass Marina aufgrund der Trennungsangst im Kindergarten einige Tage gefehlt habe.

Erscheinungsbild Störung mit Trennungsangst

Wie der Name bereits sagt, ist diese Angststörung dadurch charakterisiert, dass eine übermäßig starke Angst in Erwartung oder unmittelbar bei einer Trennung von den Eltern oder anderen engen Bezugspersonen vorliegt. Kinder mit Trennungsangst befürchten, den Eltern oder ihnen selbst könne in solchen Situationen etwas Schlimmes zustoßen, was sie dauerhaft voneinander trennen würde (z. B. Autounfall der Eltern, Entführung des Kindes). Situationen, wie alleine zu Hause bleiben, im eigenen Bett schlafen, abends alleine, ohne Licht oder bei geschlossener Tür einschlafen, bei Freunden übernachten oder in den Kindergarten oder in die Schule gehen, werden häufig vermieden. In Verbindung mit Trennungssituationen kommt es meist zu einer stressreichen Zeit und das Kind kann eine gereizte, aggressive oder auch teilnahmslose Stimmung zeigen. So kann das Kind weinen, schreien, um sich schlagen oder sich an die Bezugsperson klammern, mit dem Ziel, die anstehende Trennung zu verhindern. Häufig treten auch körperliche Symptome, wie Bauch- und Kopfschmerzen, Übelkeit oder gar Erbrechen auf. Die auftretenden körperlichen Symptome erfordern zunächst eine medizinische Untersuchung, um organische Ursachen der Beschwerden auszuschließen. Bei der Trennungsangst zeigen die körperlichen Symptome ein etwas anderes Bild als beim Vorhandensein einer organischen Ursache. So lassen die Beschwerden häufig nach, wenn die Trennungssituation doch nicht eintritt, beispielsweise, wenn die Eltern entscheiden, dass sie doch zu Hause bleiben, oder das Kind nicht in den Kindergarten oder in die Schule muss. Gerade diese körperlichen Symptome können bei den Eltern eine große Verunsicherung hervorrufen. Mit dem Wunsch, das Kind zu schützen, erlauben sie die Vermeidung von Trennungssituationen, was kurzfristig die Angst des Kindes reduziert und die körperlichen Symptome beseitigt, aber langfristig zur Aufrechterhaltung der Trennungsangst beiträgt. Viele Eltern schildern, dass sie kaum noch etwas alleine unternehmen und schon gar nicht mehr versuchen, das Kind an einen Babysitter zu gewöhnen. Weitere Symptome von Kindern mit Trennungsangst sind Träume, von den Eltern getrennt zu sein, oder bei jüngeren Kindern das Bedürfnis, immer in unmittelbarer Nähe der Bezugsperson zu sein (z. B. Spielen nur in dem Zimmer, wo sich auch die Mutter aufhält). Die Situationen, die Ängste auslösen, sind individuell verschieden. Einige Kinder gehen zur Schule, vermeiden aber, bei Freunden spielen zu gehen, oder schlafen nicht in ihrem eigenen Bett.

Epidemiologie Störung mit Trennungsangst

Die Prävalenzraten der Trennungsangst liegen bei 3–4 % (Cartwright-Hatton et al., 2006; Federer, Margraf & Schneider, 2000). Mädchen und Jungen sind gleich häufig betroffen. Die Störung mit Trennungsangst ist mit einem Erstauftretensalter von sieben Jahren eine der frühesten Angststörungen im Kindesalter (Kessler et al., 2005). Die Störung mit Trennungsangst scheint ein bedeutender Risikofaktor für die Entwicklung weiterer psychischer Störungen zu sein. Die Arbeit von Brückl und Kollegen (2007) zeigte, dass 90 % der Kinder mit Trennungsangst im jungen Erwachsenenalter eine psychische Störung entwickelten. Den stärksten Zusammenhang wies dabei die Trennungsangst mit der Panikstörung auf. Signifikante Assoziationen konnten aber auch für andere Angststörungen, Affektive Störungen und Substanzbezogene Störungen nachgewiesen werden. Vergleichbare Ergebnisse zeigten sich auch in der Untersuchung von Lewinsohn et al. (2008): Kinder mit einer Störung mit Trennungsangst wiesen im Vergleich zu einer klinischen und gesunden Kontrollgruppe ein erhöhtes Risiko auf, eine Panikstörung oder depressive Störungen zu entwickeln (vgl. **Kap. 3.4**).

Bezüglich der Stabilität der Trennungsangst ergab eine retrospektive Befragung von Kindern mit Trennungsangst, dass bei 46 % der Kinder die Störung über eine Dauer von mindestens acht Jahren anhält und bei etwa einem Drittel der Kinder mehrere Episoden klinischer Angst auftreten (Keller et al., 1992). Daraus kann geschlossen werden, dass die Trennungsangst eher einen chronischen Verlauf nimmt.

Klassifikation Störung mit Trennungsangst

Trennungsangst als eine zeitlich begrenzte Erfahrung machen viele Kinder in der frühen Kindheit zwischen etwa dem siebten und zwölften Lebensmonat durch. Trotz dieses universellen Vorkommens erreicht diese entwicklungsphasentypische Angst und die damit assoziierten Symptome nur bei einer Minderheit der Kinder eine klinisch signifikante Bedeutung. Nicht nur der Schweregrad der Beeinträchtigung und Belastung unterscheidet die Störung von normaler, entwicklungsbedingter Trennungsangst, sondern auch das Alter, in dem die Störung auftritt. Entwicklungsphasentypische Trennungsangst ist beschränkt auf die frühe Kindheit, während die Störung mit Trennungsangst zu jeder Zeit in der Kindheit und Jugend auftreten kann. Das Störungsbild wird durch folgende Kriterien des DSM-IV charakterisiert:

- Wiederholtes übermäßiges Leiden bei möglicher oder tatsächlicher Trennung von den Eltern oder anderen wichtigen Bezugspersonen.
- Anhaltende Gedanken, dass den Eltern oder dem Kind selber etwas Schlimmes passieren könnte (z. B. Entführung, Unfall).
- Anhaltende Gedanken, dass ein Unglück sie von den Eltern/Bezugspersonen trennen könnte.
- Andauernder Widerwille oder Weigerung aus Angst vor der Trennung, zur Schule oder an einen anderen Ort zu gehen.
- Übermäßige Angst, alleine oder ohne wichtige Bezugsperson zu Hause zu sein.
- Andauernder Widerwille oder Weigerung, alleine ohne Nähe der Bezugsperson schlafen zu gehen oder auswärts zu übernachten.
- Träume, von den Eltern getrennt zu sein.
- Das Bedürfnis, immer in unmittelbarer Nähe der Bezugsperson zu sein.
- Das Klagen über körperliche Beschwerden, wenn eine Trennung von den Eltern/der Bezugsperson bevorsteht oder stattfindet (z. B. Bauch- oder Kopfschmerzen, Übelkeit, Erbrechen).

Die Störung mit Trennungsangst ist die einzige Störung, die ihren Beginn in der Kindheit haben muss. Im ICD-10 muss der Beginn vor dem sechsten Lebensjahr des Kindes liegen, während im DSM-IV-TR der Beginn vor dem 18. Lebensjahr ist. Der Beginn der Störung als Diagnosekriterium wird im Hinblick auf DSM-V diskutiert. Kinder müssen in einigen Ländern erst mit sieben Jahren in die Schule, so dass es vorkommen kann, dass die Trennungsangst vor dem sechsten Lebensjahr noch kein relevantes Thema ist, da Trennungssituationen nicht regelmäßig stattfinden.

4.4 Generalisierte Angststörung

Fallbeispiel: Daniel

Daniel war ein zwölfjähriger Junge, der immer annahm, dass das Schlimmste eintreten würde. Er sorgte sich darum, dass seiner kleinen Schwester etwas Schlimmes passieren könnte, seine Eltern sich scheiden lassen würden, dass er in den Hausaufgaben einen Fehler übersehen hat, er zu spät in die Schule kommen oder sonst eine Katastrophe eintreten würde. Seine Sorgen wechselten oft von einem Thema zum nächsten. Er hatte immer den Anspruch, perfekt zu sein und musste sich ständig rückversichern, ob alles in Ordnung ist. Unerwartete oder unvorhersehbare Ereignisse bereiteten ihm Kopf- und Bauchschmerzen. Abends hatte er häufig Mühe, einzuschlafen. Da er sich großen Druck auferlegte, die Schularbeiten perfekt zu machen, führte dies dazu, dass er dafür sehr viel Zeit benötigte.

Erscheinungsbild Generalisierte Angststörung

Die Generalisierte Angststörung (GAS) zeigt sich in exzessivem sich Sorgen machen in einem oder mehreren Bereichen des Lebens. Kinder mit GAS werden häufig als „kleine Erwachsene" angesehen, weil ihre Sorgen sich um Pünktlichkeit, Finanzen der Familien, Gesundheit der Familienmitglieder und das Weltgeschehen drehen, Themen, welche eigentlich für Erwachsene typisch sind.

Andere charakteristische Bedenken von Kindern mit GAS beinhalten exzessive Sorgen über typische Kinder-Angelegenheiten. Diese Sorgen beinhalten zum Beispiel konkurrierendes Verhalten im schulischen, sozialen oder sportlichen Bereich, auch wenn keine Bewertung vorgenommen wird. Kinder mit GAS können auch perfektionistisches Verhalten zeigen, beispielsweise indem sie kleine Aufgaben (z. B. Listen anfertigen, Hausaufgaben machen) sorgfältig durchführen und manchmal nochmals durchführen, bis sie denken, es sei perfekt.

Einige dieser Sorgen und Verhalten können von Eltern, Lehrern und anderen Erwachsenen, welche diese Kinder häufig als reifer ansehen als andere Kinder, bekräftigt und dadurch verstärkt werden. Da einige Merkmale der GAS (z. B. Perfektionismus, Pünktlichkeit) in vernünftigem Ausmaß sozial erwünscht sind, ist es schwierig, die Problematik richtig einzuschätzen. Einige Kinder mit GAS können ihren Leidensdruck mit Wutausbrüchen zeigen, vor allem wenn sie mit unerwarteten Veränderungen konfrontiert werden. Meist suchen die Eltern erst dann therapeutische Hilfe, wenn das Kind zunehmend verzweifelt ist, die schulischen Leistungen abnehmen oder die Eltern keine Geduld mehr haben, die ständigen Rückfragen zu beantworten.

Ein typisches Merkmal der GAS ist das Einholen von Rückversicherung. Das ständige Rückversichern kann für Eltern manchmal sehr nervig sein. Das Einholen von Rückversicherung kann Leistungen hemmen, da das Kind in einem Test nicht weitermachen kann, wenn es kein Feedback zu seiner Leistung erhält.

Somatische Beschwerden sind ein weiteres Element der GAS bei Kindern. Die Kinder können Kopfschmerzen, Muskelschmerzen, Schlafschwierigkeiten, Ruhelosigkeit oder gastro-intestinale Beschwerden haben, für die es keine medizinischen Ursachen gibt. Angst geht häufig mit physiologischen Symptomen einher, welche mit dem autonomen Nervensystem zusammenhängen. Diese Symptome sind ähnlich wie die bereits beschriebenen, können aber auch Enuresis, Schwitzen und Zittern beinhalten.

Epidemiologie Generalisierte Angststörung

Insgesamt liegen erst wenige Informationen zur Prävalenz der GAS im Kindes- und Jugendalter in der Allgemeinbevölkerung vor, dies auch aufgrund der häufig wechselnden Diagnosekriterien (siehe Klassifikation der GAS). Bolton et al. (2005) untersuchten 854 sechsjährige Zwillingspaare und fanden eine Prävalenzrate von 1,8 %. Beim Miteinbezug von subklinischen Fällen, bei denen das Kriterium der Beeinträchtigung nicht gegeben sein musste, zeigt sich eine Prävalenzrate von 2,4 %. In klinischen Einrichtungen tritt das Störungsbild mit Häufigkeitsraten zwischen 24 % (Last et al., 1996) und 58 % (Kendall et al., 1997) häufiger auf als in der Allgemeinbevölkerung.

Die Komorbidität ist besonders bei der GAS sehr hoch. In einer großen Therapiestudie (RUPP, 2001) hatten 90 % der Kinder mit einer Diagnose GAS eine weitere Diagnose einer Angststörung. Dies wirft die Frage nach diagnostischen Unterschieden auf (vgl. Bittner et al., 2007).

Klassifikation Generalisierte Angststörung

Im DSM-IV wurde die vorhergehende Störung der Überängstlichkeit als GAS neu klassifiziert. Des Weiteren wurde die breite Kategorie von „Angststörungen des Kindes- und Jugendalters" nicht länger beibehalten. Trotz der organisatorischen Veränderungen gibt es Hinweise, dass es zwischen der Störung mit Überängstlichkeit und der GAS diagnostische Übereinstimmungen gibt. Das Hauptmerkmal der GAS ist unrealistisches oder exzessives Sich-Sorgen-machen während mindestens sechs Monaten. Dieser ängstliche Leidensdruck muss an der Mehrzahl der Tage vorhanden sein und mehrere Bereiche wie beispielsweise schulische oder sportliche Leistungen, soziale Beziehungen oder gesundheitliche Sorgen beinhalten. Für das Kind muss es schwierig sein, die Sorgen zu kontrollieren. Im Hinblick auf DSM-V werden die Dauer der Symptomatik und die Anzahl der Symptome diskutiert.

4.5 Panikstörung und Agoraphobie

Fallbeispiel: Susanne

Susanne berichtete von unerwarteten Panikanfällen, die in wenigen Minuten ihren Höhepunkt erreichen. Die folgenden Symptome würden während eines Panikanfalles auftreten: Herzrasen, Schwitzen, Kurzatmigkeit, Würgegefühle, Übelkeit, Schwindel, Hitzewallungen und Angst vor Erbrechen. Im Sommer habe sie solche Panikanfälle auch nachts erlebt.

Susanne berichtete, dass sie sich sorge, was diese Angstanfälle bedeuten könnten und dass sie aufgrund der Panikanfälle begann, ihr Verhalten zu ändern. Sie berichtete, dass sie Auto-, Bus- und Zugfahrten, Menschenmengen, die Schule und weit weg von zu Hause sein vermied, weil es schwierig oder peinlich sein könnte, diese Situationen bei einem Panikanfall zu verlassen. Des Weiteren befürchtete sie, in diesen Situationen im Falle eines Panikanfalls erbrechen zu müssen und nicht rechzeitig Hilfe zu bekommen. Die Angst sei vor allem dann so stark, wenn sie alleine in diesen Situationen sei.

Erscheinungsbild Panikstörung/Agoraphobie

Panikstörung und Agoraphobie gehören nicht zu den „klassischen" Angststörungen des Kindes- und Jugendalters. Typischerweise treten diese Störungen erst im Jugendalter oder im frühen Erwachsenenalter auf. Hauptmerkmal der Panikstörung sind zeitlich umgrenzte Angstanfälle, die plötzlich „wie aus heiterem Himmel" auftreten. Herzklopfen, Schwitzen und Atemnot sind die häufigsten wahrgenommenen Symptome. Bei dem Gedanken an eine Panikattacke berichten Betroffene Symptome wie „das Gefühl, keine Luft zu bekommen", „das Gefühl, die Kontrolle zu verlieren", „Angst vor Ohnmacht", „Angst vor Herzinfarkt" oder „Angst zu sterben". Viele der Patienten mit Panikanfällen entwickeln mit der Zeit Vermeidungsverhalten. Sie beginnen, Orte zu vermeiden, an denen Panikanfälle auftreten könnten oder an denen es im Falle eines Angstanfalls schwierig oder peinlich wäre zu flüchten, oder es schwierig wäre, Hilfe zu bekommen. In solchen Fällen wird dann zusätzlich zur Panikstörung eine Agoraphobie vergeben. Typische Orte und Situationen, die vermieden oder nur mit starker Angst ertragen werden, sind Kaufhäuser, Kinos, öffentliche Verkehrsmittel, Fahrstühle, hohe Türme oder Autofahrten.

Panikanfälle

Obwohl die Panikstörung bei Jugendlichen und jungen Erwachsenen selten ist, sind mit einer Lebenszeitprävalenz von 5 % Panikattacken in dieser Altersgruppe vergleichsweise häufig vertreten (Reed & Wittchen, 1998). Über die gesamte Lebensspanne hinweg kann das Risiko für Panikattacken auf 9 % der Gesamtbevölkerung geschätzt werden. Dabei wird darauf hingewiesen, dass Panikattacken ein sensibler diagnostischer Marker für spätere Angst- und depressive Störungen sind: Nahezu 90 % aller Personen mit Panikattacken entwickeln im weiteren Verlauf eine Angst- oder depressive Störung, etwa jeder Zweite eine Panikstörung mit oder ohne Agoraphobie (Goodwin et al., 2005). Reed und Wittchen (1998) untersuchten 3 021 Jugendliche und junge Erwachsene im Alter zwischen 14 und 24 Jahren. Das Auftreten von Panikanfällen bestand in engem Zusammenhang mit der Entwicklung von verschiedenen psychischen Störungen, nicht nur mit Panikstörung und Agoraphobie. Die Autoren schlossen daraus, dass Panikattacken einen nicht-spezifischen Risikofaktor für fast jede psychische Störung darstellen.

Epidemiologie Panikstörung/Agoraphobie

Im Kindesalter treten Panikstörungen äußerst selten auf. Ab der Pubertät kommt es zu einem deutlichen Anstieg plötzlicher Panikanfälle, denen mit etwas Verzögerung Panikstörungen folgen können. Federer, Schneider, Margraf & Herrle (2000) beschäftigten sich mit der Frage der Häufigkeit von Panikanfällen bei Achtjährigen. In einer repräsentativen Stichprobe von 826 Kindern wurden keine Panikanfälle „aus heiterem Himmel" gefunden, hingegen erlebten 21,4 % der Kinder situationsabhängige Panikanfälle. Diese situationsabhängigen Panikanfälle traten am häufigsten bei Dunkelheit, in Trennungssituationen und bei der Konfrontation mit Tieren auf. Mit der gleichen Stichprobe wurde eine Prävalenzuntersuchung mit Schwerpunkt Panikstörung und Agoraphobie durchgeführt (Federer, Margraf & Schneider, 2000). Die Gesamtprävalenz von Angststörungen lag bei 9,5 %. Eine Panikstörung wurde in keinem einzigen Fall diagnostiziert. In der Studie von Schneider und Hensdiek (2003) mit 1 268 Schülern im Alter zwischen zwölf und 16 Jahren zeigten sich folgende Häufigkeiten: Die DSM-IV Diagnosekriterien für eine Panikstörung erfüllten 0,9 % der Befragten. Es zeigte sich, dass 58 % der Jugendlichen bereits einen Panikanfall erlebt haben. Diese Ergebnisse zur Prävalenz von Panikanfällen und Panikstörung stimmen überein mit den Befunden anderer Studien, in denen Prävalenzen für Panikanfälle zwischen 32 % und 63 % (King et al., 1993; Macaulay & Kleinknecht, 1989) sowie für Panikstörung zwischen 0,5 % und 0,8 % (Essau et al., 1999; Reed & Wittchen, 1998) gefunden wurden.

Die Agoraphobie ist eine Angststörung, die im Kindesalter äußerst selten auftritt und erst im jungen Erwachsenenalter einen ersten Auftretensgipfel erreicht.

Klassifikation Panikstörung/Agoraphobie

Eine *Panikattacke* ist charakterisiert durch eine klar abgrenzbare Episode intensiver Angst und starken Unbehagens, bei der mindestens vier Symptome (z. B. Herzrasen, Schwitzen, Zittern, Gefühl der Kurzatmigkeit, Angst zu sterben, Angst die Kontrolle zu verlieren oder verrückt zu werden) abrupt auftreten und innerhalb von zehn Minuten ihren Höhepunkt erreichen. Panikattacken können als Bestandteil aller Angststörungen auftreten. So werden im DSM-IV-TR Panikattacken auch nicht als eigenständige Störung klassifiziert, sondern lediglich die spezifischen Störungen klassifiziert, innerhalb derer die Panikattacken auftreten können.

Eine *Panikstörung* liegt vor, wenn die Panikattacken unerwartet, das heißt „wie aus heiterem Himmel" auftreten. Ferner müssen nach den Diagnosekriterien des DSM-IV-TR (APA, 2000) mindestens zwei dieser unerwarteten Panikattacken auftreten. Bei mindestens einer der Attacken muss ein Monat oder länger eine anhaltende Besorgnis über das Auftreten weiterer Panikanfälle bestehen oder müssen Sorgen über die Bedeutung der Anfälle oder ihrer Konsequenzen vorhanden sein (z. B. verrückt zu werden, einen Herzinfarkt zu erleiden), oder es muss eine deutliche Verhaltensänderung infolge der Attacken erfolgen (z. B. vermehrte medizinische Abklärungen, immer Medikamente bei sich haben, Mobiltelefon, Vermeidung von Koffein oder körperlicher Aktivität).

Die Panikstörung kann mit oder ohne *Agoraphobie* auftreten. Nachdem die Agoraphobie im DSM-III (APA 1980) als eigenständige phobische Störung betrachtet wurde, die mit oder ohne Panikattacken einhergehen konnte, wurde im DSM-III-R die Panikstörung diagnostisch als primäre Störung angesehen, welche sekundär mit oder ohne Agoraphobie auftreten konnte. Im Hinblick auf DSM-V wird die Agoraphobie sehr wahrscheinlich wieder als eigenständige Störung aufgeführt. Besteht eine Agoraphobie ohne Panikanfälle, wird diese nach DSM-IV-TR als „Agoraphobie ohne Panikstörung in der Vorgeschichte“ diagnostiziert. Im Unterschied dazu wird im ICD-10 die Agoraphobie weiterhin der Panikstörung vorgeordnet und als eigenständige Diagnose betrachtet. Die entsprechenden Diagnosen im ICD-10 heißen Agoraphobie mit bzw. ohne Panikstörung.

4.6 Posttraumatische Belastungsstörung

Fallbeispiel: Daniela

Die 17-jährige Daniela arbeitet als Auszubildende bei der Post und wurde dort Opfer eines bewaffneten Überfalls vor neun Monaten. Das Ereignis sei für sie sehr traumatisch gewesen und sie habe mit großem Entsetzen und intensiver Angst reagiert. Seit dem Überfall habe sie jeden Tag starke Angst, zur Arbeit zu gehen. Vor dem Überfall liebte sie ihre Arbeit. Als Folge des Überfalls leide sie bis heute unter wiederkehrenden belastenden Erinnerungen, Bildern, Empfindungen und Träumen, die mit dem Trauma in Zusammenhang stünden. Zum Beispiel habe sie oft das Gefühl, eine Pistole im Nacken zu haben, und sie verspüre starke Angst, sobald eine fremde Person hinter ihr stehe oder sie eine Stimme höre, die sie an die Stimme des Täters erinnere. Sie versuche bewusst, Gedanken, Aktivitäten oder Orte, die in Zusammenhang mit dem Ereignis stehen, zu meiden. Bei Konfrontation mit Dingen, die sie an das Trauma erinnern, reagiere sie mit emotionaler Aufgewühltheit und körperlichen Symptomen der Angst. Sie gehe praktisch nicht mehr alleine aus dem Haus, vor allem wenn es dunkel sei. Seit dem Überfall fühle sie sich antriebslos und habe das Interesse an fast allen Dingen im Leben verloren und sehe die Zukunft nicht mehr positiv. Zudem leide sie unter massiven Schlafproblemen, Konzentrationsschwierigkeiten, einer übermäßigen Wachsamkeit und übertriebener Schreckhaftigkeit. Daniela gibt an, große Angst vor der Zukunft zu haben, da nichts mehr so kommen könne, wie sie sich das immer vorgestellt habe.

Erscheinungsbild Posttraumatische Belastungsstörung

Die Posttraumatische Belastungsstörung (PTBS) ist eine Angststörung, die nach besonders belastenden, lebensbedrohlichen Erlebnissen wie zum Beispiel Unfällen, Naturkatastrophen und Gewalterlebnissen auftreten kann. Die Betroffenen erleben dabei mit großer Furcht, Entsetzen und Hilflosigkeit direkt oder indirekt eine Situation, die eine Bedrohung der körperlichen Unversehrtheit ihrer selbst oder eines anderen Menschen beinhaltet. Die Symptome umfassen drei Bereiche: Das Wiedererleben des Traumas, Vermeidungsverhalten und eine gesteigerte Erregung. Das Kind leidet unter belastenden Erinnerungen an das

Trauma und hat möglicherweise Alpträume. Bei der Konfrontation mit Situationen oder Dingen, die an das Trauma erinnern, reagiert das Kind mit körperlichen Symptomen der Erregung, anklammerndem oder aggressivem Verhalten. Häufig zeigt das Kind ein deutlich vermindertes Interesse an Dingen, die vor dem Ereignis von Bedeutung waren. Es gibt auch Kinder, die das Ereignis immer wieder nachspielen und Kinder, die neue und plötzlich auftretende Ängste, z. B. Trennungsangst zeigen. Konzentrationsprobleme, übermäßige Wachsamkeit und Schreckhaftigkeit sowie Schlafschwierigkeiten sind weitere mögliche Symptome. Siehe auch **Box 4.3** zu PTBS als Folge der Anschläge vom 11. September 2001 in den USA.

Box 4.3: PTBS als Folge der Anschläge vom 11. September 2001 in den USA

In einer Stichprobe von 166 Kindern, die bereits vor den Terroranschlägen untersucht werden konnten, erfüllten 5,4 % der Kinder die Kriterien einer PTBS. Anhand dieser Kinder, die nicht direkt mit den Anschlägen am 11. September 2001 konfrontiert waren, konnte gezeigt werden, dass bei jüngeren Kindern die Dauer des TV-Konsums einen Prädiktor für die Entwicklung von PTBS darstellt. Des Weiteren war die Identifikation mit den Opfern ein weiterer signifikanter Prädiktor. Faktoren wie eine gute familiäre Unterstützung reduzierten hingegen die PTBS-Symptomatik. Interessant ist auch, dass die Temperamentseigenschaft Verhaltenshemmung (Behavioral Inhibition) mit einer geringeren PTBS-Symptomatik einherging. Die Autoren gehen davon aus, dass ein vorsichtiger und ängstlicher Umgang mit neuen Situationen ein Schutz vor der Konfrontation mit traumatischen Bildern in den Medien sein kann (Otto et al., 2007).

Epidemiologie Posttraumatische Belastungsstörung

Gemäß den Ergebnissen der Bremer Jugendstudie haben 22,5 % der 12- bis 17-Jährigen mindestens ein traumatisches Ereignis erlebt. Davon entwickelten 7,3 % eine PTBS. Es ist hervorzuheben, dass auch nach dem Erleben eines traumatischen Ereignisses viele Kinder resilient sind und keine dauerhaften Traumasymptome entwickeln. Zu beachten ist hingegen, dass eine Spontanremission nach sechs Wochen selten ist.

Klassifikation Posttraumatische Belastungsstörung

Für die Klassifikation der PTBS ist es zunächst wichtig, eine Definition für ein Psychotrauma festzulegen. DSM-IV definiert ein Psychotrauma wie folgt:

- Erlebtes oder beobachtetes Ereignis, welches Todesgefahr oder Gefahr für die körperliche Unversehrtheit der eigenen Person oder anderer Personen beinhaltet.
- Initiale Reaktion der traumatisierten Person beinhaltet intensive Furcht, Hilflosigkeit, Grauen, aufgelöstes oder agitiertes Verhalten.

Die Spannbreite möglicher traumatisierender Ereignisse ist groß und kann anhand der Häufigkeit des Auftretens und der Ursache klassifiziert werden. Diese Unterscheidung in Typ-1- und Typ-2-Trauma geht auf Terr (1991) zurück (siehe Landolt, 2004). Unter Typ-1-Traumata werden akute, unvorhersehbare und singuläre Ereignisse beschrieben, z. B. Überfall, Vergewaltigung oder Unfall. Typ-2-Traumata treten dagegen wiederholt auf und sind teilweise vorhersehbar, z. B. chronische Traumatisierungen, Hungersnot. Bei der Ursache können durch Menschen verursachte Ereignisse und Naturkatastrophen unterschieden werden.

In der bisherigen Trauma-Definition des DSM-IV werden chronische, interpersonelle Traumata wie Vernachlässigung, chronische familiäre Gewalt, traumatische Trennungssituationen und sexueller Missbrauch vernachlässigt. Es gibt Hinweise, dass die Diagnose PTBS die psychischen Folgen nach solchen chronischen, interpersonellen traumatischen Erlebnissen nicht angemessen erfasst. Daher gibt es Bestrebungen, die Symptomatik dieser komplex traumatisierten Kinder und Jugendlichen mit einer neuen Diagnose „Entwicklungstraumastörung" zu erfassen (van der Kolk, 2009; Schmid et al., 2010). Derzeit kann diese Diagnose aber noch nicht als valide und reliabel beurteilt werden, so dass keine Aufnahme ins DSM-V vorgesehen ist.

Um dem zeitlichen Aspekt gerecht zu werden, wird zwischen der Akuten Belastungsreaktion (ICD) respektive Akute Belastungsstörung (DSM) und der Posttraumatischen Belastungsstörung unterschieden. Abzugrenzen sind zudem Anpassungsstörungen und komplexe Störungen (komplizierte Trauer, Dissoziative Störungen). Die Akute Belastungsreaktion (ICD-10) beschreibt eine psychologische Schockreaktion, welche sich häufig durch eine wechselnde Symptomatik und dissoziative Symptome auszeichnet. Es wird von einer Remission innerhalb von Stunden bis wenigen Tagen ausgegangen. Im Vergleich dazu beschreibt das DSM-IV-TR für die Akute Belastungsstörung vier Symptomcluster:

- Dissoziative Symptome
- Symptome des Wiedererlebens
- Vermeidungsverhalten
- Hyperarousal

Die Symptomatik tritt mindestens zwei Tage nach dem Ereignis auf und dauert maximal vier Wochen. In Bezug auf das Kindesalter gibt es keine spezifischen Kriterien und die Validierung für das Kindesalter steht noch aus.

Die PTBS beschreibt die Symptomatik, wenn das Ereignis bereits vier Wochen zurückliegt. Die Symptomatik wird anhand dreier Cluster beschrieben:

- Symptome des Wiedererlebens (Alpträume, traumatisches Spiel, Flash-Backs, Tagträume, körperliche Reaktionen),
- Vermeidungsverhalten (Orte, Aktivitäten, Menschen, Gedanken, Gespräche),
- Physiologische Übererregung (Schlafstörungen, Konzentrationsprobleme, Reizbarkeit, Schreckhaftigkeit, übermäßige Wachsamkeit).

Für das DSM-V werden modifizierte Kriterien für eine PTBS im Vorschulalter diskutiert (Scheeringa et al., 2010). Beispielsweise wird die Anzahl der Symptome für eine PTBS-Diagnose reduziert. Als zusätzlicher Symptomcluster eingefügt werden neu auftretende Ängste und Aggressionen.

Für die Behandlung traumatisierter Kinder ist die beste evidenzbasierte Therapieform die Traumafokussierte Kognitive Verhaltenstherapie (TF-KVT; Cohen, Mannarino & Deblinger, 2009).

4.7 Zwangsstörung

Fallbeispiel: Silvan

Silvan berichtete, dass ihn vor allem die Gedanken: „Ich könnte mich mit etwas anstecken", „Ich hätte gerne, wenn mein Papa sterben müsste", „Masturbation ist schlimm" und „Vielleicht tue ich meinen Eltern etwas an" plagen. Als Folge der Zwangsgedanken führe er folgende Zwangshandlungen aus: In der gleichen Reihenfolge die Hände waschen, in seinem Zimmer übermäßige Ordnung halten, in der Schule seinen Radiergummi in einer bestimmten Weise anordnen, „auf vier" Ausatmen oder eine Restflüssigkeit im Glas zurücklassen. Hinzu kommt, dass er sich exzessiv bei seinen Eltern Rückversicherung einhole, ob alles in Ordnung sei. Die Nichtausführung seiner Zwangshandlungen geht mit körperlichen Symptomen einher, vor allem Bauchschmerzen und Schwitzen. In der Schule müsse er häufig daran denken, dass seinen Eltern etwas Schlimmes zustoßen könne. Er komme einfach nicht von diesem Gedanken los. Deshalb habe er bereits mehrere Monate in der Schule gefehlt.

Erscheinungsbild Zwangsstörung

Zwangsstörungen bestehen in der Regel aus Zwangsgedanken und Zwangshandlungen, welche oft aufeinander bezogen sind. So folgen auf Zwangsgedanken mit Verunreinigungsbefürchtungen meist Waschrituale. Vor allem bei jüngeren Kindern können Zwangshandlungen auch ohne vorausgehende Zwangsgedanken auftreten. Zwangsgedanken werden als aufdringliche, unwillkürliche Gedanken erlebt, die zu Angst und Unsicherheit führen. Meist berühren Zwangsgedanken Tabus. In einer Studie von Wewetzer et al. (2003) berichteten Kinder am häufigsten von Zwangsgedanken, welche sich um Schmutz, Keime oder Gifte, verbotene, aggressive Vorstellungen, die Furcht, sich oder andere zu verletzen, mögliche Katastrophen, Symmetrie und Ordnung sowie Ekel vor Körperausscheidungen drehten. Bei Jugendlichen können sexuelle Gedanken hinzukommen. Zwangshandlungen sind dagegen willkürliche, aber häufig unfreiwillige Handlungen, die dazu dienen, Angst und Unsicherheit zu reduzieren. Häufig fürchtet derjenige, der sich einer Zwangshandlung unterwirft, schlimme Folgen, wenn er sie unterlässt. Zwangshandlungen können sich auch in der Vermeidung bestimmter Objekte (z. B. alles, was grün ist) äußern. Nicht wenige Patienten können den Zeitpunkt der Zwangshandlung aufschieben, wenn eine sofortige Durchführung nicht möglich ist. Hierauf ist insbesondere bei der „Reaktionsverhinderung" im Rahmen der Verhaltenstherapie zu achten. Zwangshandlungen bei Kindern sind meist mit waschen, putzen, kontrollieren, wiederholen, ordnen und zählen verbunden (Jans et al., 2007; Wewetzer et al., 2003). Auch als Zwangshandlung kann der Einbezug von anderen Personen betrachtet werden. In einer Untersuchung von Wewetzer et al. (2003) zeigte sich, dass 85 % der Eltern in die Zwangssymptomatik ihrer Kinder einbezogen sind. Des Weiteren ist zu beachten, dass verbale und tätliche Aggressionen von Kindern und Jugendlichen mit einer Zwangssymptomatik gegenüber Familienmitgliedern häufig sind. Sehr verbreitet sind auch Fragerituale und das Einholen von Rückversicherungen. Weitere Merkmale sind ein stark ausgeprägter Perfektionismus und ausgeprägte Entscheidungsschwierigkeiten im Alltag. Aus entwicklungspsychologischer Perspektive ist die Zwangsstörung abzugrenzen vom oftmals zwanghaft anmutenden Verhalten von Kindern im Vorschulalter. So beharren viele Kleinkinder auf einem ganz bestimmten Ablauf beim Essen, beim Anziehen oder beim Zubettgehen und sie ordnen ihre Stofftiere nach bestimmten Regeln, zählen Treppenstufen oder dürfen nicht auf Gehweg-Ritzen treten. All dies sind normale, die Entwicklung des Kindes fördernde Handlungen, die dem Kind Sicherheit und Zuverlässigkeit vermitteln. Während die meisten kindlichen Rituale im Alter von acht Jahren abgeklungen sind, nehmen die Zwangserkrankungen ab diesem Alter an Häufigkeit zu.

Epidemiologie Zwangsstörung

Mit einer Lebenszeitprävalenz von 1 bis 3 % sind Zwangsstörungen im Kindes- und Jugendalter relativ häufig. Bei ungefähr 50 % aller Patienten mit einer Zwangssymptomatik liegt der Erkrankungsbeginn im Kindes- und Jugendalter, im Mittel zwischen dem zehnten und zwölften Lebensjahr. In der Pubertät sind die Häufigkeiten vergleichbar mit Prävalenzraten Erwachsener (2 bis 4 %).

Wie bei anderen psychischen Störungen ist auch bei der Zwangsstörung Komorbidität die Regel. Die häufigsten komorbiden Störungen sind weitere Angststörungen, Affektive Störungen, Ticstörungen und Aufmerksamkeitsdefizit-/Hyperaktivitätsstörung. Der Verlauf von Zwangsstörungen mit Beginn im Kindes- und Jugendalter untersuchte beispielsweise die Studie von Zellmann et al. (2009) an 30 Personen, die nach durchschnittlich sechs Jahren mit ungefähr 20 Jahren nachuntersucht wurden. Dabei zeigte sich eine Persistenzrate einer Zwangsstörung nach DSM-IV von 46,7 %. Insgesamt litten noch 70 % der Teilnehmer an einer Achse-I-Störung, 42 % an Achse-II-Störungen. Im Verlauf der Zwangsstörung nahmen Angst- und Affektive Störungen und Persönlichkeitsstörungen zu.

Klassifikation Zwangsstörung

In den Vorbereitungen für das DSM-V wird derzeit diskutiert, ob die Zwangsstörung weiterhin bei den Angststörungen klassifiziert oder wie im ICD-10 in einem eigenständigen Bereich den Zwangsspektrumsstörungen untergeordnet wird (Hollander et al., 2008; Phillips et al., 2010).

4.8 Selektiver Mutismus

Fallbeispiel: Laura

Obwohl Laura (sechs Jahre) ihre Erzieherin seit einigen Jahren kennt, verweigert sie es, mit ihr zu sprechen. Selbst die eingeforderte Begrüßung am Morgen erfolge nicht und im Verlaufe des Morgens verbeiße sie es sich, auf die Toilette zu gehen, weil sie hierfür der Erzieherin Bescheid geben müsste. Eine weitere typische Situation sei, dass sie die Nachbarin, die sie auch schon sehr lange kennt, nicht grüßen würde. Selbst bei nahen Verwandten spreche sie nicht. Auch im Schwimmkurs habe Laura noch nie gesprochen. Mit ihren Eltern und Geschwistern spreche sie normal und ihr Wortschatz sei altersentsprechend.

Erscheinungsbild Selektiver Mutismus

Selektiver Mutismus ist eine Störung, die durch eine deutliche, emotional bedingte Selektivität des Sprechens charakterisiert ist. Das Kind zeigt seine Sprachkompetenz in einigen Situationen, in anderen definierten Situationen jedoch nicht. Typischerweise spricht das Kind zu Hause oder mit engen Freunden, ist jedoch in der Schule oder bei Fremden mutistisch. Unterschieden werden der *Totale Mutismus*, wenn das Kind überhaupt nicht spricht und der *Selektive Mutismus*, wenn das Kind nur in bestimmten Situationen oder bei bestimmten Menschen schweigt. Während der Begriff des „Selektiven Mutismus" beim Übergang des DSM-III-R ins DSM-IV übernommen wurde, wird im ICD-10 immer noch der Begriff des „Elektiven Mutismus" verwendet. Der Begriff *Elektiver Mutismus* suggeriert eine Freiheit der Wahl, in welchen Situationen gesprochen respektive geschwiegen wird. Daher wird seit einigen Jahren der Begriff des *Selektiven Mutismus* verwendet, bei dem keine Entscheidungsfreiheit und keine willentliche Kontrolle angenommen werden. Neben dem Hauptsymptom des Selektiven Mutismus, der Unfähigkeit, in bestimmten Situationen zu sprechen, obwohl die Kinder die Fähigkeit zu sprechen besitzen, zeigen sich neben dem Schweigen häufig weitere Merkmale: Das Kind wirkt wie eingefroren, versteinert, Blickkontakt fehlt, sein Gesichtsausdruck ist leer, sein Körper steif und es hat Schwierigkeiten, Interaktionen zu initiieren und eigene Gefühle auszudrücken. Differentialdiagnostisch zu unterscheiden sind die Störung mit Trennungsangst, tiefgreifende Entwicklungsstörungen und umschriebene Entwicklungsstörungen des Sprechens und der Sprache (Melfsen & Warnke, 2009).

Epidemiologie Selektiver Mutismus

Das Erstauftretensalter der Störung fällt meistens in den Beginn des Kindergartens. Neuere epidemiologische Studien gehen von einem Beginn zwischen dem dritten und fünften Lebensjahr aus (Garcia et al., 2004). Die Prävalenzangaben liegen unter 1 %, wobei der Mittelwert etwa bei 0,7 % liegt (Bergman et al., 2002). Die Angaben zur Geschlechterverteilung sind unterschiedlich. Meistens sind Mädchen häufiger betroffen. Steinhausen und Juzi (1996) erwähnten, dass die Geschlechterunterschiede sich mit zunehmendem Alter der Kinder verstärken. Hingegen erhalten Jungen durchschnittlich 2,3 Jahre früher eine Behandlung als Mädchen. Dies wird damit erklärt, dass eine größere Toleranz für zurückhaltendes Verhalten bei Mädchen besteht (Hayden, 1980). Für die Störungsdauer wurden von Dummit et al. (1996) 5,3 Jahre und 5,7 Jahre von Black und Uhde (1995) genannt. Durch das Schweigen werden vor allem die schulischen Leistungen und die soziale Kommunikation beeinträchtigt.

Klassifikation Selektiver Mutismus

Es wird diskutiert, ob Selektiver Mutismus eine Extremausprägung Sozialer Phobie oder ein oppositionell motiviertes Verhalten darstellt. In einer Studie von Steinhausen und Juzi (1996) zeigte sich, dass 85 % der Kinder mit Selektivem Mutismus schüchtern waren, 66 % der Kinder hatten Angststörungen, während oppositionelle Störungen nur bei 21 % der Kinder auftraten. Auch Kristensen (2000) verglich das Vorhandensein von internalisierenden und externalisierenden Problemen bei Kindern mit Selektivem Mutismus. Dabei zeigte sich, dass 40 von 54 Kinder (74 %) die Diagnose einer Angststörung erfüllten, dabei war die Diagnose einer Sozialen Phobie am häufigsten, gefolgt von der Störung mit Trennungsangst. Erwähnenswert ist, dass keine externalisierenden Störungen komorbid zum Selektiven Mutismus auftraten, jedoch 37 von 54 Kinder (68 %) Entwicklungsverzögerungen zeigten. In die gleiche Richtung weisen die Ergebnisse einer Studie von Cunningham et al. (2004): Die Eltern von Kindern mit Selektivem Mutismus berichteten nicht häufiger von externalisierenden Auffälligkeiten als Eltern von Kindern ohne Selektiven Mutismus. Für einen Zusammenhang mit der Sozialen Phobie können drei Punkte aufgeführt werden: 1. Kinder mit Selektivem Mutismus weisen eine hohe Komorbidität mit Sozialer Phobie und Schüchternheit auf. 2. Längsschnittuntersuchungen zeigten, dass Jugendliche und Erwachsene, welche als Kind selektiv mutistisch waren, weiterhin schüchtern und sozial ängstlich sind. 3. Studien zur familiären Transmission berichteten, dass Verwandte von Kindern mit Selektivem Mutismus höhere Prävalenzraten von Angststörungen aufweisen als die Allgemeinbevölkerung (Black & Uhde, 1995; Kumpulainen, 2002). Einschränkend sollte jedoch festgehalten werden, dass sich in der Studie von Yeganeh et al. (2003) Kinder mit Selektivem Mutismus und komorbider Sozialer Phobie gemäß ihrem Selbstbericht nicht sozial belasteter einschätzten als Kinder mit reiner Sozialer Phobie. Auch in der Studie von Manassis et al. (2003) schätzten sich Kinder mit Selektivem Mutismus selbst als weniger sozial ängstlich ein als ihre Eltern und es zeigten sich keine Gruppenunterschiede bezüglich sozialer Ängstlichkeit zwischen Kindern mit Selektivem Mutismus und Kindern mit Sozialer Phobie. Des Weiteren konnten bei Kindern mit Selektivem Mutismus im Vergleich zu Kindern mit Sozialer Phobie subtile kognitive Defizite und Sprachdefizite beobachtet werden (Kristensen & Oerbeck, 2006; Manassis et al., 2003). Zu bedenken ist auch, dass das Auftretensalter des Selektiven Mutismus bei drei bis sechs Jahren liegt, während der Störungsbeginn der Sozialen Phobie einige Jahre später im Schulalter erfolgt. Daher schlussfolgerten Melfsen und Warnke (2009), dass Selektiver Mutismus möglicherweise eher mit Schüchternheit als mit Sozialer Phobie verbunden ist.

4.9 Prüfungsangst

Fallbeispiel: Mauro

Mauro berichtete, dass er vor und während Prüfungen körperliche Symptome wie Schwitzen und Hitzewallungen habe. Seine Gedanken kreisen um Themen wie „Ich werde eine schlechte Note bekommen“ und „Was ist, wenn ich ein Blackout habe?“ In der Prüfung sei er dann so nervös, dass er nicht verstehe, was er machen soll und dann „abschalte“. Die Lehrerin gab an, dass sie versuche, ihm zu helfen, indem sie die Fragen umformuliere. Mauro würde in diesen Situationen jedoch immer stiller und könne die Prüfung nicht zu Ende bringen. In sozialen Situationen mit Gleichaltrigen habe er keine Angst.

Erscheinungsbild Prüfungsangst

Ein gewisses Maß an Aufregung in Leistungssituationen wie Prüfungen ist normal. „Lampenfieber“ kann durchaus für das Lernen ein Ansporn sein (Yerkes-Dodson-Gesetz). Daher sind die Übergänge zwischen normal und krank fließend. Die Grenze zwischen einer situationsangemessenen Reaktion und einer krankhaften Form der Prüfungsangst ist dann erreicht, wenn übertriebene und unrealistische Befürchtungen für den Fall eines Versagens in der Prüfung die Angst steigern oder Prüfungssituationen respektive Hinweisreize zum Auslöser von massiver Angst werden.

Die Merkmale der Leistungsangst zeigen sich auf der körperlichen und psychischen Ebene, vor, während und nach der Prüfung. Auf der *körperlichen* Ebene treten im Vorfeld der Prüfung Muskelverspannungen, Kopf- und Bauchschmerzen, Übelkeit, Merk- oder Konzentrationsschwierigkeiten auf. Während der Prüfungssituation selbst sind Herzklopfen, Schwitzen und Erröten häufige

Körpersymptome. Die psychischen Symptome können in emotionale, kognitive und Verhaltenskomponenten aufgeteilt werden: *Emotional* befindet sich der Geprüfte in besorgter, bedrückter und hoffnungsloser Stimmung. Zudem können Unsicherheitsgefühle und depressive Verstimmungen auftreten. Auf der *kognitiven* Ebene finden sich häufig eine Beeinträchtigung des aufgabenbezogenen Denkens, eine Blockierung der Gedächtnisinhalte und katastrophisierende Annahmen, was die Folgen eines Versagens in der Prüfung sein könnten. Nach der Prüfung wird das Ergebnis bei Misserfolg als logische Folge des eigenen Versagens betrachtet und bei Erfolg dem Zufall zugeschrieben. Auf der *Verhaltensebene* zeigt sich häufig eine Beeinträchtigung der Leistungsfähigkeit. Die Angst vor dem Versagen und die Angst davor, sich nicht konzentrieren zu können, können zu einem „Blackout“ führen. Vor der Prüfung wird häufig aufgrund der Angst schon das Lernen vermieden.

Klassifikation Prüfungsangst

In den beiden Klassifikationssystemen wird Prüfungsangst nicht als eigenständige Störung aufgeführt. Je nach Auslöser der Angst kann die Prüfungsangst der Sozialen oder der Spezifischen Phobie zugeordnet werden. Die Zuordnung zur Sozialen Phobie macht dann Sinn, wenn sich das Kind oder der Jugendliche neben der Prüfungsangst vor weiteren sozialen Situationen fürchtet (z. B. sich in der Schule zu melden, mit Gleichaltrigen etwas abzumachen) oder die Kognitionen sich darum drehen, sich zu blamieren oder sich vor anderen lächerlich zu machen. Falls jedoch keine weiteren sozialen Situationen Ängste auslösen, wäre die Vergabe einer Spezifischen Phobie (anderer Typus) die geeignetere Klassifikation. Ein Punkt, der gegen die Vergabe einer Sozialen Phobie spräche, wäre die Symptomatik, dass schriftliche Prüfungen stärker angstbesetzt sind als mündliche.

4.10 Schulverweigerung – Schulvermeidung – Schulangst

Der tägliche Schulbesuch stellt unterschiedliche Anforderungen an Kinder und Jugendliche. Sie müssen sich von ihren Eltern trennen, Leistungen erbringen und sich in der Schulgemeinschaft einordnen und behaupten. Vor dem Hintergrund dieser Notwendigkeiten können den Schülern verschiedene Ängste zu schaffen machen: Trennungsangst, Soziale Angst, Prüfungs- oder Leistungsangst, Generalisierte Ängste und Sorgen oder depressive Symptome. All diese Ängste und Stimmungen können zu einer Schulvermeidung führen.

Eine Schulverweigerung kann aber auch ein Schuleschwänzen sein, wenn keine emotionale Belastung oder Angst zugrunde liegt, sondern der Schulalltag zugunsten angenehmerer Aktivitäten vermieden wird. Dieses Verhalten wird auch als dissoziales Schuleschwänzen beschrieben. Häufig liegt in diesem Fall eine Störung mit Oppositionellem Trotzverhalten oder eine Störung des Sozialverhaltens vor.

Das für die Behandlung primäre Ziel ist die rasche Wiederaufnahme des Schulbesuchs. Voraussetzung für einen Behandlungsplan ist die funktionale Analyse der Bedingungen, die der Schulverweigerung respektive -vermeidung zugrunde liegen.

Epidemiologie Schulverweigerung

Die Prävalenz von Schulverweigerung liegt bei etwa 5 %, wobei bei ca. 2 % ein nicht-dissoziales Schuleschwänzen vorliegt (Jans & Warnke, 2004). Gemäß Jans und Warnke (2004) verweist die Altersverteilung auf Häufigkeitsgipfel im Alter von fünf bis sieben Jahren (Einschulung) und zehn bis elf Jahren (häufig Schulwechsel in weiterführende Schulen). Der Nichtschulbesuch kann mit langer Abwesenheit von der Schule durch Ferien, Krankheit oder Wohnortwechsel zusammenhängen, daher sind auch diese Faktoren abzuklären.

Klassifikation Schulverweigerung

Aufgrund der Symptomatik ist festzuhalten, dass Schulverweigerung keine umschriebene psychische Störung und kein einheitliches Syndrom darstellt, sondern ein Problem mit unterschiedlichen Entstehungsbedingungen. Aufgrund der Tatsache, dass fast jede psychische Störung zu einer Unfähigkeit, den Schulalltag zu bewältigen, führen kann, ist eine gründliche diagnostische Abklärung unabdingbar.

Fazit – Erscheinungsbilder von Angststörungen

Neben den typischen, in den Klassifikationssystemen aufgeführten Angststörungen (Spezifische Phobie, Soziale Phobie, Störung mit Trennungsangst, Generalisierte Angststörung, Panikstörung, Agoraphobie, Posttraumatische Belastungsstörung, Zwangsstörung) gibt es auch Störungen, die für das Kindes- und Jugendalter charakteristisch sind, jedoch nicht als eigenständige Störung in den Klassifikationssystemen beschrieben wird (z. B. die Prüfungsangst) oder teilweise einen Bezug zu Angststörungen haben wie der Selektive Mutismus oder die Schulvermeidung.

4.11 Geschwister von Kindern mit Angststörungen

Angststörungen haben nicht nur weitreichende Konsequenzen für das Leben der betroffenen Kinder, Jugendlichen und deren Eltern, sondern sie beeinflussen auch deren Umfeld, beispielsweise die Geschwister. Studien zu Geschwisterbeziehungen von Kindern mit Angststörungen sind relativ selten. Mehr Aufmerksamkeit bekamen bisher in der Forschung Geschwister von Kindern mit chronischen körperlichen Erkrankungen oder Behinderungen. Studien in diesem

Bereich haben gezeigt, dass eine chronische körperliche Erkrankung eines Kindes positive und negative Effekte für dessen Geschwister haben kann (z. B. Faux, 1993; Stoneman & Berman, 1993). Negative Effekte beinhalteten erhöhte Vulnerabilität für Depressionen, Angst, somatische Beschwerden, Verstimmungen, Schuldgefühle und Aggressionen. Zu den positiven Effekten zählten erhöhtes Selbstvertrauen, Durchsetzungsvermögen, Empathie, Reife, Resilienz und guter Familienzusammenhalt. Welche Auswirkungen eine chronische Erkrankung oder Behinderung auf ein Geschwister hat, scheint durch mehrere Faktoren bestimmt zu werden. Einen Einfluss haben unter anderem die Art der Erkrankung, die Anpassungsfähigkeit der Eltern und das Ausmaß, in dem die Geschwister in die Kommunikation und das Fällen von Entscheidungen in der Familie einbezogen werden. Des Weiteren scheinen auch die Anzahl, das Alter und das Geschlecht der Geschwister eine Rolle zu spielen (Seligman & Darling, 1997). Für Geschwister von Kindern mit Krebserkrankungen liegen Interventionen vor, die das Risiko reduzieren, dass die Geschwister emotionale Verhaltensauffälligkeiten entwickeln und das Wissen über Krebserkrankungen steigern (Prchal & Landolt, 2009).

Im Vergleich dazu ist die Erforschung der Geschwister von Kindern mit Angststörungen noch spärlich. Was ist über Geschwisterbeziehungen von Kindern mit Angststörungen bekannt? In einer Studie zeigte sich, dass Geschwister der ängstlichen Kinder ihre Geschwisterbeziehung als konfliktreicher einschätzten als Geschwister psychisch unauffälliger Kinder. Des Weiteren gaben die Geschwister an, dass ihr Geschwister mit einer Angststörung weniger emotionale Wärme zeigte. Sowohl die Geschwister als auch die Kinder mit Angststörungen übten gegenseitig mehr Kontrolle aus als die Kinder und Geschwister der Kontrollgruppe (Fox, Barrett, & Shortt, 2002). Auch in einer Längsschnittstudie von Dunn et al. (1994) zeigte sich, dass Kinder mit internalisierenden Problemen von weniger Nähe und emotionaler Wärme in ihrer Geschwisterbeziehung berichteten.

In einer Studie von Lindhout et al. (2003) berichteten Kinder mit Angststörungen, dass sie der Ansicht seien, im Vergleich zu ihren Geschwistern unterschiedlich von ihren Eltern behandelt worden zu sein. Zudem gaben Kinder mit Angststörungen an, mehr elterliche Abweisung erlebt zu haben als ihre Geschwister und Kontrollkinder (Lindhout et al., 2009). Die Eltern der Kinder mit Angststörungen berichteten über mehr Kritik und negative Affektivität gegenüber den Kindern mit Angststörungen im Vergleich zu den nicht ängstlichen Geschwistern. Die Autoren interpretieren dieses Ergebnis als „Sündenbock-Phänomen. Das Kind, welches harscher behandelt wird als die Geschwister, hat ein höheres Risiko, eine Angststörung zu entwickeln. Dies würde implizieren, dass Kritik und negativer Affekt der Angststörung vorausgehen. Hingegen könnte es auch sein, dass die Angststörung dem Verhalten der Eltern vorausgeht, indem die Eltern durch das Anklammern und Aufsuchen von Nähe und Aufmerksamkeit irritiert werden und dadurch negativer auf das Kind reagieren. Weitere Forschung in diesem Bereich ist sicherlich notwendig. Falls Geschwister selber ein erhöhtes Risiko haben, eine psychische Störung zu entwickeln, sollten sie entweder in die Therapie miteinbezogen werden oder präventiv Unterstützung erhalten. Falls Geschwister nicht in die Therapie miteinbezogen werden, sollten die Eltern ihnen erklären, wohin das Geschwister geht und was dort gemacht wird. Wenn Verstärkerpläne entwickelt werden, ist zu beachten, dass auch mit dem gesunden Geschwister eine Vereinbarung getroffen wird. Meist findet sich auch da ein Verhalten, das verbessert werden kann, so dass ebenfalls ein Verstärkerplan erstellt werden kann. Dem Geschwister sollte hierdurch genügend Aufmerksamkeit geschenkt werden, da vor allem in der Phase der Konfrontationstherapie die Eltern viel Zeit für die Übungen mit dem ängstlichen Kind benötigen.

Fazit – Geschwister von Kindern mit Angststörungen

Die Angststörung eines Kindes beeinträchtigt nicht nur das Kind selber, sondern häufig auch sein direktes Umfeld, das heisst seine Eltern und seine Geschwister. Die Forschung hat bislang die Geschwister von Kindern mit Angststörungen vernachlässigt.

5 Erklärungsansätze von Angststörungen

Theoretische Modelle zur Entstehung von kindlichen Angststörungen beinhalten mehrere Faktoren und Prozesse, wie beispielsweise biologische (z. B. Genetik, Temperament), verhaltensmäßige (z. B. Lernmodelle, Beobachtungslernen), interpersonale Faktoren (z. B. Eltern-Kind-Interaktionen) und Kognitionen (z. B. Informationsverarbeitung, Interpretation von Reizen und Situationen). Zunächst werden die verschiedenen Risikofaktoren im Einzelnen vorgestellt, bevor das Bedingungsmodell für Angststörungen im Kindesalter von Rapee (2001), das Modell zum Angsterwerb von Rachman (1977) sowie das Kognitive Modell vorgestellt werden.

5.1 Risikofaktoren

Die Erforschung von Risikofaktoren bildet die Grundlage erfolgreicher Behandlungs- und Präventionsansätze. Für die Ätiologie von Angststörungen werden verschiedene Risikofaktoren diskutiert (Übersicht siehe **Tab. 5.1**). Als allgemeines Modell zur Erklärung psychischer Störungen hat sich das Vulnerabilitäts-Stress-Modell durchgesetzt (siehe **Box 5.1**). Einschränkend ist festzuhalten, dass sich die Grundlagenforschung meistens den verschiedenen Angststörungen gemeinsam widmet, und somit Aussagen über störungsspezifische Risikofaktoren noch häufig fehlen.

Box 5.1: Definitionen

Unter *Vulnerabilität* oder *Diathese* (griech. Neigung) wird eine erblich-konstitutionelle, aber auch erworbene Bereitschaft (Disposition) des Organismus für Krankheiten oder abweichendes Verhalten verstanden. *Auslöser* können das Erstauftreten einer Störung oder eines Problems hervorrufen bzw. auslösen. *Aufrechterhaltende* Bedingungen sind Faktoren, die dazu beitragen, dass ein psychisches Problem bzw. eine psychische Störung bestehen bleibt und nicht wieder abklingt.

Zu den Risikofaktoren gehören Umweltbedingungen, soziale und genetische Faktoren, individuelle Lebensbedingungen oder Angewohnheiten, die eine bestimmte Krankheit begünstigen oder gar verursachen können. Beim Begriff Risikofaktor wird zwischen variablen und fixen Risikofaktoren unterschieden

(Kraemer et al., 1997). Fixe Risikofaktoren wie Geschlecht und Rasse sind nicht veränderbar und entsprechen nach Kraemer am ehesten Vulnerabilitätsfaktoren. Variable Risikofaktoren sind spontan oder durch eine Intervention veränderbar und sind somit für die Entwicklung von Präventionsprogrammen entscheidend. Für die Entstehung psychischer Störungen sind kausale Risikofaktoren zentral. **Box 5.2** beschreibt die Merkmale eines kausalen Risikofaktors.

Box 5.2: Merkmale eines kausalen Risikofaktors (Kraemer et al., 1997)

- Zusammenhang zwischen Risikofaktor und Problematik
- Risikofaktor geht der Problematik zeitlich voraus.
- Risikofaktoren können fix oder variabel sein. Kausaler Risikofaktor ist variabel, d. h. beeinflussbar.
- Modifikation des Risikofaktors führt zu einer Modifikation des Outcome.

Im Folgenden soll auf einige Risikofaktoren für Angststörungen näher eingegangen werden: genetische Faktoren/familiäre Häufung, Behavioral Inhibition, Psychobiologie, kognitive Faktoren, Angstsensitivität, belastende Lebensereignisse und elterlicher Erziehungsstil.

5.1.1 Genetische Faktoren

Zahlreiche Studien belegen den genetischen Einfluss auf die Entwicklung von Angststörungen, welche eine Varianz von 30–40 % aufklärt (Kendler et al., 1992; Boer & Lindhout, 2001). Zwillings- und Adoptionsstudien mit monozygoten (eineiigen) und dyzygoten (zweieiigen) Zwillingen sind Methoden, genetischen Fragestellungen als auch Umwelteinflüssen nachzugehen. Um den Einfluss der gemeinsamen Umwelt auf genetisch verschiedene Geschwister zu untersuchen, braucht es Adoptionsstudien. Ergebnisse von Zwillingsstudien weisen darauf hin, dass eher von einer allgemeinen Prädisposition für Angst und Depression als von einer störungsspezifischen genetischen Vermittlung ausgegangen werden kann. Es ist jedoch anzunehmen, dass individuumsspezifische Umweltfaktoren für die Entwicklung einer spezifischen Störung relevant sind (Barlow, 2002; Gregory & Eley, 2007).

Vererbbare Faktoren, die auf die Entwicklung von Angststörungen einen signifikanten Einfluss haben, sind die Temperamentseigenschaft Behavioral Inhibition (siehe 5.1.2) und das physiologische Erregbarkeits-Modell (siehe Tripartite Modell). Studien der Molekulargenetik verweisen auf eine genetische Prädisposition von ängstlichen Persönlichkeitsmerkmalen, die mit dem dopaminergen und dem serotoninergen System assoziiert sind (Eley & Plomin, 1997). Es kann somit festgehalten werden, dass gerade die genetischen Studien darauf verweisen, wie wichtig Umweltfaktoren für die Entwicklung von psychischen Störungen sind.

Umweltfaktoren (shared-, non-shared-environment)

Umwelteinflüsse können unterschieden werden in gemeinsame, individuumsunspezifische Umweltfaktoren (*shared-environment*), d. h. gleiche Einflussfaktoren auf Kinder einer Familie, (z. B. in einer sehr armen Familie zu leben), und individuumsspezifische Umweltfaktoren (*non-shared-environment*), d. h. unterschiedliche Einflüsse von Faktoren auf Kinder der gleichen Familie (z. B. wenn die Kinder verschiedene Schulen besuchen oder ein Kind ein traumatisches Ereignis erlebt; Pike & Plomin, 1996). Während bei Erwachsenen die gemeinsamen Umweltfaktoren keinen signifikanten Einfluss haben (Kendler et al., 1992), zeigen Forschungsergebnisse, dass bei Angststörungen im Kindesalter ein signifikanter Einfluss besteht. Ergebnisse einer Meta-Analyse (Burt, 2009) weisen darauf hin, dass gemeinsame Umweltfaktoren (shared-environment) 12–16 % der Varianz von internalisierenden Störungen erklären. Zudem konnte nicht gezeigt werden, dass der Einfluss der shared-environment mit zunehmendem Alter geringer wird.

Familiäre Häufung

Eine familiäre Häufung von Angststörungen kann heute als gut belegt angesehen werden. Beispiele für Familienstudien stellen „Bottom-up-“ und „Top-down-“Studien dar (siehe **Box 5.3**).

Die Spezifität der familiären Häufung ist nicht eindeutig. Es gibt aber Studien, die eine Spezifität von Störungen in der Familie gefunden haben (Hettema et al., 2001). In der Studie von Low et al. (2008) zeigte sich nach der Kontrolle komorbider Störungen eine Störungsspezifität bei der Panikstörung und Sozialen Phobie. Weitere Studien zur Störungsspezifität sind in **Box 5.4** aufgeführt.

Box 5.3: Definitionen

In *Bottom-up-Studien* wird von den Kindern ausgegangen, wobei deren Eltern untersucht werden (Last et al., 1987).
In *Top-down-Studien* wird von den Eltern ausgegangen, wobei deren Kinder untersucht werden. Studien haben gezeigt, dass Kinder von Eltern mit psychischen Störungen ein erhöhtes Risiko haben, eine Angststörung zu entwickeln (z. B. Unnewehr et al., 1998). Es liegen deutlich mehr Top-down- als Bottom-up-Studien vor (siehe **Box 5.4**).

In **Box 5.4** ist eine Meta-Analyse von Micco et al. (2009) beschrieben, die die Häufigkeiten psychischer Störungen bei Kindern von Eltern mit Angststörungen untersuchte.

Box 5.4: Kinder von Eltern mit Angststörungen

Eine Meta-Analyse von Micco et al. (2009) hat die Prävalenzraten psychischer Störungen bei Kindern von Eltern mit Angststörungen untersucht. In die Meta-Analyse wurden 16 Studien mit insgesamt 1 892 Kindern zwischen vier und 25 Jahren einbezogen. Die Ergebnisse zeigten, dass Kinder von Eltern mit Angststörungen, wie erwartet, ein erhöhtes Risiko für Angst- und depressive Störungen haben im Vergleich zu einer gesunden Kontrollgruppe (Odds Ratio (OR) für Angststörungen = 3.91; für Depressionen = 2.67), aber auch ein erhöhtes Risiko im Vergleich zu einer klinischen Kontrollgruppe (OR = 1.84). Zudem hatten die Kinder von Eltern mit Angststörungen im Vergleich zu der gesunden Kontrollgruppe ein erhöhtes Risiko, eine Depression zu entwickeln (OR = 2.67). Aufgrund der geringen Anzahl Studien können bislang keine klaren Aussagen darüber gemacht werden, ob die Kinder ein erhöhtes Risiko haben, die gleichen Angststörungen wie die Eltern zu entwickeln. Es gibt Hinweise für ein spezifisches Risiko bei der Panikstörung (Biederman et al., 2001, 2004; Unnewehr et al., 1998), der Sozialen Phobie (Lieb et al., 2000) und der Spezifischen Phobie (Unnewehr et al., 1998), jedoch auch Studien mit einem generellen Risiko für Angststörungen (Biederman et al., 2001, 2006).

5.1.2 Behavioral Inhibition

Unter Behavioral Inhibition – „Verhaltenshemmung“ (Kagan, 1994) – wird ein Temperamentsmerkmal verstanden, das vererbt ist und spezifische Reaktionen gegenüber Situationen und Personen prädisponiert. Behavioral Inhibition ist charakterisiert durch ein zurückgezogenes und schüchternes Verhalten in neuen, unvertrauten Situationen (Kagan, Reznick, Clarke, Snidman & Garcia-Coll, 1984). Gemäß Kagan, Reznick und Snidman (1988) zeigen ungefähr 15 % der Kinder in ihnen unbekannten Situationen Verhaltenshemmung, beispielsweise in Form von Scheu, Furcht oder Rückzugsverhalten.

Mehrere Studien konnten Behavioral Inhibition als Risikofaktor für Angststörungen belegen (Biederman et al., 2001; Kagan et al., 1984; Neal, Edelmann & Glachan, 2002; Überblick bei Degnan et al., 2010). Biederman und Mitarbeiter konnten in prospektiven Studien zeigen, dass verhaltensgehemmte Kinder ein höheres Risiko für die Ausbildung kindlicher Angststörungen aufweisen (Biederman et al., 1990, 1993). Befunde aus Studien verschiedener Arbeitsgruppen legen nahe, dass die Verhaltenshemmung einen Risikofaktor für die Entwicklung verschiedener Angststörungen darstellt (z. B. Hayward et al., 1998). Jedoch gibt es auch mehrere Studien, die einen Zusammenhang zwischen Verhaltenshemmung und einem erhöhten Risiko für die Entwicklung einer Sozialen Phobie nachweisen konnten. Beispielsweise konnte eine prospektive Längsschnittstudie bei 14- bis 16-jährigen Jugendlichen eine erhöhte Lebenszeitprävalenz einer Sozialen Phobie nachweisen, wenn diese Jugendlichen als stabil verhaltensgehemmt eingeschätzt wurden. Die Jugendlichen wurden ab dem vierten Lebensmonat regelmäßig auf ihr Temperament untersucht (Chronis-Tuscano et al., 2009). In die gleiche Richtung weisen die Ergebnisse von Essex et al. (2010). Zukünftig sollte untersucht werden, für welche Störungen Behavioral Inhibition einen Risikofaktor darstellt. Zudem ist der Erfassung von Temperamentsmerkmalen in der Forschung Aufmerksamkeit zu schenken. Auf die Beeinflussbarkeit des Temperaments wird im Abschnitt „Selektive Prävention" eingegangen.

5.1.3 Psychobiologie

Die Amygdala (Mandelkern) als Teil des Limbischen Systems ist wesentlich an der Entstehung der Angst beteiligt und spielt eine wichtige Rolle bei der emotionalen Bewertung von Situationen und der Analyse möglicher Gefahren. Angst geht mit einer Übererregung der Amygdala einher. Es liegen einige Ergebnisse vor, die einen Zusammenhang zwischen Hypersensitivität der Amygdala und Angstsymptomatik bei Jugendlichen nachweisen konnten. Beispielsweise konnten Thomas et al. (2001) eine erhöhte Amygdala-Aktivität bei Kindern mit Angststörungen nachweisen, während emotionale Gesichtsausdrücke gezeigt wurden. Damit vergleichbar fanden auch McClure et al. (2007), dass Jugendliche mit einer generalisierten Angststörung (GAS) bei der Betrachtung ängstlicher Gesichtsausdrücke eine erhöhte Amygdala-Aktivität aufwiesen.

5.1.4 Kognitive Risikofaktoren

Kinder und Jugendliche mit Angststörungen weisen häufig eine verzerrte und fehlerhafte Informationsverarbeitung auf (Überblick bei Alfano et al., 2002; Daleiden & Vasey, 1997; Hadwin et al., 2006). Dabei können eine selektive Aufmerksamkeitszuwendung und starke Fokussierung auf Gefahreninformationen sowie eine erhöhte Ablenkbarkeit durch Gefahrenreize beobachtet werden.

Definitionen: Verzerrungen in der Informationsverarbeitung

Aufmerksamkeits-Bias: Selektive Aufmerksamkeitsverschiebung auf bedrohliche Reize.
Interpretations-Bias: Neigung, angstrelevante Reize als bedrohlich zu interpretieren.
Memory-Bias: Neigung, bedrohliche Reize besser zu erinnern.

Interpretations-Bias

Hinweise für eine besondere Informationsverarbeitung kommen von Studien an Kindern mit unterschiedlichen Angststörungen. Es wurde beobachtet, dass Kinder mit Angststörungen mehrdeutige Reize als bedrohlich interpretieren und eine höhere Aufmerksamkeitszuwendung auf bedrohliche Reize zeigen (Barrett, Rapee, Dadds, & Ryan, 1996; Higa & Daleiden, 2007). Muris, Merckelbach und Damsma (2000) konnten zeigen, dass bei sozial ängstlichen Kindern die Interpretation sozialer Ereignisse mit spezifischen negativen Verzerrungen zusammenhängt. Zusätzlich konnte gezeigt werden, dass Kinder von Eltern mit einer Panikstörung, die selber die Kriterien für eine Angststörung nicht erfüllten, bereits einen Interpretations-Bias aufwiesen (Schneider, Unnewehr, Florin & Margraf, 2002).

Ängstliche Kinder interpretieren mehrdeutige Informationen häufig als bedrohlich, weisen einen negativen Attributionsstil (internal, stabil und global) auf, erwarten negative Ergebnisse und schreiben einem erfolgreichen Umgang mit bedrohlichen Situationen und ängstlichen Gefühlen eine geringe Wahrscheinlichkeit zu. Aufgrund dieser kognitiven Defizite und Verzerrungen kommt es dann dazu, dass ängstliche Kinder eher Vermeidungs- und Fluchtstrategien wählen, um sich sicher zu fühlen. Interessanterweise scheint es aber so zu sein, dass ängstliche Kinder nicht ein Wissensdefizit bezüglich proaktiver, nichtvermeidender Copingstrategien aufweisen, sondern vielmehr dieses Wissen nicht anwenden. Es ist jedoch festzuhalten, dass die Studienergebnisse bei Kindern mit Angststörungen im Vergleich zu Erwachsenen mit Angststörungen inkonsistenter sind und zukünftig vermehrt automatische Informationsverarbeitungsprozesse untersucht werden sollten (In-Albon et al., 2009).

Aufmerksamkeits-Bias

Es wurden bislang vor allem zwei Methoden zur Erfassung des Aufmerksamkeits-Bias verwendet: Die Stroop-Farbnenn-Aufgabe und die Signalentdeckungsaufgabe (dot-probe Paradigma). Martin, Horder und Jones (1992) verglichen sechs- bis 13-jährige Kinder, wovon die Hälfte Angst vor Spinnen hatte, anhand einer modifizierten Form des Stroop-Tests. Der Test bestand aus Spinnen-relevanten Wörtern (z. B. „web“ = Netz) und Insekten-neutralen Wörtern (z. B. „wings“ = Flügel). Die Autoren berichteten, dass Kinder mit Angst vor Spinnen im Benennen Spinnen-relevanter Wörter langsamer waren als Kinder ohne Angst vor Spinnen. Eine andere Methode zur Untersuchung der selektiven Aufmerksamkeit bei Kindern ist die Signalentdeckungsaufgabe, die für Kinder angepasst wurde („dot-probe-paradigma“ von MacLeod et al., 1986). Die bedrohlichen Wörter wurden nach dem Bekanntheitsgrad bei Kindern ausgewählt und aufgrund ihrer Lesefähigkeit wurde das Intervall von der Wort- bis zur Punkt-Darbietung erhöht. Da diese Verfahren den Nachteil haben (In-Albon & Schneider, 2010), nur einen Schnappschuss der Aufmerksamkeit zu erfassen, und nicht die kontinuierliche Aufmerksamkeit, wird in neueren Studien die Augenbewegung beispielsweise mit Hilfe der Eye-Tracker-Methode mitverfolgt. In einer Augenbewegungsstudie mit einem Eye-Tracker haben In-Albon et al. (2010) ein Vigilanz-Vermeidungsmuster im Blickverhalten nachweisen können (In-Albon, Kossowsky & Schneider, 2010). Nach einer Erkennungsphase schauten Kinder mit Trennungsangst häufiger auf ein für sie bedrohliches Bild (Abschiedssituation), dann begannen sie, dieses zu vermeiden und schauten signifikant häufiger auf das nicht-bedrohliche Bild (Ankunftssituation), während die gesunde Kontrollgruppe beide Bildkategorien gleichmäßig anschaute.

Memory-Bias

Als weitere kognitive Besonderheit der Angststörungen wird die Verzerrung des Gedächtnisses beschrieben. Anhand von Netzwerk- und Schematheorien sollten störungsrelevante Reize von Angstpatienten besser erinnert werden. Empirische Studien zum selektiven Gedächtnis bei Kindern gibt es bisher sehr wenige.

In der Studie von Daleiden (1998) zeigte sich eine bessere Erinnerungsleistung an bedrohliche Wörter in impliziten Gedächtnisaufgaben, wohingegen bei expliziten Gedächtnistests die Ergebnisse inkonsistent waren. Es zeigten sich teilweise bessere, teilweise aber auch schlechtere Gedächtnisleistungen für bedrohliches Material. Faktoren wie die Art des Gedächtnistests (freie Reproduktion, Wiedererkennen, autobiographische Erinnerungen) oder gegenläufige kognitive Prozesse wie erhöhte Aufmerksamkeitszuwendungen und kognitive Vermeidung können für diese Inkonsistenzen verantwortlich sein. Dalgleish et al. (2003) fanden keinen Memory-Bias bei Kindern mit Depression, GAS und PTBS.

5.1.5 Angstsensitivität

Angstsensitivität ist die Neigung einer Person, dass die mit Angst assoziierten Symptome (v. a. körperliche Symptome) zu schädigenden körperlichen, psychischen oder sozialen Konsequenzen führen können, die über das unmittelbare körperliche Unbehagen während akuter Angst oder eines akuten Panikanfalls hinaus reichen. Ein Zusammenhang von Angstsensitivität mit plötzlichen Panikanfällen, Trennungsangst und agoraphobischen Ängsten und nicht mit anderen Angststörungen konnte für das Kindesalter nachgewiesen werden (Federer et al., 2000; Schneider & Hensdiek, 2003). Eine prospektive Längsschnittstudie über vier Jahre ergab, dass Angstsensitivität ein signifikanter Prädiktor für Panikanfälle wie auch für Angstsymptomatik und Depression in der frühen Adoleszenz ist (Hayward et al., 2000; Schmidt et al., 2010). In einer Übersicht von Studien zeigte sich, dass die elterliche Angst kein signifikanter Prädiktor der Angstsensitivität bei Kindern ist (Francis & Noel, 2010). Hingegen gibt es Hinweise, dass die kindliche Angstsensitivität einen Mediator zwischen elterlicher Psychopathologie und Angst des Kindes darstellt. Eine Erklärung könnte sein, dass Eltern mit psychischen Störungen ihren Kindern Informationen vermitteln, körperliche Symptome seien gefährlich. Eltern mit psychischen Störungen beobachten ihre eigenen Symptome und diejenigen ihrer Kinder genau und beschreiben mögliche negative Konsequenzen dieser Symptome (Drake & Kearney, 2010).

5.1.6 Elterlicher Erziehungsstil

Obwohl der elterliche Erziehungsstil bereits von Marks 1969 als Risikofaktor diskutiert wurde, fehlen bis heute prospektive Längsschnittstudien zum Einfluss des elterlichen Erziehungsstils auf die Entwicklung von Angststörungen. Bisherige Ergebnisse aus retrospektiven oder korrelativen Studien zeigen, dass ein überbehütender, kontrollierender Erziehungsstil sowie geringe emotionale Wärme und Feinfühligkeit Faktoren sind, die Eltern von Kindern mit Angststörungen von Eltern von Kindern ohne Angststörungen unterscheiden (Überblick bei Rapee, 1997). In einer Studie mit Müttern mit Panikstörung zeigte sich in einer standardisierten Interaktion mit ihren Kindern im Alter zwischen 13 und 23 Jahren, dass diese gegenüber ihren Kindern mehr verbale Kontrolle und mehr Kritik äußerten sowie weniger Feinfühligkeit zeigten als gesunde Mütter. Die Ergebnisse verweisen auf die Bedeutsamkeit der mütterlichen Angst bei der Untersuchung des Erziehungsverhaltens (Schneider et al., 2009). Hingegen zeigte sich in der Studie von Gar und Hudson (2008), dass nicht die mütterliche Angst, sondern die Angst des Kindes im Zusammenhang mit überbehütendem und kritischem Erziehungsverhalten einhergeht. Keinen Zusammenhang zwischen Erziehungsstil und Angststörungen bei Eltern mit Angststörungen oder Substanzabhängigkeit fanden Merikangas und Kollegen (1999).

In einer Meta-Analyse von McLeod, Wood & Weisz (2007) haben die Autoren anhand von 47 Studien Zusammenhänge zwischen Erziehung und Angststörungen untersucht. Über alle Studien hinweg erklärte die Erziehung insgesamt nur gerade 4 % der Varianz von Angststörungen im Kindesalter. Methodologische Faktoren (z. B. Untersuchungsverfahren) scheinen bei den inkonsistenten Ergebnissen eine zentrale Rolle zu spielen. Innerhalb der Erziehungskomponenten zeigten sich beträchtliche Unterschiede. Beispielsweise war elterliche Kontrolle stärker mit Angststörungen assoziiert als elterliche Ablehnung. Wobei auch diesbezüglich Unterschiede gefunden wurden, indem elterliche Wärme weniger als 1% der Varianz erklärte, die Gewährung von Autonomie hingegen bis 18 %.

5.1.7 Belastende Lebensereignisse

Wenn ein Kind von einem Hund gebissen wird, ist es verständlich, sich darüber eine bestimmte Zeit Sorgen zu machen. Lassen sich die Eltern trennen oder scheiden, ist es möglich, dass das Kind während einer gewissen Zeit das Vertrauen den Eltern gegenüber verliert oder es sensibler reagiert als gewöhnlich. Die beschriebenen Reaktionen sind nachvollziehbar und natürlich. Wenn ein Kind ein stressvolles Ereignis erlebt und bereits vorher ängstlich war, kann ein solcher Zwischenfall einen größeren Einfluss auf das Kind haben und die bereits bestehende Angst verstärken. Solche Auslöser lassen sich jedoch nicht bei jedem Kind mit einer Angststörung finden.

Es gibt nur eine geringe Anzahl an Studien (PTBS ausgeschlossen), die den Einfluss negativer Lebensereignisse bei Kindern mit Angststörungen untersucht haben. Einige Studien konnten zeigen, dass Kinder mit Angststörungen im Vergleich zu gesunden Kontrollkindern mehr und beeinträchtigenderen Lebensereignissen ausgesetzt waren (Eley & Stevenson, 2000; Goodyer et al., 1990; Rapee & Szollos, 2002; Tiet et al., 2001). Auch in der Bremer Jugendstudie von Essau (2000) berichteten Jugendliche mit Angststörungen mehr negative Lebensereignisse als gesunde Jugendliche. Diese Lebensereignisse und -bedingungen umfassten Schule/Ausbildung, Eltern, soziale Kontakte, Todesfälle, Wohnort, Gesetz, Gesundheit/Krankheit. Dabei setzten die Jugendlichen mit Angststörungen mehr negative Copingstrategien ein als gesunde Jugendliche.

Tab. 5.1: Übersicht möglicher Risikofaktoren (modifiziert nach Evans, 2005, S. 231)

Faktor	Beschreibung
Individuelle Faktoren	
Erhöhte, aber subklinische Angstsymptome	Erhöhtes Risiko eine voll ausgebildete Störung zu entwickeln, wenn Vulnerabilität vorliegt.
Temperament (Verhaltenshemmung)	Rückzugs- und Vermeidungsverhalten in neuen Umgebungen und bei fremden Menschen
Angstsensitivität	Die Überzeugung, dass Angst und die damit assoziierten Symptome zu schädigenden, körperlichen, psychischen oder sozialen Konsequenzen führen.
Kognitive Faktoren	Vermeidender Bewältigungsstil, geringe Kontrollüberzeugung
Familiäre Faktoren	
Elterliche Psychopathologie	Genetik, Umwelt
Erziehungsstil	Überbehütendes, kontrollierendes Verhalten sowie wenig emotionale Wärme und Feinfühligkeit
Bindung	Unsichere Bindung, möglicherweise in Interaktion mit Verhaltenshemmung („Integriertes Behavioral Inhibition-Attachment-Modell" Manassis & Bradley, 1994)
Umweltfaktoren	
Belastende Lebensereignisse	Erleben eines traumatischen Ereignisses
Geringe soziale Unterstützung	

Faktor	Beschreibung
Rauchen	Zusammenhang mit Panikstörung
Alkohol, Drogen	
Biologische Faktoren	
Potenzierte Schreckreaktion	Projektionen von der Amygdala zu Arealen, die für die verschiedenen Komponenten der Angstreaktion verantwortlich sind.
Erhöhtes Cortisol-Level	

Fazit – Risikofaktoren

Zusammengefasst zeigen die bisherigen Forschungsergebnisse, dass biologische, interpersonale und kognitive Risikofaktoren sowie belastende Lebensereignisse zur Entwicklung einer Angststörung beitragen. Wie jedoch die genaue Zusammensetzung der Risikofaktoren für die Entstehung einer Angststörung lautet, ist bislang noch unbekannt. Beispielsweise im Bereich der kognitiven Dysfunktionen ist die Forschungslage bei Kindern viel weniger eindeutig als bei Erwachsenen. Möglicherweise braucht es für die Untersuchung dieser Faktoren andere Methoden und Herangehensweisen als bei Erwachsenen.

5.2 Modell zur Angstentwicklung

Rapee (2001) stellte ein integratives Bedingungsmodell für Angststörungen im Kindesalter vor (siehe **Abb. 5.1**). Das Modell geht davon aus, dass Kinder mit unterschiedlich stark ausgeprägten Neigungen für die Entwicklung einer Angststörung geboren werden. Das Ausmaß dieser Neigung eines Kindes wird durch genetische Faktoren und Umweltfaktoren bestimmt (Unterstützung von Vermeidungsverhalten durch die Umwelt, Auswirkungen der sozialen Umwelt). Kinder mit einer solchen Neigung zeigen diesem Modell zufolge ein Temperament, das durch ausgeprägte Emotionalität, einen vermeidenden Bewältigungsstil sowie leicht auslösbare physiologische Erregbarkeit bei Gefahr charakterisiert ist. Das ängstliche Temperament führt dazu, dass unklare, neue oder fremde Situationen als bedrohlich interpretiert (Informationsverarbeitung) und neue Reize gemieden werden. Eltern oder andere Bezugspersonen von Kindern mit einem ängstlichen Temperament reagieren auf das ängstliche Kind mit einem überengagierten, beschützenden Verhalten und versuchen, das Kind vor stressreichen Erfahrungen zu schützen oder ihm die Kontrolle in belastenden Situationen abzunehmen. Dadurch vermitteln sie jedoch dem

Kind, dass die Welt gefährlich ist und es selbst keine Kontrolle über sie hat. Dieses Interaktionsmuster führt dazu, dass sich das Vermeidungsverhalten des Kindes ausweitet und das Kind nicht oder nur unzureichend soziale Fertigkeiten und Bewältigungsstrategien für die von ihm als bedrohlich bewerteten Situationen erlernt. Zudem erfährt es keine Gewöhnung an potentiell bedrohliche Reize.

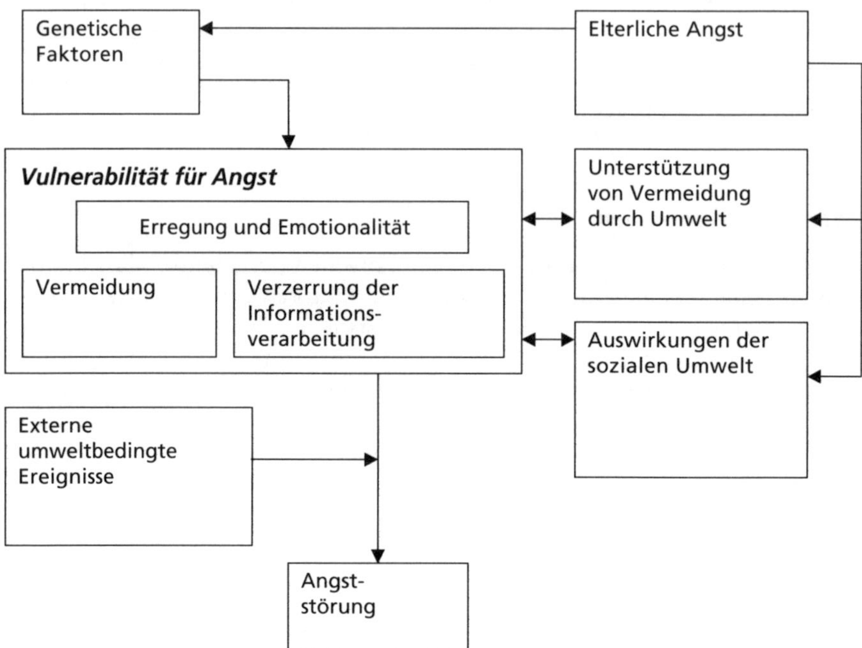

Abb. 5.1: Modell der Entwicklung einer Angststörung (nach Lyneham & Rapee, 2004)

Die familiäre Häufung von Angststörungen ist empirisch gut belegt. Daher ist es wahrscheinlich, dass Eltern von ängstlichen Kindern ebenfalls ängstlich sind und kognitive Verzerrungen bezüglich der Gefahr aufweisen. Die elterliche Angst hat dabei einen Einfluss auf genetische und soziale Faktoren. Verbale Instruktionen („Das ist gefährlich!") oder ängstliches Modellverhalten verstärken die Angstneigung eines Kindes. Ein Kind ahmt das ängstliche Verhalten einer Bezugsperson nach und lernt durch deren Beobachtung unangemessenes und Angst förderndes Verhalten (z. B. Vermeidungsverhalten). Unabhängig vom ängstlichen Temperament des Kindes und der elterlichen Angst kann sich das ängstliche Kind ein Umfeld suchen, dass die Wahrscheinlichkeit für die Konfrontation mit ängstlichen Modellen erhöht. Beispielsweise können sich ängstliche Kinder ängstliche Spielkameraden suchen. Unabhängig von der Angstneigung des Kindes können jederzeit belastende, traumatische Lebensereignisse auftreten. Während es grundsätzlich immer möglich ist, dass ein belastendes Ereignis eine Angststörung auslösen kann, ist dies wahrscheinlicher, wenn bereits eine Vulnerabilität für Angst vorhanden ist. Noch zu untersuchen sind die Zusammenhänge der Risikofaktoren sowie das Rapee-Modell im Längsschnitt.

5.2.1 Rachmans Modell des Angsterwerbs

Rachman (1977, 1991) schlug drei Pfade zur Entstehung von Ängsten vor: Direkte Konditionierungserfahrungen, Beobachtungslernen und Informationen/Instruktionen. Für alle drei Pfade fanden sich in der Forschung umfangreiche Belege (z. B. King, Gullone & Ollendick, 1998; Merckelbach, Muris & Schouten, 1996). Am Beispiel von „Little Albert“ wurde bereits gezeigt, dass direkte *Konditionierungserfahrungen* vor allem mit klinischen Phobien in Zusammenhang gebracht werden, während Beobachtungslernen und die Einwirkung verbaler, negativer Informationen eher mit milden Ängsten in Verbindung stehen (Muris & Merckelbach, 2001). Häufig retrospektiv erfasst wurde der Zusammenhang zwischen Ängsten und der Bedrohung durch einen anwesenden spezifischen Reiz (z. B. Ehlers, 1993; Menzies & Clarke, 1993, 1995; Merckelbach, De Jong, Muris & Van den Hout, 1996; Ollendick & King, 1991; Öst, 1987; Öst & Hugdahl, 1981; Watt & Stewart, 2000; Watt, Stewart & Cox, 1998). Bandura et al. fanden in ihren frühen Studien eindeutige, kurzfristig anhaltende Effekte von *Beobachtungslernen* auf ängstliches Verhalten bei Erwachsenen und Kindern (Bandura, Blanchard & Ritter, 1969; Bandura, Grusec & Menlove, 1967; Bandura & Rosenthal, 1966). Sie konnten zeigen, dass allein durch die Beobachtung eines Modells komplexe Verhaltensweisen erlernt werden können, die vorher noch nicht im Verhaltensrepertoire des Lernenden waren. Einige der deutlichen Befunde zum Beobachtungslernen stammen von Mineka et al., die bei Rhesusaffen eindeutige Angstreaktionen gegenüber angstrelevanten Reizen fanden, wenn diese ein ängstliches Modell beobachtet hatten (Cook & Mineka, 1989, 1990; Mineka & Cook, 1993; Mineka, Davidson, Cook & Keir, 1984). In den vergangenen Jahren wurden einige Studien durchgeführt, die den Erwerb von Ängsten bei Kleinkindern nach der Beobachtung von negativem mütterlichem Verhalten in Reaktion auf neuartige Reize untersuchten (De Rosnay, Cooper, Tsigaras & Murray, 2006; Egliston & Rapee, 2007; Gerull & Rapee, 2002; Murray et al., 2008). Gerull und Rapee (2002) fanden beispielsweise, dass 17 Monate alte Kinder nach ängstlichem mütterlichem Modellverhalten signifikant mehr Angst und Vermeidung gegenüber Spielzeugschlangen und -spinnen zeigten als nach einer positiven Reaktion ihrer Mutter. Weitere Studien wiesen darauf hin, dass kleine Kinder Angst vor Fremden entwickeln können, wenn sie eine angstvolle Reaktion ihrer Mutter gegenüber der fremden Person beobachtet hatten (De Rosnay et al., 2006; Murray et al., 2008). In der Studie von Dubi et al. (2008) wurde bei 15- bis 20-monatigen Kleinkindern der Zusammenhang zwischen mütterlichem Modellverhalten und dem Erwerb von Angst und Vermeidung gegenüber angstrelevanten und angstirrelevanten Reizen in Abhängigkeit des kindlichen Temperaments untersucht. Die Kinder zeigten nach einer negativen mütterlichen

Reaktion signifikant mehr Angst und Vermeidung gegenüber den Gegenständen als nach einer positiven mütterlichen Reaktion, unabhängig von der Angstrelevanz der Objekte. Weiter fand sich kein Zusammenhang zwischen dem Temperament des Kindes und seinem Verhalten in der Laborsituation und lediglich ein schwacher Zusammenhang zwischen dem kindlichen Temperament und seiner emotionalen Reaktion. Die Resultate zeigen, dass bereits kleine Kinder im Alter von 15 bis 20 Monaten schnell konditionierte emotionale und verhaltensmäßige Reaktionen auf mütterliches Verhalten formen können, und zwar unabhängig von der Angstrelevanz der Reize und dem kindlichen Temperament. In den letzten Jahren wurden mehrere experimentelle Arbeiten zum *Instruktionslernen* vorgelegt, die dessen Bedeutsamkeit nahe legen. Field, Argyris & Knowles (2001) präsentierten sieben- bis neunjährigen Kindern zwei unterschiedliche Arten von Informationen (Video und eine verbale Geschichte) über neuartige Tiere. Während die selbst berichteten Ängste der Kinder nach der verbalen Information signifikant anstiegen, war der Angstanstieg bei der video-basierten Informationsvermittlung, bei der sich eine fremde Frau gegenüber den Tieren ängstlich-vermeidend verhielt, nicht signifikant. Weitere Ergebnisse zeigten, dass bedrohlich formulierte, verbale Informationen signifikante Effekte auf die kindlichen Ängste und das Vermeidungsverhalten bezüglich neuartiger Reize und sozialer Situationen hatten (Field, 2006; Field, Hamilton, Knowles & Plews, 2003; Field & Lawson, 2003; Muris, Bodden, Merckelbach, Ollendick & King, 2003). Ebenfalls in Richtung Modelllernen/ Instruktionslernen gehen Untersuchungen zur sozialen Rückversicherung (*social referencing*), wobei die Sprache bei dieser Form des Instruktionslernens eine geringere Rolle spielt. Unter der sozialen Rückversicherung wird ein Verhalten verstanden, dass Kinder in neuen und ambivalenten Situationen vermehrt zu ihrer Bezugsperson schauen, um von ihr Informationen einzuholen und ihr eigenes Verhalten zu steuern (Sorce et al., 1985). Eine solche neue und ambivalente Situation, die bei Kindern zu einer Verunsicherung führt, stellt die „visuelle Klippe“ dar, ein mit Plexiglas überdeckter Tisch, der vortäuscht, in der Mitte abzufallen. Die Ergebnisse von Sorce et al. (1985) zeigten, dass bei Müttern mit einem fröhlichen Gesicht drei Viertel der Kinder über die Klippe krabbelten. Zeigten die Mütter hingegen ein ängstliches Gesicht, überquerte kein Kind die Klippe. Eine neuere Studie, in der die Mütter nicht direkt instruiert wurden, sondern mit einer Stimmungsinduktion in eine bestimmte Stimmung versetzt wurden, zeigte, dass das Temperament des Kindes und habituelle Depression der Mutter signifikante Prädiktoren für das Verhalten des Kleinkindes waren. Tendenziell zeigte sich auch die akute negative Befindlichkeit der Mutter als Prädiktor (Bolten & Schneider, 2010).

5.2.2 Kognitives Modell

Kognitionen spielen für die Entstehung und Aufrechterhaltung von Angststörungen eine wesentliche Rolle. Becks Schematheorie der Angststörungen (Beck & Clark, 1988; Beck, Emery & Greenberg, 1985; Beck, Stanley, Averill, Baldwin & Deagle, 1992) nimmt an, dass Menschen aufgrund ihrer Erfahrungen kognitive Gefahrenschemata ausbilden, die dazu dienen, Informationen auszuwählen, zu interpretieren und aus dem Gedächtnis abzurufen. Diese Schemata führen dazu, dass die Betroffenen für bestimmte Situationen spezifische Erwartungen ausbilden. Da Angstpatienten sich für besonders verletzbar halten, erwarten sie in vielen Situationen Gefahr. Sie nehmen die schemakongruenten Informationen bevorzugt wahr, neigen zu Fehlinterpretationen im Sinne von Gefahr und erinnern sich selektiv an gefahrenbezogene Informationen. Die einzelnen kognitiven Verzerrungen wurden in Kapitel 5.1.4 beschrieben.

5.3 Das Tripartite Modell

Zur Erklärung der Komorbidität zwischen Angst- und depressiven Störungen nehmen Clark und Watson (1991) in ihrem „tripartite model“ an, dass das gemeinsame Auftreten der Symptomgruppen von Depression und Angst durch drei verschiedene Faktoren, nämlich allgemeine Negativität, physiologische Hyperaktivität und Anhedonie, aufgeklärt werden kann. Die drei Faktoren der Depressions- und Angstsymptome können nach dem „tripartite model“ durch positiven Affekt und negativen Affekt differenziell aufgeklärt werden. Die allgemeine Negativität und die physiologische Hyperaktivität korrelieren hoch mit negativem Affekt, während Anhedonie hoch mit niedrigem positivem Affekt korreliert. Es wird somit eine Hypothese für die Differenzierung der depressiven und ängstlichen Symptome vorgestellt: Depression ist durch niedrigen positiven Affekt charakterisiert, während Angst mit negativem Affekt einhergeht (Clark & Watson, 1991). Die negative Emotionalität, die dem Neurotizismus entspricht, ist anfällig für Emotionserfahrungen wie Schuldgefühle, Feindseligkeit und Selbstunzufriedenheit, und bildet die Grundlage für gemeinsames Auftreten von Depressions- und Angstsymptomen. Dadurch erklärt sich gemäß verschiedenen Autoren die hohe Komorbidität von Depression und Angst (Clark & Watson, 1991; Clark et al., 1994; Watson et al., 1995a,1995b). In verschiedenen Untersuchungen zeigen sich hohe Korrelationen von negativem Affekt mit „negativen Gedanken”, „somatischen Problemen” (Watson & Pennebaker, 1989) und „negativer Einstellung“ (Gara et al., 1993), welche alle Symptome darstellen, die bei Angst und bei Depression gemeinsam beobachtet werden. Niedriger positiver Affekt korreliert dagegen ausschließlich mit Depression, das heißt Angst weist keinen Zusammenhang mit niedrigem positivem Affekt auf (Watson & Kendall, 1989). Das Modell erhält auch Unterstützung von Studien mit Kindern. Auch hier zeigten sich die Zusammenhänge von negativem Affekt, Angst und Depression, während positiver Affekt nur mit der Depression negativ korrelierte. Körperliches Hyperarousal hing zudem mit Panik zusammen. Das Geschlecht hatte ferner keinen Einfluss auf das Modell (Chorpita, 2002).

Fazit – Modelle zum Angsterwerb

Das Modell von Rapee ist ein integratives Bedingungsmodell für Angststörungen im Kindesalter. Zukünftig sollten die Zusammenhänge der Faktoren untersucht und das Modell prospektiv überprüft werden. Einzelne Aspekte des Modells von Rachman wurden bereits gut untersucht, wobei auch hier die Untersuchung der Zusammenhänge der Faktoren aussteht. Gemäß dem kognitiven Modell der Angststörungen wird angenommen, dass Personen mit Angststörungen dazu neigen, Gefahren in allen möglichen Situationen überzubewerten. Im Bereich der Angststörungen im Kindes- und Jugendalter sollten entwicklungsspezifische Aspekte verstärkt miteinbezogen werden. Das Tripartite Modell legt ein allgemeines Konzept der negativen Affektivität vor, welches neben der Angst auch Emotionen wie Traurigkeit, Nervosität und Enttäuschung integriert – in Anlehnung an die hohe Komorbidität zwischen Angst- und depressiven Störungen.

5.4 Schutzfaktoren

Neben der Erforschung der Risikofaktoren für eine Entwicklung psychischer Störungen ist auch die Resilienzforschung hervorzuheben. Nach Rutter (1985) sind Schutzfaktoren Faktoren, die das Kind unter Risikobedingungen vor einer negativen Entwicklung schützen. Dabei wird der Frage nachgegangen, weshalb sich Kinder psychisch gesund entwickeln, obwohl sie widrigen Umständen ausgesetzt sind.

Im Entwicklungsverlauf von Kindern und Jugendlichen haben sich bestimmte Schutzfaktoren als wichtig erwiesen, die in folgende drei Bereiche eingeteilt werden können:

- Individuelle Faktoren (Intelligenz, soziale Interessen, soziale Kompetenz, Selbstvertrauen, Autonomie),
- Affektive Bindung (emotionale Unterstützung in und außerhalb der Familie),
- Soziale Integration (soziales Netz, Integrationsfähigkeit in Gruppen, Schule, Arbeit).

Ein individueller Schutzfaktor ist die allgemeine *Selbstwirksamkeitserwartung*. Dies bezeichnet die allgemeine Überzeugung, selbst über Kompetenzen zu verfügen, um mit Anforderungen umgehen zu können (siehe **Box 5.5**). Die sozialen Ressourcen umfassen Gleichaltrige, Schule und Vereine. Diese können ein positives Selbstbild fördern und soziale Kompetenzen vermitteln.

Box 5.5: Definition Selbstwirksamkeit

Selbstwirksamkeit meint die individuelle, unterschiedlich stark ausgeprägte Überzeugung, dass man in einer bestimmten Situation die angemessene Leistung erbringen kann. Diese Überzeugung im Hinblick auf die eigenen Fähigkeiten bestimmt, wie Menschen sich fühlen, denken, sich zu etwas motivieren und handeln. Sie beeinflusst die Wahrnehmung und Leistung auf unterschiedlichste Weise. Selbstwirksamkeit bezieht sich also auf die Überzeugung, dass man fähig ist, zu lernen oder bestimmte Aufgaben auszuführen.

Eine der zentralsten Studien zur Resilienzforschung wurde auf Hawaii durchgeführt. In der Kauai-Längsschnittstudie (Werner & Smith, 1998) wurden 72 resiliente Kinder über eine Zeitdauer von 35 Jahren beobachtet. Diese Kinder waren vier oder mehr Risikofaktoren ausgesetzt (z. B. Armut, familiärer Stress, genetische Vorbelastung, Schwangerschafts- oder Geburtskomplikationen, traumatische Ereignisse, elterliche Psychotherapie). In der weiteren Entwicklung dieser Kinder zeigten sich die folgenden Faktoren als Schutzfaktoren:

- Suchen und Finden emotionaler Unterstützung außerhalb der Familie sowie
- Teilnahme an außerschulischen Aktivitäten.

Als geschlechtsspezifische Faktoren zeigte sich, dass bei Mädchen viel Autonomie und Verantwortungsgefühl (infolge mütterlicher Berufstätigkeit, Betreuung von Geschwistern) und bei Jungen ein väterliches Rollenmodell und die Position als Erstgeborener (uneingeschränkte elterliche Aufmerksamkeit) Schutzfaktoren darstellten.

Schutzfaktoren gelten allgemein für die psychische Gesundheit eines Kindes und können als sinnvolle Ansatzpunkte für eine frühzeitige Prävention dienen. **Box 5.6** beschreibt Merkmale resilienter Kinder.

Box 5.6: Merkmale resilienter Kinder

- Positive Vorbilder
- Verfügen über gute soziale Netze und persönliche Beziehungen (Familie, Schule, Vereine)
- Gute kognitive Fähigkeiten
- Strategien zur Problemlösung
- Gute Selbstregulation, Autonomie
- Gute Selbstwirksamkeitserwartung, Selbstvertrauen
- Gute soziale Kompetenzen, Integrationsfähigkeit

Fazit – Schutzfaktoren

Wegweisend für die Erforschung von Schutzfaktoren war die Längsschnittstudie auf Kauai (Hawaii). Es zeigte sich, dass Kinder, die unter risikoreichen Bedingungen wie psychische Erkrankung eines Elternteils oder familiäre Armut aufwuchsen, trotz allen Widrigkeiten zu selbstständigen und erfolgreichen jungen Erwachsenen heranwuchsen. Allgemeine Schutzfaktoren für eine gute psychische Gesundheit sind gute soziale Integration, individuelle Faktoren und affektive Bindungen.

5.5 Emotionsregulation und Angststörungen

Emotionsregulation spielt eine zentrale Rolle für die psychische Gesundheit. Die Entwicklung der Emotionsregulation ist eine zentrale Entwicklungsaufgabe vom Säuglings- bis ins Jugendalter. Bevor der Zusammenhang zwischen Emotionsregulation und Angststörungen dargestellt wird, soll erläutert werden, was unter Emotionsregulation zu verstehen ist.

Emotionsregulation kann definiert werden als „emotion regulation refers to the processes by which we influence which emotions we have, when we have them, and how we experience and express them“ (Gross, 2002). Dies ist eine mögliche Definition. Da jedoch verschiedene Arbeitsgruppen den Begriff unterschiedlich definieren, besteht derzeitig eine Problematik im Bereich der Emotionsregulation. So können neben dem Umgang mit Emotionen auch die Interaktion mit anderen Menschen oder der Umgang mit negativen und positiven Emotionen sowie die Kontrolle von impulsivem Verhalten als Fertigkeiten emotionaler Kompetenzen verstanden werden.

Dass Schwierigkeiten in der Emotionsregulation bei psychischen Störungen eine zentrale Rolle spielen, zeigt sich auch im Diagnostischen Klassifikationssystem DSM-IV-TR (APA, 1994), in dem bei der Mehrzahl aller psychischen Störungen mindestens ein Symptom Schwierigkeiten im Umgang mit Emotionen beinhaltet. Dennoch ist die derzeitige Forschungslage im Bereich der dysfunktionalen Emotionsregulation noch spärlich, insbesondere bei Kindern und Jugendlichen.

Erste Hinweise zum Zusammenhang von dysfunktionalen Emotionsregulationsstrategien mit Psychopathologie aus dem Kinderbereich liegen gleichwohl zu unterschiedlichen Störungsbildern vor. Bisherige Studien konnten zeigen, dass Kinder, die Probleme haben, ihre eigenen Gefühle auszudrücken und zu regulieren, ein erhöhtes Risiko haben, internalisierende und externalisierende Verhaltensauffälligkeiten zu entwickeln. Kinder, die ihre Emotionen schlecht regulieren können, zeigen stärker ausgeprägte ängstliche Verhaltensweisen und mehr internalisierende Störungen (Blair & Coles, 2000; Eisenberg et al., 2001; Briggs-Gowan et al., 2001; Lengua, 2002). Hingegen kann eine frühe Förderung emotionaler Fertigkeiten im Kindesalter das Auftretensrisiko für Verhaltensstörungen vermindern (z. B. Izard, 2002; Southam-Gerow & Kendall, 2002; Denham & Weissberg, 2004). Als allgemeine Risikofaktoren in der emotionalen Entwicklung zeigten sich eine mangelnde emotionale Kompetenz, mangelndes Emotionsverständnis und ein unangemessener Emotionsausdruck (Überblick bei Petermann & Wiedebusch, 2008; Southam-Gerow & Kendall, 2002).

Bei Kindern mit Angststörungen zeigten sich folgende Defizite (Melfsen et al., 2000):

- eingeschränkter mimischer Emotionsausdruck
- eingeschränkte Fähigkeit, den mimischen Emotionsausdruck anderer Personen zu interpretieren
- Unsicherheit bei der Interpretation von Emotionen anderer Personen
- selektive Aufmerksamkeit für bedrohliche emotionale Informationen
- mangelndes Emotionsverständnis

In einer Studie von Suveg und Zeman (2004) zeigte sich, dass Kinder mit der Diagnose einer Angststörung Schwierigkeiten hatten, mit ihren Sorgen, Wut und Traurigkeit umzugehen und eine geringe Zuversicht in ihre Fähigkeiten aufwiesen, diese Emotionen zu regulieren. Suveg et al. (2010) haben des Weiteren untersucht, ob die Emotionsregulation den Mechanismus darstellt, durch welchen Verhaltenshemmung und dysfunktionale Erziehungsstile mit Angststörungen in Zusammenhang stehen. Die Ergebnisse der Pfadanalyse zeigten, dass die dysfunktionale Emotionsregulation einen vollständigen Mediator zwischen Verhaltenshemmung und Angst sowie teilweise zwischen familiärem Umfeld und Angst erklärte.

Fazit – Emotionsregulation und Angststörungen

Kinder mit Angststörungen haben häufig Schwierigkeiten mit ihren Emotionen umzugehen. Beispielsweise haben sie wenig Vertrauen in ihre Fähigkeiten, Emotionen zu regulieren. Daher könnte ein Emotionsregulationstraining ein möglicher Ansatzpunkt für präventive Massnahmen sein.

6 Diagnostik der Angststörungen im Kindes- und Jugendalter

Die Erhebung der Ängste und deren Symptomatik hat viele verschiedene, sehr wichtige Funktionen. Übergeordnete Ziele der Diagnostik sind Beschreibung, Klassifikation, Erklärung, Prognose und Evaluation der Symptomatik. Dabei nimmt die Diagnostik einerseits einen wichtigen Stellenwert in der Planung einer effizienten Therapie ein. Um eine Behandlung angemessen zu planen und zielgerichtet durchzuführen, bedarf es vorab einer sorgfältigen Abklärung vorhandener Beschwerden und Schwierigkeiten, aber auch der Stärken des Kindes. Andererseits werden die Informationen aus den diagnostischen Erhebungen auch verwendet, um Hypothesen zu Entstehung, Entwicklung und Aufrechterhaltung der kindlichen Ängste zu bilden.

Die reliable und valide Diagnosestellung ist eine wichtige Voraussetzung für eine erfolgreiche Therapie und wird daher in klinischen Empfehlungen für psychische Störungen im Kindes- und Jugendalter hervorgehoben.

Definitionen: Psychometrische Gütekriterien von Verfahren

Reliabilität, Validität und Objektivität sind wichtige Aspekte für repräsentative Aussagen, da sie die Basis für zuverlässige, verwertbare und eindeutige Auswertungen darstellen.
Die *Reliabilität* benennt die Zuverlässigkeit eines Verfahrens, das heißt, ob die Ergebnisse eines Verfahrens bei einer erneuten Erhebung stabil bleiben (Testwiederholung).
Die *Validität* entspricht der Gültigkeit respektive der Eignung eines Messverfahrens bezüglich der Zielsetzung. Beispielsweise soll ein Angstverfahren Angst erfassen und nicht Depressivität.
Die *Objektivität* eines Verfahrens ist gegeben, wenn die Ergebnisse unabhängig vom Interviewer sind und Instruktionen vorliegen.

Da Kinder im Kontext ihres Bezugssystems betrachtet werden sollten, ist ihre Umgebung in die Diagnostikphase miteinzubeziehen. Es ist jedoch genauso wichtig, das Kind mit Hilfe altersentsprechender Verfahren Auskunft über sich selbst geben zu lassen (siehe **Box 6.1**; Rutter & Graham, 1968).

Box 6.1: „Isle of Wight“-Studie

Ende der 1960er Jahre zeigten der englische Kinder- und Jugendpsychiater Rutter und seine Mitarbeiter, dass schon mit Kindern ab dem siebten Lebensjahr diagnostische Interviews durchgeführt werden können. Mit den „Isle of Wight“-Studien kamen sie zum Resultat, dass die Aussagen der Kinder wertvolle und reliable Ergänzungen zu den Elternangaben darstellen (Rutter & Graham, 1968). Es kann festgehalten werden, dass Diagnostik mit Kindern mit Hilfe altersentsprechender Verfahren möglich ist und die Kinder selbst wichtige Informanten darstellen.

Neben dem Einbezug verschiedener Informationsquellen (Kind, Eltern, Lehrpersonen) sollten in der Diagnostik auch mehrere Methoden zur Informationsgewinnung miteinander kombiniert werden. Folgende Vorgehensweisen sollten zur Anwendung kommen: Strukturierte Interviews, Selbst- und Fremdbericht-Fragebogen und, falls möglich, Verhaltensbeobachtung und Tagebücher.

Eine seriöse Beurteilung der Beschwerden eines Kindes erfordert zudem neben dem Selbst- und Fremdbericht die klinische Beurteilung der Beschwerden durch einen ausgebildeten Diagnostiker. Dabei ist ein strukturiertes Vorgehen des Diagnostikers wichtig. Die zu berücksichtigenden Variablen (mehrere Informanten, unterschiedliche Verfahren) verweisen bereits auf die besondere Herausforderung des diagnostischen Prozesses bei Kindern und Jugendlichen. Auf diese wird im Folgenden eingegangen.

6.1 Entwicklungspsychologische Einflüsse

Zu berücksichtigen sind entwicklungspsychologische Einflüsse, da bei nahezu allen Kindern in bestimmten Entwicklungsphasen Angstsymptome zu erkennen sind, die aber in der jeweiligen Altersphase als normal beurteilt werden können (z. B. Angst vor Fremden oder Achtmonats-Angst). Per Definition erfordert eine Diagnose das Vorliegen einer signifikanten Beeinträchtigung des alltäglichen Lebens des Kindes (APA, 1994).

Daher sind Ängste dann als klinisch relevant einzustufen, wenn sie über lange Zeit andauern, die normale Entwicklung des Kindes beeinträchtigen sowie Leiden und Beeinträchtigung beispielsweise in der Schule, Freizeit oder zu Hause mit der Familie hervorrufen.

Des Weiteren ist es, vor allem bei jüngeren Kindern, aufgrund der *kognitiven Entwicklung*, des Sprachverständnisses und einer kurzen Aufmerksamkeitsspanne schwieriger, konkrete und zuverlässige Angaben zu erhalten. Aufgrund dieser Schwierigkeiten ist es unerlässlich, sowohl mehrere Informationsquellen als auch verschiedene Verfahren in die Diagnostikphase miteinzubeziehen.

Es kann vorkommen, dass das ängstliche Verhalten nur in bestimmten *Situationen* (z. B. nur in der Schule) und nicht generell auftritt.

Die *Anmeldung* eines Kindes oder Jugendlichen zur diagnostischen Abklärung erfolgt meistens durch die Eltern oder andere Bezugspersonen. Dies kann die Motivation und Bereitschaft des Kindes oder Jugendlichen beeinträchtigen.

Der vorausgegangene Punkt verweist darauf, dass im Umgang mit Kindern *altersangemessene Erhebungsverfahren* sehr wichtig sind. Um direkte Vergleiche von Kind- und Elternaussagen zu machen, sind Verfahren, für die jeweils Kind- und Elternversionen vorliegen, hilfreich.

Eltern-Kind-Übereinstimmung: Abgeleitet von den bereits aufgeführten Faktoren ergibt sich ein weiterer herausfordernder Faktor: Die häufige geringe Übereinstimmung von Kind- und Elternaussagen. Dies kommt insbesondere bei internalisierenden Störungen vor, da diese Probleme meistens nicht beobachtbar sind. Mehr dazu folgt im Abschnitt zur Eltern-Kind-Übereinstimmung.

6.2 Fragestellungen der Diagnostik

Während des diagnostischen Prozesses sollten folgende Fragen geklärt werden:

1. Was ist die primäre Störung des Kindes?
2. Liegen komorbide Störungen vor?
3. Was sind die konkreten auslösenden und aufrechterhaltenden Bedingungen für das Problemverhalten des Kindes?

6.3 Praktisches Vorgehen

Die Leitlinien der Fachgruppe Klinische Psychologie und Psychotherapie der Deutschen Gesellschaft für Psychologie zur Diagnostik und Psychotherapie von Angst- und phobischen Störungen im Kindes- und Jugendalter (Schneider & Döpfner, 2004; Schneider, In-Albon & Döpfner, in Vorbereitung) betonen dabei folgendes praktisches Vorgehen:

1. Gemeinsames Erstgespräch mit Eltern und Kind, um einen allgemeinen Eindruck zu erhalten und der Familie einen Überblick über das weitere Vorgehen zu vermitteln. Der Einbezug aller Beteiligten ist wichtig für den Aufbau einer guten therapeutischen Beziehung. Kind und Eltern soll vermittelt werden, dass jegliche Informationen wichtig sind und ernst genommen werden (siehe auch die Abschnitte zu „Aufbau der therapeutischen Beziehung" und „Erstgespräch").
2. Diagnostische Einordnung einschließlich Differenzialdiagnostik mit Hilfe evaluierter Verfahren (Interviews, Fragebogen). Dabei werden störungsübergreifende und störungsspezifische, standardisierte klinische Befragungen durch geschulte Diagnostiker (Expertenurteil) und Selbst- und Fremdbeobachtungsverfahren eingesetzt.

3. Medizinische Differenzialdiagnostik für den Ausschluss organischer Ursachen.
4. Detailanalyse auslösender und aufrechterhaltender Bedingungen.

6.4 Eltern-Kind-Übereinstimmung

Die Nichtübereinstimmung zwischen Eltern und Kind sollte nicht in der Hinsicht missverstanden werden, dass einer der beiden Informanten falsche Angaben macht. Vielmehr weist dieser Befund auf die unterschiedlichen Sichtweisen oder Konstrukte von Eltern und Kindern bei der Beurteilung möglicher psychischer Beschwerden des Kindes hin. Wie bereits Rutter und Graham 1968 festhielten, ist es nicht ausreichend, lediglich die Eltern oder Erziehungspersonen über die Beschwerden des Kindes zu befragen. Dies würde einen Verlust wichtiger diagnostischer Informationen bedeuten. Eine Konsequenz muss daher sein, Eltern *und* Kinder zu den psychischen Beschwerden des Kindes zu befragen. Des Weiteren kann bei einer geringen Eltern-Kind-Übereinstimmung nicht auf eine ungenügende Validität des verwendeten Verfahrens geschlossen werden. Einen Einfluss auf die Übereinstimmung scheint die depressive Symptomatik der Mutter zu haben, so dass es empfehlenswert ist, die Psychopathologie der Mutter zu erheben (Manassis et al., 2009). Einige weitere Faktoren wie Geschlecht, Alter und Symptomatik wurden bereits mehrfach untersucht, jedoch mit jeweils unterschiedlichen Ergebnissen. Der derzeit am häufigsten empfohlene Umgang mit Nichtübereinstimmung ist, dass Kind- und Elternaussagen gleich gewichtet werden, das heißt, wenn die Diagnose gemäß des Kindes *oder* der Eltern als erfüllt gilt, wird die Diagnose anhand der „sowohl-als-auch-Regel“ vergeben (In-Albon et al., 2011).

6.5 Auswahl diagnostischer Verfahren

Bei der Auswahl diagnostischer Verfahren ist zwischen Therapieindikationsstellung und Beratungssituationen, in denen für die Therapie weiter verwiesen wird, zu unterscheiden. Für die Diagnosestellung und Therapieindikation ist das fundierte klinische Urteil unerlässlich. Für die definitive Diagnosestellung müssen klinische Befragungen durch geschulte Diagnostiker durchgeführt werden. Hier gelten strukturierte oder standardisierte Interviews als Gold-Standard (Angold, 2002; Costello et al., 2005b). Ergänzend dazu können Fragebogen, Verhaltensbeobachtung und Tagebücher zur Anwendung kommen. Fragebogenverfahren sind hilfreich, da sie auf ökonomische Weise eine Übersicht über die Auffälligkeiten und Probleme des Kindes oder Jugendlichen geben und es ermöglichen, die Perspektiven verschiedener Beurteiler (Eltern, Erzieher, Lehrer, Kinder und Jugendliche selbst) miteinander zu vergleichen. Eine Diagnosestellung über Fragebogen, Verhaltensbeobachtung und Tagebücher allein ist jedoch nicht möglich. Für Beratungssituationen, in denen es zu keinem Therapieangebot kommt, ist der Einsatz von Screeningfragebogen (z. B. SBB-ANG; Döpfner & Lehmkuhl, 2000) gerechtfertigt.

Wegen der hohen Komorbiditätsraten bei Kindern und Jugendlichen mit Angststörungen mit anderen psychischen Störungen empfiehlt es sich, neben Fragebogen zur Erfassung von spezifischen Angststörungen auch Fragebogenverfahren einzusetzen, die ein breites Spektrum psychischer Auffälligkeiten erfassen (siehe Abschnitt Fragebogen für Beispiele).

Aufgrund der Empfehlungen wird ersichtlich, dass sowohl die kategoriale als auch die dimensionale Diagnostik ihren Stellenwert haben. Die kategoriale Diagnostik ist dann von Bedeutung, wenn eine Störung mit Krankheitswert festgestellt werden muss, zum Beispiel für eine Kostenübernahme der Behandlung. Eine dimensionale Diagnostik dagegen ist vor allem dann notwendig, wenn eine klassifikatorische Zuordnung nach ICD-10 oder DSM-IV nicht erfolgen kann oder wenn mildere Störungsausprägungen vorliegen. In der Praxis ist es sinnvoll, eine kategoriale Zuordnung vorzunehmen und diese durch eine dimensionale Beschreibung zu ergänzen (Heubrock & Petermann, 2005). Eine Kombination ist auch für die Verlaufsdiagnostik und Evaluation sehr hilfreich (In-Albon et al., 2011).

6.5.1 Strukturierte diagnostische Interviews

Diagnostische strukturierte Interviews ermöglichen dem Anwender, einerseits umfangreiche und teilweise komplizierte Kriterien der klassifikatorischen Diagnostik anhand vorgegebener Fragen einfacher anzuwenden, andererseits verbale Informationen in der Untersuchungssituation systematisch zu erfassen. Dies geschieht anhand eines Interviewleitfadens, in dem sowohl der Wortlaut und die Reihenfolge der zu stellenden Fragen als auch die Kodierung der Antworten und der Diagnosestellung klar vorgegeben sind. Dies hat zur Folge, dass die Untersuchung und die Diagnosestellung eine erhöhte Kontrollierbarkeit aufweisen. Durch die systematische Befragung werden im Vergleich zur unstrukturierten Vorgehensweise mehr Informationen gewonnen und es wird ein breiteres Spektrum an Störungsbildern abgefragt. Damit kann der Gefahr vorgebeugt werden, bei Komorbiditäten weniger prominente Symptome zu übersehen. Strukturierte Interviews erhöhen neben der Objektivität der Untersuchung auch die Reliabilität der Diagnosestellung, da die Befragung aufgrund des vorgegebenen Leitfadens unabhängiger von Personen- und Situationsmerkmalen des Diagnostikers ist und die Vergleichbarkeit über verschiedene Diagnostiker hinweg verbessert wird (Schneider, Suppiger, Adornetto et al., 2009).

Ein gut evaluiertes Verfahren ist das *Kinder-DIPS*, welches im nächsten Abschnitt beschrieben wird. Die erfolgreiche Durchführung des Kinder-DIPS erfordert ein Training und viel Übung (Schneider, Suppiger, Adornetto & Unnewehr, 2009). Die Erfahrung aus vielen Schulungen bestätigt immer wieder, dass die Lernkurve und damit auch die Sicherheit in der Anwendung des Interviews in kurzer Zeit steil ansteigt. Das Kinder-DIPS wird in **Box 6.2** beschrieben.

Box 6.2: Kinder-DIPS

Das *Kinder-DIPS* (Schneider, Unnewehr & Margraf, 2009) ist ein strukturiertes Interview zur Erfassung psychischer Störungen und Verhaltensauffälligkeiten bei Kindern und Jugendlichen nach DSM-IV-TR, wobei auch ICD-10-Diagnosen vergeben werden können. Der Altersbereich liegt zwischen sechs und 18 Jahren. Das Kinder-DIPS ist eine Kombination aus kategorialer Diagnostik und Erfassung therapierelevanter Informationen. Erfasst werden aktuelle Diagnosen als auch Lebenszeitdiagnosen. Der Interviewleitfaden besteht aus einer Eltern- und Kinderversion. Folgende Störungen werden im Kinder-DIPS erhoben: Alle Angststörungen, Affektive Störungen, ADHS, Ausscheidungsstörungen, Schlafstörungen, Essstörungen, Oppositionelles Trotzverhalten, Störung des Sozialverhaltens, Ticstörungen, Selektiver Mutismus sowie Prüfungsangst. Zusätzlich enthält das Kinder-DIPS Screenings für Nikotingebrauch, Alkohol- und Drogenmissbrauch. Jeder Störungsbereich beginnt mit einer Eingangsfrage. Wird diese eindeutig verneint, erlauben Sprungregeln das Überspringen von einzelnen Abschnitten. Eine gute Einführung des Kindes respektive der Eltern in das Interview, in dem über Ziel und Zweck informiert wird, ist wichtig für die Klärung von Erwartungen und möglichen Missverständnissen. Für weitere Beschreibungen der Anwendung und Gütekriterien des Kinder-DIPS siehe auch Adornetto et al. (2008).

Das *Kiddie-SADS* (Delmo et al., 2001) ist ein semistrukturiertes, diagnostisches Interview zur Erfassung der Psychopathologie des Kindes- und Jugendalters. Informanten sind die Kinder/Jugendlichen und die Eltern. Das Kiddie-SADS erfasst in einem Screening-Interview und fünf Erweiterungsinterviews Punkt- und Lebenszeitprävalenzen nach DSM-IV und ICD-10. Im Screening-Interview werden alle Bereiche anhand von Eingangskriterien erfragt, wobei dieses vollständig durchgeführt werden soll. Das diagnostische Erweiterungsinterview wird anschließend für die jeweiligen Diagnosen durchgeführt, wenn das Kind klinische Hinweise für Basissymptome der jeweiligen Störung angegeben hat. Die fünf Störungsbereiche des Erweiterungsinterviews sind in **Box 6.3** aufgeführt. Die Reihenfolge der Interviews wird nach dem Auftretensalter der Symptome durchgeführt, bei Überschneidungen wird derjenige Bereich zuerst erfragt, der Auswirkungen auf andere Störungen haben könnte. Für jede Diagnose werden die DSM-IV Kriterien vorgegeben. Kind und Eltern werden nacheinander befragt, wonach eine zusammenfassende Beurteilung, in der alle Informationsquellen berücksichtigt werden, generiert wird. Bei nichtübereinstimmenden Aussagen wird die beste klinische Einschätzung des Interviewers (best estimate) verwendet. Bei widersprüchlichen Aussagen wird empfohlen, diese anzusprechen und allenfalls in einem gemeinsamen Gespräch zu klären. Gütekriterien für die deutsche Version liegen derzeit noch nicht vor.

Box 6.3: Störungsbereiche des Erweiterungsinterviews Kiddie-SADS-PL (PL= Present and lifetime version)

1. Affektive Störungen
2. Psychotische Störungen
3. Angststörungen
4. Verhaltensstörungen
5. Substanzmissbrauch und andere Störungen

Ein weiteres Verfahren ist das „Diagnostik-System für Psychische Störungen nach ICD-10 und DSM-IV für Kinder und Jugendliche-II" *DISYPS-II* (Döpfner et al., 2008). Dabei werden drei Beurteilungsebenen kombiniert: Das klinische Urteil des Diagnostikers, das Selbst- und das Fremdurteil. Für das klinische Urteil stehen Diagnose-Checklisten zur Verfügung, für das Selbst- und Fremdurteil Beurteilungsbögen. Somit kann eine kategoriale und eine dimensionale Einschätzung der Symptomatik erfolgen. Während die Selbst- und Fremdbeurteilungsbögen evaluiert sind, stehen die Gütekriterien der Diagnose-Checklisten noch aus. **Box 6.4** gibt einen Überblick über die Störungsbereiche, für welche Diagnose-Checklisten, Selbst- und Fremdbeurteilungsbögen vorliegen.

Box 6.4: Störungsbereiche DISYPS-II
(Döpfner et al., 2008)

Aufmerksamkeitsdefizit-/Hyperaktivitätsstörung*,**; ADHS im Vorschulalter*
Störungen des Sozialverhaltens*, **
Angststörungen, Zwangsstörungen*, **
Depressive Störungen*, **
Tiefgreifende Entwicklungsstörungen*
Ticstörungen (DISYPS-PLUS *,**)
Störungen sozialer Funktionen (Bindungsstörungen, Mutismus)

Anmerkungen: * Fremdbeurteilungsbogen (FBB) liegen vor, ** Selbstbeurteilungsbogen (SBB) liegen vor

Misstrauen gegenüber der standardisierten Befragung

Im Gegensatz zu Fragebogen werden standardisierte klinische Befragungen in der Praxis eher selten eingesetzt. Ein häufiges Argument gegen eine ausführliche klinische Befragung ist der zeitliche Aufwand. Dass der diagnostische Prozess Zeit braucht, ist eine Tatsache. Bedenkt man jedoch, dass eine Psychotherapie in der Regel 25 Stunden oder länger dauert, scheint ein Aufwand von zwei bis vier Stunden für eine sorgfältige Diagnostik gerechtfertigt. Bei physischen Krankheiten nimmt die Diagnostik auch viel Zeit ein und kaum jemand würde Medikamente nehmen oder sich einer Operation unterziehen, bevor nicht bekannt ist, welche Krankheit vorliegt. Wie bereits beschrieben, ist eine sorgfältige Diagnostik eine wichtige Voraussetzung für eine erfolgreiche Behandlung. Neben dem zeitlichen Aufwand wird als weiteres Argument gegen eine ausführliche Diagnostik angeführt, dass durch eine strukturierte Befragung die therapeutische Beziehung beeinträchtigt wird. Für den Bereich der Kinder konnten Herjanic et al. (1976) zeigen, dass die Befragung mit einem strukturierten Interview für die Kinder keine zusätzliche Belastung darstellt (siehe auch **Box 6.5** zur Akzeptanz strukturierter diagnostischer Interviews).

Häufig entsteht auch der Eindruck, dass es Diagnostikern unangenehm ist, Kindern mehrere Diagnosen zu vergeben. Dabei kann auf den Standpunkt des DSM-IV-TR verwiesen werden, dass eine Diagnose eine Beschreibung einer Symptomatik darstellt. Wenn das Kind sowohl eine Angst- als auch eine depressive Symptomatik beschreibt und die Kriterien erfüllt sind, ist es angemessen, sowohl die eine wie auch die andere Diagnose zu vergeben, da in der Therapie beide Bereiche wichtig sind.

Box 6.5: Akzeptanz strukturierter diagnostischer Interviews

Leider werden trotz der Empfehlung zur Durchführung strukturierter klinischer Befragungen selten Interviews durchgeführt. Neben Zeitgründen wird die Befürchtung einer Beeinträchtigung der therapeutischen Beziehung aufgeführt.

Da wir diese Erfahrung in unserer klinischen Tätigkeit beim Durchführen von strukturierten Interviews nicht machten, sondern eher gegenteilige Erfahrungen, haben wir in einer Studie die Akzeptanz strukturierter Interviews bei erwachsenen Patienten anhand des DIPS (Schneider & Margraf, 2006) und beim Kinder-DIPS bei Kindern und Eltern erhoben. Für das DIPS konnte gezeigt werden, dass Patienten mit unterschiedlichen Störungsbildern die Interviews als positiv bewerteten. Sie gaben an, dass sie das Interview als sehr hilfreich empfanden, sich verstanden und ernst genommen, jedoch nicht ausgefragt oder erschöpft fühlten (Suppiger et al., 2009).

Die Ergebnisse der Akzeptanz-Studie beim Kinder-DIPS sind sehr ähnlich (Neuschwander et al., in Vorbereitung). Kinder und Eltern bewerteten die Durchführung des Interviews als überwiegend positiv. Interessant ist dabei der Vergleich mit einer Internetbefragung, in der untersucht wird, was Psychotherapeuten und Psychiater vermuten, wie ihre Patienten die Durchführung von strukturierten Interviews erleben. Vorläufige Ergebnisse zeigen, dass Therapeuten die Akzeptanz strukturierter Interviews als deutlich schlechter einschätzen als die Patienten selbst. Ein Zusammenhang zeigte sich zwischen der Akzeptanz strukturierter Interviews und dem Kennen der Verfahren (Bruchmüller et al., 2009).

Es wäre daher wünschenswert, wenn viele Therapeuten bereits in der Ausbildung Verfahren zur strukturierten Befragung kennen lernen, so dass nach einer guten diagnostischen Abklärung eine angemessene Therapie beginnen kann.

6.5.2 Fragebogen

Wie einleitend erwähnt, sind Fragebogenverfahren in der Diagnostik sehr hilfreich, da sie auf ökonomische Weise eine Übersicht über die Auffälligkeiten und Probleme des Kindes geben und weil sie es ermöglichen, die Perspektiven verschiedener Beurteiler multimodal (Eltern, Erzieher, Lehrer, Kinder und Jugendliche selbst) miteinander zu vergleichen. Außerdem kann es manchen Kindern und Jugendlichen leichter fallen, Probleme zunächst per Fragebogen anzugeben.

Angstfragebogen in Selbst- und Fremdbericht

Für Kinder im Schulalter liegen für den Angstbereich mehrere evaluierte Fragebogen vor. Es gibt sowohl störungsspezifische Fragebogen als auch Fragebogen zu Angst als Trait-Variable oder Fragebogen, die verschiedene Ängste erfassen. **Tabelle 6.1** gibt eine Übersicht an Angstfragebogen, die als Selbstbeurteilungsverfahren vorliegen und **Tabelle 6.2** eine Übersicht an Fremdbeurteilungsverfahren.

Tab. 6.1: Selbstbeurteilungsverfahren zur Erfassung von Angst, Phobien und Angststörungen bei Kindern und Jugendlichen (modifiziert nach Schneider, In-Albon & Döpfner, in Vorbereitung)

Art der Angststörung/Fragebogen	Beschreibung	Altersbereich	Bearbeitungszeit (Min.)
Alle Angststörungen SBB-ANG: Selbstbeurteilungsbogen Angst (Döpfner & Lehmkuhl, 2000)	32 Items Symptomkriterien nach ICD-10 und DSM-IV für die Diagnosen Störung mit Trennungsangst, Generalisierte Angststörung, Spezifische Phobie, Soziale Phobie	11–18 Jahre	15–20
Trennungsangst, Panik CASI: Childhood Anxiety Sensitivity Index (Adornetto & Schneider, 2011)	18 Items Erfasst Konstrukt der Angstsensitivität	8–18 Jahre	10
TAI: Trennungsangst-Inventar, Kindversion (In-Albon & Schneider, 2011)	16 Items Erfasst Schweregrad des Vermeidungsverhaltens	ab 8 Jahren	5–10

Art der Angststörung/Fragebogen	Beschreibung	Altersbereich	Bearbeitungszeit (Min.)
Spezifische Phobien PHOKI: Phobiefragebogen für Kinder und Jugendliche (Döpfner et al., 2006)	96 Items Erfasst Ängste vor verschiedenen Objekten und Situationen	8–18 Jahre	15–30
Soziale Phobie SPAIK: Sozialphobie und -angstinventar für Kinder (Melfsen, Florin & Warnke, 2001)	26 Items Erfasst kognitive, somatische und behaviorale Aspekte der Sozialen Phobie.	8–16 Jahre	10–15
SASC-R-D: Social Anxiety Scale for Children-Revised, dt. Version (Melfsen & Florin, 1997)	Besteht aus 2 Subskalen: Fear of Negative Evaluation und Social Avoidance and Distress (mit je 9 Items)	8–16 Jahre	10
Generalisierte Angststörung KAT-II: Kinder-Angst-Test II (Thurner & Tewes, 2000)	Besteht aus 3 Fragebogen: Ängstlichkeitsfragebogen mit 18 Items, Angstzustandsfragebogen zum einen als Erwartungsangst und zum anderen als erinnerte Angst (jeweils 10 Fragen)	9–15 Jahre	10–20
Schulangst AFS: Angstfragebogen für Schüler (Wieczerkowski et al., 2000)	50 Items Beinhaltet vier Testskalen: Prüfungsangst, Manifeste Angst, Schulunlust, soziale Erwünschtheit	9–17 Jahre	10–25
Verschiedene Angststörungen SCAS-D: Spence Children's Anxiety Scale (Essau, Muris & Ederer, 2002)	38 Items Panikattacke, Agoraphobie, Trennungsangst, Soziale Phobie, Angst vor körperlicher Verletzung, Zwangsstörung, GAS	8–12 Jahre	10–15
SCARED: Screen for Child Anxiety Related Emotional Disorder (Essau et al., 2002)	41 Items Generalisierte Angst, Soziale Phobie, Trennungsangst, Panikstörung, Schulphobie	7–18 Jahre	20

Art der Angststörung/Fragebogen	Beschreibung	Altersbereich	Bearbeitungszeit (Min.)
Manifeste Angst RCMAS: Revised Children's Manifest Anxiety Scale (Boehnke, Silbereisen, Reynolds, & Richmond, 1986)	Angstskala mit 28 Items, neun Lügenitems	6–18 Jahre	5
Zwangsstörung Zwangsinventar für Kinder und Jugendliche (ZWIK, Goletz & Döpfner, 2010)	Inhalte zu Zwangsgedanken und -handlungen		
Children's Yale-Brown Obsessive Compulsive Scale (CY-BOCS, Döpfner, 1999a)	Zwei Teile: Symptomcheckliste für Zwangsgedanken und -handlungen und Ratingskala für den Schweregrad 20 Items, Screeningverfahren	Kinder und Jugendliche	
Leyton Fragebogen (Döpfner, 1999b)	Sechs Skalen: Kontrollieren, Waschen, Ordnen, Berühren, Gedankenketten, Aggressive Gedanken	Ab 13 Jahren	
Hamburger Zwangsinventar (HZI; Zaworka et al., 1998)		Ab 16 Jahren	
PTBS Interviews zu Belastungsstörungen bei Kindern und Jugendlichen (IBS-KJ, Steil & Füchsel, 2006)	Zwei Teile: Erfassung akuter Belastungsstörung und Erfassung posttraumatischer Belastungsstörung		
Child PTSD Reaction Index (CPTSD-RI, Landolt et al., 2003)	20 Items	Ab 7 Jahren	10

Tab. 6.2: Fremdbeurteilungsverfahren zur Erfassung von Angst und Angststörungen bei Kindern und Jugendlichen (modifiziert nach Schneider, In-Albon & Döpfner, in Vorbereitung)

Art der Angststörung/ Fragebogen	Beschreibung	Altersbereich	Zeitaufwand (Min.)
Soziale Ängstlichkeit/ Verhaltenshemmung VBV 3–6: Verhaltensbeurteilungsbogen für Vorschulkinder (Döpfner et al., 1993)	Skala emotionale Auffälligkeiten erfasst Ausmaß, in dem das Kind als sozial ängstlich und unsicher erlebt wird. Elternversion: 11 Items Erzieherversion: 21 Items	3–6 Jahre	Eltern: 20–30 Erzieher: 30–40
Alle Angststörungen FBB-ANG: Fremdbeurteilungsbogen Angst für Eltern, Lehrer oder Erzieher (Döpfner & Lehmkuhl, 2000)	36 Items Symptomkriterien nach ICD-10 und DSM-IV für die Diagnosen Störung mit Trennungsangst, Generalisierte Angststörung, Spezifische Phobie, Soziale Phobie	4–18 Jahre	20
RCMAS-E: Manifeste Angst Elternversion (Schneider et al., unveröffentlichtes Manuskript)	28 Items Kind- und Elternversion enthalten die gleichen Items. In der Elternversion wurde „Ich" durch „Mein Kind" ersetzt.		
Trennungsangst TAI-E: Trennungangstinventar-Elternversion (In-Albon & Schneider, 2011)	16 Items Erfasst Schweregrad des Vermeidungsverhaltens		
Zwangsstörung ZWIK (Goletz & Döpfner, 2010) Leyton Fragebogen (Döpfner, 1999b)	Erfasst Inhalte zu Zwangsgedanken und -handlungen Lehrerversion, 20 Items	 10–18 Jahre	
Beeinträchtigung/Belastung BEE/BEL-E: Beeinträchtigungs-Belastungsrating (In-Albon & Schneider, 2011)	6 Items Erfasst Beeinträchtigung/ Belastung in Bereichen: Schule/Ausbildung, Familie, Freizeit/Freundeskreis		5

Breitbandverfahren

Wegen der hohen Komorbiditätsraten bei Kindern und Jugendlichen mit Angststörungen mit anderen psychischen Störungen empfiehlt es sich, neben klinischen Interviews und Fragebogen zur Erfassung von spezifischen Angststörungen auch Fragebogenverfahren einzusetzen, die ein breites Spektrum psychischer Auffälligkeiten erfassen (z. B. Elternfragebogen über das Verhalten von Kindern und Jugendlichen, CBCL 4-18; Fragebogen für Jugendliche, YSR; Arbeitsgruppe Deutsche Child Behavior Checklist 1998a, b; Übersicht bei Döpfner & Lehmkuhl, 2000; Fragebogen zu Stärken und Schwächen, SDQ; Goodman, 1997, Fragebogen für Kind/Jugendliche, Eltern und Lehrer, www.sdqinfo.com).

Das Psychopathologische Befundsystem *CASCAP-D* (Döpfner et al., 1999) kann als Screeninginstrument eingesetzt werden. Es erlaubt eine psychopathologische Beurteilung, jedoch keine Diagnosevergabe nach ICD oder DSM. Es besteht aus drei Komponenten: Dem Befundbogen, einem Glossar mit den definierten Merkmalen und operationalisierten Symptomausprägungen sowie einem Leitfaden, in dem die Fragen zur Exploration der einzelnen Merkmale nochmals zusammengefasst sind. Der Leitfaden existiert separat für Kind und Bezugspersonen (Eltern, Lehrer), wobei keine näheren Angaben zum Altersbereich vorgegeben sind. Die 13 Merkmalsbereiche beinhalten beispielsweise Angst, Zwang, körperliche Beschwerden, Stimmung und Affekt.

Einflussfaktoren

In der **Tabelle 6.3** sind Fragebogen zu Einflussfaktoren (elterliche Psychopathologie, Erziehungsverhalten) enthalten. Wie bereits erwähnt wurde, spielt die elterliche Psychopathologie möglicherweise eine Rolle bei der Eltern-Kind-Übereinstimmung und wie im **Kapitel 7** beschrieben wird, sollte die elterliche Psychopathologie hinsichtlich der Frage betrachtet werden, ob Eltern in die Therapie des Kindes miteinbezogen werden sollen oder nicht. Im Sinne der klinischen Signifikanz ist es sinnvoll, Verfahren zur Erfassung der Lebensqualität und Selbstwirksamkeit zu erheben.

Zur Erfassung der elterlichen Psychopathologie kann als Breitbandverfahren der SCL-90-R verwendet werden. Für den Bereich der Angststörungen das State-Trait-Angst-Inventar, für die Stimmung das Beck-Depressions-Inventar. Die Depressions-Angst-Stress-Skala erfasst die drei Bereiche, die bereits im Namen enthalten sind. Zur Erfassung des elterlichen Erziehungsstils kann der Zürcher Kurzfragebogen zum Erziehungsverhalten oder die Parental-Stress-Scale verwendet werden.

Das Inventar zur Erfassung der Lebensqualität bei Kindern und Jugendlichen (ILK, Mattejat et al., 1998) erfasst, wie es dem Kind in verschiedenen Bereichen im Vergleich zu Gleichaltrigen geht, beispielsweise wie das Kind in der Freizeit mit anderen Kindern und in der Schule zurecht kommt, wie die Beziehung des Kindes zu den anderen Familienmitgliedern und die körperliche Gesundheit des Kindes ist.

Tab. 6.3: Fragebogen zur Erfassung von Einflussfaktoren (modifiziert nach Schneider & In-Albon, 2010)

Fragebogen	Beschreibung	Altersbereich	Zeitaufwand (Min.)
Elterliche Psychopathologie			
SCL-90-R: Die Symptom-Checkliste (Franke, 2002)	90 Items Erfasst subjektiv empfundene Beeinträchtigung durch körperliche und psychische Symptome	ab 14 Jahren	15–20
DASS: Depression Angst Stress Skala (Lovibond & Lovibond, 1995)	Langform: 42 Items Kurzform: 21 Items Erfasst Depressions-, Angst- und Stresssymptome	ab 12 Jahren	5–10
BDI-II: Beck Depressions Inventar Revision (Hautzinger et al., 2006)	21 Items Selbstbeurteilungsinstrument zur Erfassung der Schwere depressiver Symptomatik	ab 13 Jahren	10–15
STAI-T: State-Trait Angst-Inventar (Spielberger et al., 1970)	STAI-T misst Angst als Eigenschaft, d. h. die Neigung zu Angstreaktionen, als relativ überdauerndes Persönlichkeitsmerkmal	Kind- und Erwachsenenversion	10
Elterlicher Erziehungsstil			
ZKE: Zürcher Kurzfragebogen zum Erziehungsverhalten (Reitzle et al., 2001)	31 Items Erfasst 3 Dimensionen: – Wärme, Unterstützung – psychologische Kontrolle – offene Kontrolle (Regeln)	11–17 Jahre	10
Parental Stress Scale (Berry & Jones, 1995)	18 Items Erfasst Freuden (z. B. persönliche Entwicklung) und Leiden (z. B. Einschränkungen) im Zusammenhang mit Elternsein		5–10

Fragebogen	Beschreibung	Altersbereich	Zeitaufwand (Min.)
Allgemeine Psychische Befindlichkeit			
SWE: Allgemeine Selbstwirksamkeitserwartung (Jerusalem & Schwarzer, 1981)	10 Items Erfasst allgemeine optimistische Selbstüberzeugungen und Kompetenzerwartungen	ab 12 Jahren	5
ILK: Inventar zur Erfassung der Lebensqualität (Mattejat et al., 1998)	Elternversion: 11 Items Kindversion: 9 Items Erfasst, wie es dem Kind in verschiedenen Bereichen (Freizeit, Schule, Beziehungen, körperliche Gesundheit) im Vergleich zu Gleichaltrigen geht	Patient, Eltern, Therapeut; Kinderform: 6–11 Jahre; Jugendliche ab 12 Jahren	10

Weitere Verfahren

Weitere hilfreiche Verfahren für den diagnostischen Prozess sind Verhaltensbeobachtungen (Dewis et al., 2001) und Tagebücher. *Verhaltensbeobachtungen* können Hinweise auf Verhaltensweisen des ängstlichen Kindes oder der Eltern geben und somit nicht sichtbare aufrechterhaltende Faktoren zum Vorschein bringen. Dasselbe gilt für *Tagebücher*, wobei diese in der Diagnostikphase wie auch während der Therapie eingesetzt werden können. Auch Tagebücher führen zu einem Erkenntnisgewinn an Informationen zu auslösenden und aufrechterhaltenden Faktoren. Zudem schulen sie die Beobachtung der Symptomatik und erlauben im Verlauf der Therapie eine ständige Rückmeldung zu den Therapiefortschritten. Am häufigsten werden Tagebücher mit den Komponenten Situation, Gedanken, Gefühle und Verhalten erfasst (siehe **Box 9.4** als Beispiel für ein Angsttagebuch).

Diagnostik von Ängsten im Vorschulalter

Es liegen bisher kaum Instrumente vor, die Ängste bei Kindern im Vorschulalter standardisiert erfassen, ausgenommen Fremdbeobachtungsverfahren, welche Eltern oder Erzieher über die Kinder ausfüllen. Eine kindgerechte und valide Erfassung von Angstsymptomen stellt die Verwendung von ansprechendem Bildmaterial dar. Dabei werden relevante Angstinhalte dieser Altersgruppe abgebildet und es sind keine Lesefertigkeiten erforderlich. Da nur wenige bildbasierte Selbstbeurteilungsinstrumente zur Erfassung von internalisierenden Problemen bei kleinen Kindern vorliegen, wurde an der Abteilung Klinische

Kinder- und Jugendpsychologie der Universität Basel der Bilder-Angst-Test (BAT; Schneider, in Vorbereitung) entwickelt. Bilder sind für die Erhebung von internalisierenden Problemen geeignet, da das Bildmaterial das Interesse der Kinder wecken, ihre Aufmerksamkeit fokussieren und somit die Mitarbeit fördern soll. Das Ziel des BAT war die Entwicklung eines Tests zur Erfassung der wichtigsten ICD- beziehungsweise DSM-Diagnosekriterien von Angststörungen bei Kindern zwischen vier und acht Jahren. Dabei sollte insbesondere die Erfassung von Angst und Vermeidung in verschiedenen Situationen auf kindgerechte Art und Weise ermöglicht werden. Der Test dient dabei als Ergänzung zur strukturierten diagnostischen Befragung der Bezugspersonen des Kindes. Die Gütekriterien des BAT können als gut beurteilt werden (Dubi & Schneider, 2009; 2011).

6.5.3 Verlaufsdiagnostik

Zur Untersuchung einzelner Therapiekomponenten ist es wichtig, Prozesse, die während der Therapiestunde ablaufen, zu erfassen und zu untersuchen.

Am Ende der einzelnen Therapiestunden können verschiedene Bestandteile der kognitiven Verhaltenstherapie abgefragt werden (z. B.: „Hast du heute in der Therapiestunde... die Hausaufgaben besprochen oder gelernt, etwas anderes zu denken/etwas anderes zu tun, wenn du ängstlich bist?"). Zusätzlich kann gefragt werden, ob das Kind respektive die Eltern die heutige Therapiestunde als hilfreich empfunden haben. Ebenfalls kann sich der Therapeut zu folgenden Items äußern: „Ich habe mich über den Patienten geärgert" oder „Ich halte die Therapiestunde für erfolgreich." Diese Aussagen oder Fragen und die kontinuierliche Erfassung der Symptomatik und des Befindens des Kindes und des Therapeuten selbst sollen auch zu einer Reflexion der Therapiestunden beitragen und frühzeitig Hinweise darauf geben, ob eine Therapie sich allenfalls nicht in die gewünschte Richtung bewegt.

6.5.4 Therapieevaluation

Zur Evaluation der Therapie sollten zu Beginn, in der Mitte, am Ende der Therapie und wenn möglich nach einer festgelegten Katamnesedauer störungsspezifische und störungsübergreifende Fragebogen abgegeben sowie ein strukturiertes Interview durchgeführt werden. Damit wird überprüft, ob die Diagnosekriterien der betreffenden Störungen noch erfüllt sind respektive ob sich in den Fragebogen eine Reduktion der Werte zeigt. Zur Erfassung des Befindens des Kindes und der Eltern nach der Therapie sind in **Box 6.6** einige allgemeine Fragen aufgeführt.

Box 6.6: Allgemeine Fragen für Kind und Eltern zum Befinden nach Therapieende

Kind:
- Warst du mit der Therapie zufrieden?
- Geht es dir jetzt nach der Therapie besser?
- Was hat dir in der Therapie geholfen?
- Was war dir wichtig?
- Was hat dir Spaß gemacht?
- Denkst du, dass du weitere Hilfe brauchst?
- Haben sich deine Schulleistungen verändert?

Eltern:
- Denken Sie, Ihr Kind benötigt weitere Hilfe?
- Hat sich Ihre Zuversicht bezüglich Ihres Kindes gebessert?
- Sind Sie im Vergleich zu vor der Therapie weniger gestresst?
- Würden Sie die Therapie weiterempfehlen?
- Hat die Therapie Ihre Erwartungen erfüllt?

6.5.5 Stolpersteine in der Diagnostik

In Workshops wird häufig die Frage gestellt, ob man nicht einzelne Störungsbereiche aus dem Interview rausnehmen und die anderen weglassen könne. Praktisch gesehen, ist dieses Vorgehen sicherlich machbar, nur leider werden damit die Vorteile eines strukturierten Interviews beiseite gelassen, und es birgt die Gefahr der Bestätigungsdiagnostik. Aufgrund hoher Komorbidiätsraten und teilweise auch Scham- und Schuldgefühlen auf Seiten der Eltern und teils auch Therapeuten werden erst durch das konkrete Erfragen von Störungsbereichen diese auch erwähnt. Zum Beispiel würden Ausscheidungsstörungen wahrscheinlich äußerst selten von einem Kind berichtet, wenn man nicht danach fragt. Das konkrete Nachfragen zeigt dem Kind, dass es diese Probleme gibt und das Kind damit nicht alleine ist. Aus Erfahrung wird das konkrete Nachfragen eher als Erleichterung aufgenommen. Bei Betroffenen mit Schamgefühlen können die vielen Fragen auch in diesem Sinne erleichternd sein, indem das Kind den Eindruck erhält, dass es ganz viele, verschiedene Probleme gibt und es ihm daher gar nicht so schlecht geht.

Ein weiterer häufiger Stolperstein können „weiß nicht"-Antworten sein und damit verbunden häufig eine geringe Motivation und Compliance. Dies ist verständlich, wenn das Kind von den Eltern geschickt wurde, aber für den Diagnostiker und/oder Therapeuten ist es unangenehm. **Box 6.7** zeigt ein Beispiel für den Umgang mit „weiß nicht"-Antworten (siehe auch **Kap. 9.12**).

Box 6.7: Beispiel für den Umgang mit „weiß nicht"-Antworten (aus Adornetto et al., 2008)

Diagnostiker: „Seit wann ist es so, dass du diese Angst vor Hunden hast?"
Kind: „Ich weiß nicht."
Diagnostiker: „Hast du eine Idee, wann diese Angst vor Hunden angefangen hat?"
Kind: „Mmh, nein, keine Ahnung."
Diagnostiker: „Kannst du dich erinnern, dass etwas Besonderes passiert ist, als du das erste Mal diese Angst hattest?"
Kind: „Ja, da war ein großer Hund in den Ferien, der hat immer so laut gebellt, das hat mir Angst gemacht."
Diagnostiker: „Vorher hattest du noch keine Angst vor Hunden?"
Kind: „Nein, ich glaube nicht."
Diagnostiker: „Welche Ferien waren denn das?"
Kind: „Ich weiß nicht."
Diagnostiker: „Kannst du dich erinnern, ob das im Sommer oder im Winter war?"
Kind: „Oh ja, es war ganz heiß."
...

6.5.6 Differentialdiagnostik

Zur Abgrenzung der verschiedenen Angststörungen ist es hilfreich, die zentrale Befürchtung des Kindes oder Jugendlichen während des Angstzustandes zu explorieren. Beschränkt sich die Angst auf ganz spezifische Situationen wie bestimmte Tiere, Höhen, Donner oder Dunkelheit wird die Diagnose einer Spezifischen Phobie vergeben. Treten die Ängste immer in sozialen Situationen auf und befürchtet das Kind, sich zu blamieren oder sich zu demütigen, wird eine Soziale Phobie (Störung mit sozialer Ängstlichkeit) diagnostiziert. Zu differenzieren ist auch, ob sich die Angst darauf bezieht, eine Panikattacke zu haben (Panikstörung), verunreinigt zu werden (Zwangsstörung) oder von zu Hause oder der Bezugsperson getrennt zu sein (Störung mit Trennungsangst).

Abgrenzung Störung des Sozialverhaltens

Häufiges gemeinsames Verhalten von Kindern oder Jugendlichen mit Angststörungen oder einer Störung des Sozialverhaltens ist, dass die Schule nicht aufgesucht wird. Sie unterscheiden sich voneinander darin, dass Kinder mit Ängsten ihre Bezugsperson nicht verlassen wollen (Störung mit Trennungsangst) oder Angst haben, sich zu blamieren (Soziale Phobie), während diejenigen Kinder mit einer Störung des Sozialverhaltens die Zeit lieber mit ihrer „Gang" verbringen oder durch die Gegend streunen. Dieses Verhalten geht einher mit Schulverweigerung und somit mit Verstößen gegen gesellschaftliche

Regeln und Normen wie Diebstahl oder Gewalt gegen andere (vergleiche auch **Kap. 4.10**).

Abgrenzung Depression

Auch bei schweren Depressionen kann es zu deutlichen Einschränkungen im Aktionsradius kommen. Im Gegensatz zu Kindern mit Angststörungen fühlen sich depressive Kinder und Jugendliche in der vermiedenen Situation häufig überfordert. Das Gefühl von Hoffnungs- und Energielosigkeit steht im Vordergrund und weniger das Erleben intensiver Angst beim Gedanken an die Situation.

Abgrenzung Posttraumatische Belastungsstörung

Bei einer Posttraumatischen Belastungsstörung ist der Auslöser des Vermeidungsverhaltens das Erleben einer traumatischen, lebensbedrohlichen Situation (z. B. lebensbedrohlicher Unfall, Überfall, Vergewaltigung), wobei das Vermeidungsverhalten in Zusammenhang mit dem traumatischen Ereignis steht. Beispielsweise vermeidet das Kind das Autofahren, weil es bei einem Autounfall lebensbedrohlich verletzt wurde oder es einen schlimmen Unfall gesehen hat. Des Weiteren ist die Posttraumatische Belastungsstörung charakterisiert durch das Wiedererleben des Traumas (z. B. durch Träume) und erhöhten Arousal (z. B. Schreckhaftigkeit).

Medizinische Differenzialdiagnose

Aufgrund der begleitenden körperlichen Beschwerden wie Bauch- oder Kopfschmerzen des Kindes sollte auf eine organische Differenzialdiagnose nicht verzichtet werden. Hierzu bietet es sich an, mit dem zuständigen Pädiater, der das Kind meist schon gut kennt, Kontakt aufzunehmen. In der klinischen Erfahrung zeigt sich immer wieder, dass Berichte der Eltern und des Kindesarztes zur Verursachung der somatischen Beschwerden nicht übereinstimmen müssen. So können Eltern organische Ursachen für die körperlichen Beschwerden des Kindes berichten, die vom Arzt nicht bestätigt werden. Eine solche Diskrepanz ist von großer Bedeutung für die weitere Therapie (z. B. Compliance) und sollte daher geprüft werden.

Des Weiteren können auch körperliche Erkrankungen, zum Beispiel Hyperthyreose (Schilddrüsenüberfunktion), Migräne und Asthma oder die Einnahme von Koffein zu Angstsymptomen führen. Auch Nebenwirkungen von verschiedenen Medikamenten, beispielsweise von Antihistaminikum, Antiasthmatikum, aber auch SSRIs (AACAP, 2007) können Ängste auslösen.

Abgrenzung Generalisierte Angststörung von der Zwangsstörung

Die Inhalte der Sorgen einer GAS sind meistens eher unspezifisch im Vergleich zu Zwangsgedanken und es wird von den Betroffenen nicht versucht, sie mit Zwangshandlungen zu neutralisieren. Des Weiteren betreffen die Sorgen im Rahmen einer GAS verschiedene Bereiche wie Familie, Schule, Gesundheit oder alltägliche Sorgen.

Fazit – Diagnostik

Die strukturierte klinische Befragung ist der Gold-Standard für die Vergabe von Diagnosen und Abklärung von komorbiden Diagnosen. Dabei sollten die Angaben von Kindern und Eltern gleichwertig gewichtet werden. Hilfreich sind störungsübergreifende und störungsspezifische Verfahren wie Fragebogen, Verhaltensbeobachtung und Tagebücher.
Bereits während der Diagnostikphase sollten Überlegungen zur Verlaufsdiagnostik und Therapieevaluation gemacht werden, damit die Therapie nach Beendigung überprüft werden kann.

7 Therapieforschung bei Angststörungen im Kindes- und Jugendalter

„Welche Behandlung, durch wen, ist für dieses Individuum, mit diesem Problem, unter welchen Bedingungen am effektivsten?" (Paul, 1967)

Leider kann auch 44 Jahre später die Frage von Paul noch nicht angemessen beantwortet werden. Nichtsdestotrotz gilt heute als belegt, dass Angststörungen im Kindes- und Jugendalter erfolgreich behandelt werden können. Dies ist jedoch wiederum dahingehend einzuschränken, dass diese Wirksamkeit nicht bei allen Therapieverfahren nachgewiesen ist.

Was in den vergangenen Jahren untersucht und herausgefunden wurde, beschreibt das folgende Kapitel. Da die Kognitive Verhaltenstherapie für sich den Anspruch nach ständiger empirischer Überprüfung hat und daher für diese Therapieform die überwiegende Mehrzahl von Therapiestudien vorliegt, konzentriert sich die Darstellung von Ergebnissen auf die Kognitive Verhaltenstherapie. In einem eigenen Abschnitt wird der Wirksamkeitsnachweis anderer Therapieverfahren beschrieben. Als kurzer Exkurs wird ein Überblick zur Forschung mit Kindern gegeben.

7.1 Von der Geschichte in die Gegenwart: Psychotherapieforschung der Angststörungen im Kindes- und Jugendalter

Im Psychological Bulletin haben Casey und Berman 1985 die Wirksamkeit von Psychotherapie allgemein bei Kindern zusammengefasst. In der Einleitung nennen sie die Arbeiten von Eysenck (1952) und Levitt (1957), welche die Effektivität von Psychotherapie bei Kindern noch anzweifelten, aber auch Aussagen von Abikoff (1979) und Ross (1978), dass die Kognitive Verhaltenstherapie auch bei Kindern wirksam sei. Casey und Berman haben in ihrem Überblick 75 Studien analysiert, davon neun Studien zu phobischen Störungen. Das Alter der Kinder in den Therapiestudien war zwölf Jahre und jünger. Die Ergebnisse bestätigten die Aussagen von Rachman, Wilson, Abikoff und Ross, dass Psychotherapie auch bei Kindern wirksam ist. Casey und Berman berechneten eine mittlere Effektstärke (0.71) für die Wirksamkeit. Die größten Therapieeffekte zeigten sich bei Therapiestudien zu Ängsten und Phobien, welche überwiegend behaviorale Methoden beinhalteten. Interessanterweise schlussfolgerten bereits Casey und Berman, dass die Therapieergebnisse nicht variierten, wenn die Eltern behandelt oder wenn die Therapien individuell oder in Gruppen durchgeführt wurden. Als Verbesserungsmöglichkeiten wurden eine gründliche Diagnostik und eine genaue Beschreibung der Therapieinhalte hervorgehoben.

1987 haben dann Weisz und Kollegen in ihrer Meta-Analyse zur Effektivität von Psychotherapie Kinder und Jugendliche zwischen vier und 18 Jahren einbezogen. Des Weiteren wollten sie die Wirksamkeit von unterschiedlichen Therapieverfahren bei verschiedenen Störungen und unter Berücksichtigung der Erfahrung der Therapeuten überprüfen. Die Autoren schlussfolgerten aufgrund ihrer Berechnungen, dass Psychotherapie wirksam ist. Behaviorale Methoden führten zu signifikant stärkeren Effekten als nicht-behaviorale Methoden, unabhängig vom Alter des Kindes, der Problematik und der Erfahrung des Therapeuten. Die Therapieerfolge wurden als stabil beschrieben.

Eine überarbeitete Version der Meta-Analyse von 1987 ist 1995 erschienen (Weisz et al., 1995). In Übereinstimmung mit den bisherigen Überblicksarbeiten zeigten sich positive Effekte insbesondere für behaviorale Verfahren. Mit strengeren statistischen Verfahren zeigte sich eine mittlere Effektstärke von 0.50.

7.2 Klassifikation der Wirksamkeit von Psychotherapieverfahren

Ein wichtiger Schritt für die Einordnung der Wirksamkeit von Psychotherapieverfahren in der Psychotherapieforschung sind die der American Psychological Association (APA, 1995) vorgestellten Kriterien für eine inhaltliche Bewertung des Grades der empirischen Bewährung einer Therapie (siehe **Tab. 7.1**).

Zur Beschreibung der empirischen Unterstützung verschiedener Behandlungsstrategien wird auf eine umfassende Überblicksarbeit von Ollendick und King (2004; modifiziert nach Chambless & Ollendick, 2001 und Ollendick & King, 2000) zurückgegriffen.

Darin wurden kognitiv verhaltenstherapeutische Strategien gemäß den durch die *Task Force der American Psychological Association* (Chambless et al., 1996; Chambless & Ollendick, 2001) aufgestellten Richtlinien klassifiziert und für den Kinderbereich angepasst. Als gut etablierte Behandlungen für Phobien gelten die graduierte Reizkonfrontation, operantes Vorgehen (reinforced practice) und teilnehmendes Modelllernen. Die Kognitive Verhaltenstherapie bei Kindern mit Angststörungen wurde als wahrscheinlich wirksam eingestuft wie auch die Konfrontation mit Reaktionsverhinderung bei Zwangsstörungen.

Ein Update dieser Einschätzung ist 2008 von Silverman et al. erschienen. In die Überblicksarbeit wurden 32 Studien miteinbezogen. **Tabelle 7.2** gibt einen Überblick über die Klassifikation psychotherapeutischer Manuale bezüglich ihrer aktuellen Wirksamkeitseinschätzung für Kinder und Jugendliche mit Phobien und Angststörungen. Der Tabelle ist zu entnehmen, dass für Angststörungen lediglich die Kognitive Verhaltenstherapie mit und ohne Familienmanagement als wahrscheinlich wirksam eingeschätzt werden kann, wobei noch nicht genügend kontrollierte Gruppenvergleiche vorliegen, um die Wirksamkeit abschließend zu beurteilen, wobei zu beachten ist, dass nicht Verfahren, sondern verschiedene Manuale klassifiziert wurden. Für andere Therapieverfahren liegen keine kontrollierten Therapiestudien vor.

Tab. 7.1: Kriterien nach APA (1995)

Kriterien der empirischen Bewährung	
I Gut wirksam/etabliert und spezifisch	I. Mindestens zwei gute Gruppenvergleichsgruppen zeigen Effektivität wie folgt: A. Überlegenheit gegenüber Pillen- oder psychologischen Placebo oder anderer Behandlung. B. Gleichwertig mit einer bereits etablierten Behandlung in Studien mit einer angemessenen statistischen Power (ca. N = 30 pro Gruppe). Oder II. Eine große Serie von Einzelfallstudien (N≥9) zeigt Effektivität. Die Studien müssen über folgende Merkmale verfügen: A. Gute experimentelle Designs. B. Vergleich der Intervention mit anderen Behandlungen wie in I. A. Weitere Kriterien: III. Durchführung der Studien mit Behandlungsmanualen. IV. Charakteristika der Stichprobe muss klar spezifiziert werden. V. Effekte müssen von mindestens zwei verschiedenen Arbeitsgruppen gezeigt worden sein.
II Wahrscheinlich wirksam	I. Mindestens zwei gute Gruppenvergleichsstudien zeigen (statistisch signifikante) Überlegenheit gegenüber einer Wartelistekontrollgruppe. Oder II. Mindestens eine Gruppenvergleichsstudie erfüllt die Kriterien I.A, I.B, III. und IV, aber nicht V. Oder III. Eine kleine Serie von Einzelfallstudien (N>3), die die Kriterien I. II, I. III und I.IV erfüllen.
III Experimentelle Behandlungen	Erfüllen (noch) nicht die Kriterien von I oder II.

Tab. 7.2: Klassifikation von psychosozialen Verfahren für Kinder und Jugendliche mit Phobien und Angststörungen (modifiziert nach Silverman et al., 2008)

Psychologische Verfahren	Literaturnachweis
Gut wirksam und gut überprüft	
Keine	–
Wahrscheinlich wirksam, aber nicht ausreichend überprüft	
IKVT	Barrett et al. (1996); Flannery-Schroeder & Kendall (2000); Kendall et al. (1997)
GKVT	Barrett et al. (1996); Flannery-Schroeder & Kendall (2000); Mendlowitz et al. (1999); Rapee et al. (2006)
GKVT mit Eltern	Barrett et al. (1996); Mendlowitz et al. (1999); Silverman, Kurtines, Ginsburg, Weems, Lumpkin, et al. (1999); Spence et al. (2006)
GKVT bei SoP	Gallagher et al. (2003); Hayward et al. (2000); Spence et al. (2000)
Soziales Effektivitäts-Training für Kinder mit SoP	Beidel et al. (2000)
Möglicherweise wirksam, nicht angemessen überprüft	
Emotionale Bilder bei SP vor Dunkelheit	Cornwall et al. (1996)
IKVT mit Eltern	Barrett et al. (1996); Manassis et al. (2002)
IKVT bei Schulverweigerung mit Eltern/Lehrer-Training	King et al. (1998); Heyne et al. (2002)
IKVT für Schulverweigerer	Heyne et al. (2002); Last et al. (1998)
GKVT Eltern-Angst-Management für ängstliche Eltern	Cobham et al. (1998)
In vivo Verhaltensexposition bei SP vor Spinnen	Muris et al. (1998)
Exposition plus Kontingenz-Management bei SP	Silverman et al. (1999)
Exposition plus Selbst-Kontrolle bei SP	Silverman et al. (1999)

Psychologische Verfahren	**Literaturnachweis**
FRIENDS	Shortt et al. (2001)
Einmaliges Expositions-Verfahren bei SP	Öst et al. (2001)
Einmaliges Expositions-Verfahren mit Eltern bei SP	Öst et al. (2001)
Eltern-/Lehrer-Training bei Schulverweigerern	Heyne et al. (2002)
IKVT mit kognitivem Eltern-Training	Nauta et al. (2003)
KVT für Familien	Bögels & Siqueland (2006); Wood et al. (2006)
GKVT mit Eltern plus Internet	Spence et al. (2006)
Eltern GKVT (Jugendliche nicht miteinbezogen)	Mendlowitz et al. (1999); Thienemann et al. (2006)
Experimentelle Verfahren	
Schulbasierende GKVT bei SoP	Masia et al. (2001)
Schulbasierende GKVT	Ginsburg & Drake (2002); Muris et. al. (2002)
Schulbasierendes, modifiziertes, soziales Effektivitäts-Training für Kinder mit SoP	Baer & Garland (2005)

Anmerkungen: IKVT = Individuelle Kognitive Verhaltenstherapie; GKVT = Gruppen Kognitive Verhaltenstherapie/Kognitiv behaviorale Gruppentherapie; SoP = Soziale Phobie; SP = Spezifische Phobie

Zur Einschätzung der Wirksamkeit können verschiedene Forschungsstrategien verfolgt werden. Das wären neben Einzelfallstudien und experimentellen Studien auch randomisierte, kontrollierte Therapiestudien (RCT). Die steigende Anzahl von Therapiestudien bei Kindern mit Angststörungen macht es notwendig, diese systematisch zusammenzufassen. Dies kann anhand von systematischen Überblicksarbeiten oder Meta-Analysen durchgeführt werden. In **Tabelle 7.3** wird für die verschiedenen Forschungsstrategien eine Auswahl von Studien beschrieben.

In Meta-Analysen wird die durchschnittliche Effektstärke (also um wie viele Standardabweichungen die behandelte Gruppe von der Kontrollgruppe abweicht) eines Therapieverfahrens berechnet. Derzeit werden die meisten Therapiestudien mit Kindern mit verschiedenen Angststörungen (Soziale Phobien und Zwangsstörungen ausgenommen) gemischt durchgeführt, so dass es ge-

genwärtig nicht möglich ist, Aussagen über die Wirksamkeit von Behandlungen bei unterschiedlichen Angststörungen zu machen. In einer Meta-Analyse (In-Albon & Schneider, 2007) untersuchten wir die Effektivität von Kognitiver Verhaltenstherapie bei Kindern mit Angststörungen. Nach der Zusammenschau von 24 Studien konnten wir eine Effektstärke von .86 für die Angstsymptomatik finden. Darüber hinaus beobachteten wir signifikante Verbesserungen auch für die depressive Symptomatik der behandelten Kinder. Die Behandlungserfolge zeigten sich bis zu einem Nachuntersuchungszeitraum von einem Jahr als stabil. Des Weiteren ergaben sich keine signifikanten Unterschiede daraus, ob die Therapie individuell oder in der Gruppe respektive kind- oder familienzentriert durchgeführt wurde. Vergleichbare Schlussfolgerungen zogen auch Silverman et al. (2008) und der Cochrane Review von James et al. (2006) und Manassis et al. (2010).

Tab. 7.3: Forschungsstrategien und eine Auswahl entsprechender Studien zu Angststörungen im Kindes- und Jugendalter

Forschungsstrategie	**KVT**
Fallstudien	Petermann: Fallbuch der Klinischen Kinderpsychologie (2009)
Experimentelle Studien	Masia et al. (2001); Ginsburg & Drake (2002); Muris et al. (2002); Baer & Garland (2005)
Randomisierte Kontrollierte Therapiestudien (RCT)	Auswahl wahrscheinlich wirksamer Behandlungen: Kendall, 1994; Kendall et al., 1997, 2004; Barrett et al., 1996, 2001; Saavedra et al., 2010; Manassis et al., 2002, 2004; Flannery-Schroeder & Kendall, 2000; Spence et al., 2006; Rapee et al., 2006; Schneider et al., 2011
Systematische Überblicksarbeiten	Ollendick & King, 2004; Silverman et al. (2008); Manassis et al. (2010), James, Soler & Weatherall (2006)
Meta-Analysen	In-Albon & Schneider (2007)

7.3 Langzeiteffekte der Kognitiven Verhaltenstherapie

Die Langzeiteffekte der Kognitiven Verhaltenstherapie konnten in der jüngst publizierten Studie von Saavedra et al. (2010) eindrucksvoll aufgezeigt werden. Kinder, die im durchschnittlichen Alter von neun Jahren eine Kognitive Verhaltenstherapie zur Behandlung ihrer Angststörungen bekamen, wurden acht bis 13 Jahre nach Beendigung der Therapie nochmals untersucht. Das durchschnittliche Alter zum Katamnesezeitpunkt betrug 19 Jahre. Von den 106 Kindern, die an der Therapiestudie teilgenommen hatten, konnten die Daten von 67 jungen Erwachsenen zum Katamnesezeitpunkt verwendet werden. Die Ergebnisse zeigten, dass 92 % der Stichprobe die Diagnosekriterien für eine Angststörung nicht mehr erfüllten. Wesentlich ist auch, dass 82 % keine neue Diagnosen (inkl. Substanzabhängigkeiten) aufwiesen. Diese Ergebnisse wie auch die Sieben-Jahres-Katamnese von Kendall et al. (2004) weisen eindrücklich darauf hin, dass eine Kognitive Verhaltenstherapie zu einer nachhaltigen Verbesserung der psychischen Gesundheit bei Kindern und Jugendlichen führt. In der Meta-Analyse von In-Albon und Schneider (2007) zeigte sich nach einer durchschnittlichen Katamnesedauer von zehn Monaten eine höhere Effektstärke (d = 1.36) als direkt nach der Therapie (d = .86). Der Effekt, dass die Kognitive Verhaltenstherapie ihre Wirksamkeit langfristig aufrechterhält oder noch weiter verbessert, kann auch bei multizentrischen Therapiestudien (z. B. CAMS Walkup et al., 2008; POTS, 2004; TADS, 2007) beobachtet werden.

7.4 Offene Fragen und erste Ansätze der zukünftigen Psychotherapieforschung

Trotz vieler Fortschritte in den vergangenen Jahren gibt es noch einige offene Fragen in der Psychotherapieforschung bezüglich der Behandlung von Angststörungen im Kindes- und Jugendalter.

Obwohl die ersten erfolgreichen Therapiestudien mit Kindern im Vorschulalter erschienen sind (Schneider et al., 2011; Hirshfeld-Becker et al., 2010) und gute Wirksamkeiten nachweisen konnten, ist sowohl für junge Kinder als auch für Adoleszente weitere Forschung notwendig.

Das Gleiche gilt für Studien zur Alltagswirksamkeit (*effectiveness studies*), wobei im Vergleich zu klassischen, statistischen Wirksamkeitsstudien (*efficacy studies*) Nachholbedarf besteht. Für eine Übersicht zur „effectiveness-Forschung" siehe **Box 7.1**.

Ein bisher fast gänzlich fehlender Bereich ist die Prozessforschung sowie Studien zu *Mediatoren* (welche Prozesse beeinflussen den Behandlungserfolg) und *Moderatoren* (welche Merkmale des Kindes, der Familie, des Umfeldes beeinflussen den Behandlungserfolg). Als Beispiel sei eine Studie zur Behandlung der Sozialen Phobie bei Kindern zwischen sieben und 17 Jahren beschrieben. Die Ergebnisse der Studie von Alfano et al. (2009) zeigten, dass der Therapieerfolg nicht durch Alter oder depressive Symptome moderiert wurde. Als Mediator wurde die vom Kind berichtete Einsamkeit gefunden. In den Studien von Treadwell und Kendall (1996, 2007) zeigten sich Veränderungen im ängstlichen Selbstgespräch als Mediator für eine Reduktion von Angst- und Depressionssymptomen.

Als *Therapieprädiktoren* zeigte sich eine Reduktion negativer automatischer Gedanken (Muris et al., 2009). Als Prädiktoren für einen schlechten Therapieausgang fanden Berman et al. (2000) elterliche Depressivität und Crawford und Manassis (2001) familiäre Dysfunktionen und elterliche Frustration (zum Thema Forschung mit Kindern siehe **Box 7.2**).

Box 7.1: Alltagswirksamkeit/„effectiveness"-Forschung bei Kindern mit Angststörungen

In einer beeindruckenden, aber nachdenklich stimmenden Studie von Weiss et al. (1999) zur Alltagswirksamkeit von traditionellen Therapien zeigte sich eine Effektstärke von -.08. Obwohl kein signifikanter Unterschied zur Kontrollgruppe gefunden wurde, gaben die Kinder der Therapiegruppe eine höhere Zufriedenheit an als die Kinder in der Kontrollgruppe, die ein akademisches Tutoring erhielten (Weiss et al., 1999). In einer Katamneseuntersuchung nach zwei Jahren zur Überprüfung eines möglichen verzögerten Behandlungseffekts („sleeper effect") zeigten sich nur geringe Verbesserungen in emotionalen und behavioralen Problembereichen (Weiss, Catron & Harris, 2000). Ein verzögerter Behandlungseffekt konnte somit nicht nachgewiesen werden. Die Beschreibungen der Meta-Analysen von Weisz et al. (1995) sind am Anfang des Kapitels Psychotherapieforschung aufgeführt. In einer aktuellen Studie von Bachmann et al. (2010) wurde die Alltagswirksamkeit im naturalistischen ambulanten Setting von neun Kinder- und Jugendpsychiatrischen Praxen untersucht. In der Gesamtstichprobe wurde im CBCL (Fragebogen zur Erhebung internalisierender und externalisierender Symptome) kein signifikanter Therapieeffekt gefunden. Kleine bis moderate Therapieeffekte wurden für die Angststörungen und ADHS berichtet, keine signifikanten Effekte für depressive Störungen und Störung des Sozialverhaltens.

Im Bereich der Angststörungen liegen derzeit erste Ergebnisse von Pilotstudien zur Alltagswirksamkeit vor. In der Studie von Baer und Garland (2005) erwies sich die Gruppentherapie bei Jugendlichen mit Sozialer Phobie im Alter zwischen 13 und 18 Jahren als wirksam. In einer partiellen Alltagswirksamkeitsstudie zeigte sich eine signifikante Verbesserung der Angstsymptomatik und eine leicht höhere Wirksamkeit der kind- im Vergleich zur familienzentrierten Verhaltenstherapie (Bodden et al., 2008).

Box 7.2: Forschung mit Kindern

Kinder sind schutzbedürftig und Forscher dürfen das Wohl von Kindern nicht aufs Spiel setzen. Dennoch brauchen Kinder Behandlungen, die auf wissenschaftlichen Erkenntnissen aufbauen und deren Wirksamkeit empirisch überprüft sind. Kinder haben das Recht auf eine adäquate Behandlung, sie sind derzeit aber noch immer eher „therapeutische Waisen“ (Shirkey, 1968). Daher sollte anstelle der Frage nach dem „ob“ vielmehr die Frage nach dem „wie“ gestellt werden.

Folgende zentrale Prinzipien sind zu berücksichtigen:

- Einverständnis der gesetzlichen Vertretung des Kindes. Seit dem Nürnberger Kodex gilt für jede Forschung mit Menschen die freie Einwilligung nach hinreichender Aufklärung (informed consent). Dabei hat die Einwilligung zum Wohl des Kindes zu erfolgen. Bei Kindern wird häufig die Zustimmung (assent) verlangt.
- Das Recht, die Teilnahme abzulehnen oder zu einem beliebigen Zeitpunkt nicht weiterzuführen.
- Unabhängige Überprüfung des Forschungsguthabens (Ethikkommission).
- Subsidarität, das heißt die Forschung an Kindern ist nur zulässig, wenn gleichwertige Ergebnisse nicht durch Projekte mit einwilligungsfähigen Personen gewonnen werden können.
- Bei fremdnütziger Forschung können folgende Prinzipien geltend gemacht werden: Das Projekt muss einen Gruppennutzen erwarten lassen, Risiken und Belastungen müssen minimal sein.

Ein weiterer Punkt, den es zu berücksichtigen gilt, ist, dass eine Placebo-kontrollierte Studie nur dann legitim ist, wenn keine nachweislich wirksame Standardmaßnahme vorliegt.

7.5 Setting

So wie bisher Antworten auf die eingangs zitierte Frage von Paul fehlen, gibt es auch noch keine klaren Hinweise darauf, wer, wann, von welchem Therapiesetting am meisten profitiert. In der von uns erstellten Meta-Analyse (In-Albon & Schneider, 2007) wie auch in der Studie von Silverman et al. (2008) konnten keine Unterschiede in der Wirksamkeit von Kognitiver Verhaltenstherapie bei Kindern mit Angststörungen gefunden werden, wenn die Therapie ausschließlich mit dem Kind oder familienzentriert respektive individuell oder in der Gruppe durchgeführt wurde. Es gibt Studien, die zeigen, dass der Einbezug der Eltern zu einer besseren Wirksamkeit der Therapie führt, wenn die Eltern selber ängstlich (z. B. Bodden et al., 2008) oder die Kinder jünger sind. Hingegen gibt es Hinweise dafür, dass ein kindzentrierter Ansatz vor allem für Kinder, deren Eltern überfürsorglich sind, hilfreich sein könnte (Kendall et al.,

2003). Für eine kindzentrierte Therapie spricht, dass das Kind erlebt, wie ihm Therapeut und Eltern zutrauen, seine Angst selber bewältigen zu können. Dieses Zutrauen scheint für den Aufbau von Selbstvertrauen und Selbstwirksamkeitsüberzeugung zentral zu sein. Kann das Kind selber gegen seine Angst angehen, zeigt dies wiederum den Eltern, dass sie ihrem Kind etwas zutrauen können und gewähren dann selber mehr Autonomie, was auch wieder das Selbstvertrauen des Kindes stärkt. Eine Möglichkeit, sowohl mit dem Kind alleine zu arbeiten als auch die Eltern in die Therapie einzubeziehen ist, die Therapiesitzungen mit dem Kind und den Eltern hintereinander und dann gegebenfalls im weiteren Verlauf gemeinsam (vgl. TAFF Therapie) durchzuführen.

Die Vor- und Nachteile einer individuellen oder in der Gruppe durchgeführten Therapie heben sich wahrscheinlich auf. So scheinen sich das individuelle Eingehen auf die Problematik und das Vorgehen im persönlichen Tempo mit dem Teilen von Erfahrungen in der Gruppe und Übungspartnern in Rollenspielen sowie dem Erkennen, das man mit der Angstproblematik nicht alleine ist, auszugleichen. Bei Kindern mit mangelnden sozialen Kompetenzen stellen Gruppen ein gutes Übungsfeld dar.

Beim Abwägen, ob die Therapie ambulant oder stationär durchgeführt werden sollte, muss bedacht werden, dass das Ziel nach der Therapie sein sollte, dass das Kind in seiner gewohnten Umgebung und seinem Alltag (z. B. in der Schule) die Fortschritte zeigen muss. Daher ist zu beachten, auch die Konfrontationsübungen im gewohnten Umfeld durchzuführen. Ein stationärer Aufenthalt ist bei Gewalt und Missbrauch indiziert.

7.6 Veränderungsmessung und Veränderungsanalyse

In der Therapieforschung stellt sich nach der Therapie neben der statischen Signifikanz jeweils auch die Frage nach der klinischen Signifikanz, wobei festzuhalten ist, dass dieser Bereich im Vergleich zur statistischen Signifikanz noch deutlich weniger erforscht ist. Die klinische Signifikanz ist auch im Vergleich zur statistischen Signifikanz schwieriger zu operationalisieren, und wird möglicherweise deshalb auch weniger beschrieben. In **Box 7.3** werden die Begriffe der Veränderungsanalyse beschrieben. Im darauffolgenden Abschnitt zur klinischen Signifikanz wird mit dem *Reliable Change Index* eine Möglichkeit zur Erfassung der klinischen Signifikanz vorgestellt.

Box 7.3: Definitionen von Begriffen der Veränderungsanalyse

Recovery = beschreibt die vollständige Genesung (Stieglitz, 2008), d. h. Remission und Rückkehr in funktionalen Bereich.
Remission = Rückgang bzw. Nachlassen von Symptomen. Vollremission ist der vollständige Rückgang von Symptomen der Störung (DSM-IV), Teilremission der teilweise Rückgang. Für Remissionskriterien einzelner Angststörungen im Erwachsenenalter siehe Doyle und Pollack (2003) und Ballenger (1999). Problematisch für die Operationalisierung ist die Orientierung an Ratingskalen (Stieglitz, 2008).
Response = ≥ 50% Reduktion in einem störungsspezifischen Selbstbeurteilungsverfahren oder eine deutliche Verbesserung in einem globalen Verbesserungsverfahren (Clinical Global Impression)(das Gegenteil wäre der Non-Responder, der nicht auf die Therapie anspricht).
Endstate Functioning = Status nach Therapieende, z. B. mit Global Assessment of Severity in verschiedenen Bereichen, u. a. Verbesserung in der Schule, Reduktion des elterlichen Stresses und Verbesserung der elterlichen Zuversicht. Hoher Status nach Therapieende/starke Verbesserung ergibt sich aus der Selbstbeurteilung der störungsspezifischen Symptomatik und dem globalen Funktionsniveau in Selbst- und Fremdbericht (vgl. Michelson et al., 1985).

7.6.1 Klinische Signifikanz

Die statistische Signifikanz eines Gruppenunterschieds ist Voraussetzung für ein bedeutsames Ergebnis. Eine wichtige Rolle sollte aber auch die inhaltliche Bedeutsamkeit, das heißt die klinische Signifikanz spielen. Diese verlangt im Voraus die Festlegung geeigneter Außenkriterien, also normierter Verfahren. Im Vergleich zur statistischen Signifikanz gehört die klinische Signifikanz leider (noch) nicht zur Standardvoraussetzung für die Beschreibung von Therapiestudien (CONSORT Kriterien; www.consort-statement.org).

Eine Möglichkeit zur Erfassung der klinischen Signifikanz ist der *Reliable Change Index* (RCI; siehe **Box 7.4**), welcher sich aus der Bestimmung intraindividueller Differenzen ableiten lässt (Lienert, 1969; Christensen & Mendoza, 1986). Dabei ist zu beachten, dass der RCI-Wert abhängig ist von der Sensitivität des Instrumentes. Daher wird eine Kombination mit anderen Kriterien empfohlen. In Psychotherapiestudien von Angststörungen im Kindes- und Jugendalter wird der RCI selten beschrieben, für eine Ausnahme siehe Joormann und Unnewehr (2002).

Box 7.4: Reliable Change Index

RCI = (Test prä – Test post)/S diff
Anmerkung: (Test prä = Prätestwert, Test post = Posttestwert, S diff = Standardfehler der Differenzen zwischen beiden Werten

7.7 Psychotherapieforschung der einzelnen Angststörungen

Da in den Therapiestudien häufig Kinder mit unterschiedlichen Angststörungen gemeinsam untersucht wurden, gibt es deutlich weniger Hinweise zur Wirksamkeit der Therapien bei einzelnen Störungen als im Erwachsenenbereich. Von den einzelnen Angststörungen ist die Therapieforschung bei der Sozialen Phobie am besten untersucht.

7.7.1 Soziale Phobie

Kremberg und Mitte (2005) geben einen Überblick zur Wirksamkeit von kognitiv-behavioralen und behavioralen Interventionen der Sozialen Phobie im Kindes- und Jugendalter. Dabei konnten neun Studien in die Analysen einbezogen werden. Im Prä-Post Vergleich der Behandlungsgruppe und der Kontrollgruppe zeigte sich eine hohe Effektstärke (g = 0.82). Die Stabilität der Therapieergebnisse konnte gezeigt werden.

Eine aktuelle Therapiestudie aus Deutschland mit 66 Kindern zwischen acht und zwölf Jahren mit Sozialer Phobie belegt die Wirksamkeit einer störungsspezifischen Kognitiven Verhaltenstherapie und die Stabilität der Ergebnisse nach drei Monaten (Tuschen-Caffier et al., WCBCT 2010).

7.7.2 Störung mit Trennungsangst

Für die Störung mit Trennungsangst sind derzeit Pilotdaten einer Eltern-Kind-Interaktionsbehandlung (Choate et al., 2005) und der TAFF-Studie (Schneider et al., 2011) verfügbar.

In der Eltern-Kind-Interaktionsbehandlung wurde die Behandlung bei drei Familien mit Kindern zwischen vier und acht Jahren untersucht. Die ersten Ergebnisse verweisen auf eine gute Wirksamkeit und anhaltende Therapieeffekte. Die Ergebnisse müssen jedoch unter RCT-Bedingungen gezeigt werden.

Die TAFF-Studie ist eine randomisierte, kontrollierte Therapiestudie, die Kinder zwischen fünf und sieben Jahren anhand eines Wartelistekontrolldesigns untersuchte. Die 43 Kinder wurden entweder einer 16-wöchigen störungsspezifischen Therapie für Trennungsangst oder einer zwölfwöchigen Warteliste zugeteilt. Die Intent-to-treat-Analyse zeigte, dass 76 % der Kinder nach der Behandlung die Diagnosekriterien nicht mehr erfüllten (Schneider et al., 2011). Zusätzlich wurden acht- bis 13-jährige Kinder entweder einer kindzentrierten (Coping Cat) oder einer familienzentrierten Therapie (TAFF) zugeteilt (Schneider et al., in Vorbereitung).

7.7.3 Spezifische Phobie

Störungsspezifische Therapiestudien zur Behandlung der Spezifischen Phobie im Kindes- und Jugendalter liegen bis auf die 1-Session-Behandlung von Ollendick et al. (2009) nicht vor.

Ollendick et al. (2009) untersuchten die Wirksamkeit einer 1-Session-Behandlung bei Spezifischer Phobie bei Kindern und Jugendlichen zwischen sieben und 16 Jahren. Dabei wurden zwei aktive Therapiebedingungen (1-Session-Behandlung vs. Aufmerksamkeit) und eine Wartelistekontrollgruppe miteinander verglichen. 85 Kinder waren in der 1-Session-Bedingung, 70 Kinder in der Aufmerksamkeitsbedingung und 41 Kinder in der Wartelistekontrollbedingung. Die 1-Session-Bedingung dauerte maximal drei Stunden und beinhaltete die Bearbeitung katastrophaler Gedanken, graduierte Konfrontation in vivo und Verhaltenstests. Die Aufmerksamkeitsbedingung dauerte auch maximal drei Stunden und beinhaltete die Vermittlung einer Definition von Phobien, Erklärungsmodelle für die Phobien und eine Beschreibung der körperlichen Symptome. In dieser Bedingung wurden jedoch keine in vivo Konfrontationen durchgeführt. Die Ergebnisse zeigten, dass nach Therapieende die 1-Session-Behandlung der Aufmerksamkeitsbedingung überlegen war, spezifisch im klinischen Rating, in der Prozentzahl Kinder, die die Diagnosekriterien nicht mehr erfüllen, und im Selbstbericht der Kinder. Dieses Ergebnis zeigte sich auch bei der Sechsmonats-Katamnese. Dabei ist jedoch festzuhalten, dass sich im Selbstbericht der Kinder kein Unterschied zwischen der 1-Session-Therapie und der Aufmerksamkeitsbedingung zeigte. In der 1-Session-Bedingung waren nach der Therapie 55 % der Kinder diagnosefrei und nach sechs Monaten 49 %. In der Aufmerksamkeitsbedingung waren es nach der Therapie 21% und nach sechs Monaten 35 %. Die Effektstärken (Cohen's d) der klinischen Erfolgsrate waren in der 1-Session-Bedingung d = 1.84 und der Aufmerksamkeitsbedingung d = 1.23, die Therapiezufriedenheit der 1-Session-Bedingung d = .43 und d = .5 in der Aufmerksamkeitsbedingung. Im Selbstbericht des Fear Survey Schedule (FSSC-R; dt. Version: Döpfner, Schnabel, Goletz & Ollendick, 2006) zeigte sich eine Effektstärke von d = .83 in der 1-Session-Bedingung und d = .68 in der Aufmerksamkeitsbedingung. Im Sechsmonats–Follow-Up erfüllten 50 % der Kinder in der 1-Session-Bedingung die Diagnosekriterien nicht mehr. Gute Effekte für die Bedingung Psychoedukation zeigten sich auch in unserer Meta-Analyse (In-Albon & Schneider, 2007). In der Meta-Analyse zeigte sich alleine durch die Intervention Psychoedukation eine mittlere Effektstärke (d = .58).

7.7.4 Zwangsstörung

Der gegenwärtige Stand der Psychotherapieforschung verweist darauf, dass sich in der Behandlung von Zwangsstörungen bei Kindern und Jugendlichen die Verhaltenstherapie, die Pharmakotherapie mit selektiven Serotonin-Wiederaufnahmehemmern (SSRI) und die Kombination von Verhaltenstherapie mit Pharmakotherapie als wirksam erwiesen haben (Barrett et al., 2008; POTS, 2004; Watson & Rees, 2008). Die wirksamste Methode der Verhaltenstherapie ist die Exposition mit Reaktionsverhinderung. Durch ausreichend lange Konfrontation mit angst- und zwangsauslösenden Reizen und durch die Verhinderung von Zwangshandlungen erfährt der Betroffene, dass er die Situation bewältigen kann und das gefürchtete Ereignis nicht eintritt, wodurch sich die Angst verringert. Ein erstes Manual zur Behandlung der Zwangsstörung wurde von March und Mulle (1998) entwickelt. Die Kognitive Verhaltenstherapie in Einzeltherapie wird derzeit als „effektiv" eingestuft.

7.7.5 Posttraumatische Belastungsstörung

Für den Bereich der Traumafolgestörungen liegen mehrere randomisierte Kontrollstudien vor, die die Wirksamkeit von kognitiv-behavioralen Therapien nachweisen (z. B. Cohen, Deblinger, Mannarino & Steer, 2004; Stein et al., 2003; Chemtob et al., 2002).

Eine Reihe von Studien liegen für die Traumafokussierte Kognitive Verhaltenstherapie vor (z. B. Cohen & Mannarino, 1996, 1998; Cohen, Mannarino & Knudsen, 2005). Die Traumafokussierte Kognitive Verhaltenstherapie wird als „spezifisch effektiv" eingestuft (Silverman et al., 2008).

7.8 Wirksamkeit der kombinierten Behandlung von Psychotherapie und Psychopharmakotherapie

Die bislang größte Therapiestudie mit Kindern mit Angststörungen ist die „Child-Adolescent Anxiety Multimodal Study" (CAMS) Studie, die multizentrisch in den USA durchgeführt wurde. Ziel der Studie war, Psychotherapie und Psychopharmaka bei Kindern mit Angststörungen miteinander zu vergleichen (CAMS; Walkup et al., 2008), da dieser Vergleich bisher fehlte. Die Stichprobe setzte sich zusammen aus 488 Kindern im Alter zwischen sieben und 17 Jahren mit einer primären Diagnose einer Störung mit Trennungsangst, Generalisierten Angststörung oder Sozialen Phobie, wobei Kinder mit Schulvermeidung aufgrund von Angst und einem früheren Nichtansprechen auf SSRI-Medikation oder Kognitive Verhaltenstherapie von der Studie ausgeschlossen wurden. Die Therapiestudie bestand aus vier Therapiebedingungen. Die kognitiv-verhaltenstherapeutische Bedingung (14 Sitzungen Coping Cat; Kendall & Hedtke, 2006), die medikamentöse Bedingung (Sertralin über acht Wochen), die kombinierte verhaltenstherapeutische und medikamentöse Bedingung und die Placebo Bedingung. Im Haupterfolgsmaß von CAMS, der Global Impression Verbesserungs-Skala, welche vom Therapeuten ausgefüllt wird, zeigte sich in der Kombinationsbedingung eine Verbesserung von 80,7 %, in der KVT Bedingung 59,7 %, in der Sertralin Bedingung 54,9 % und in der Placebo Bedingung 23,7 %, das heißt die Kombinationsbedingung war nach Ende der

Therapie den anderen Bedingungen überlegen. Es zeigten sich keine Unterschiede zwischen der KVT und der medikamentösen Behandlung. Alle aktiven Therapien waren der Placebo Bedingung überlegen. In der KVT Bedingung zeigten sich insgesamt weniger Schlafstörungen, Müdigkeit, Ruhelosigkeit und weniger Therapieabbrüche.

Kritisch zu betrachten ist, dass die Therapiebedingung „KVT und Placebo" fehlt und das primäre Erfolgsmaß ein Therapeutenverfahren ist und nicht die Anzahl Kinder, die die Diagnosekriterien ihrer primären Angststörung nicht mehr erfüllen. Des Weiteren ist die Wirksamkeit der in dieser Studie durchgeführten kognitiven Verhaltenstherapie im Vergleich zu anderen Therapiestudien (d = .86; Meta-Analyse In-Albon & Schneider, 2007) fragwürdig (Hedges g der KVT = .31). Katamnesedaten sind noch nicht publiziert. Viele Fragen bleiben offen: Welche Behandlung sollte bei einer Kombinationstherapie zuerst erfolgen? Welche Dosis ist die richtige und wie sieht es mit der langfristigen Wirksamkeit aus?

Cochrane reviews sind systematische Übersichtsarbeiten, die die Wirksamkeit von Interventionen fundiert untersuchen. Ipser et al. (2009) nahmen in den Cochrane review zur Behandlung von Angststörungen im Kindes- und Jugendalter 22 RCT Kurzzeit-Therapien (kürzer als 16 Sitzungen, insgesamt 2 519 Teilnehmer) auf. Die Mehrzahl der Studien untersuchte die Wirksamkeit von SSRIs (n= 15). Eine Medikamenten- respektive Placebo-Reaktion zeigte sich bei 58,1 % respektive 31,5 % der Teilnehmer. Die medikamentöse Behandlung war der Placebo Bedingung hinsichtlich der Reduktion des Schweregrads der Symptome signifikant überlegen. Die meisten Studien untersuchten die Wirksamkeit der Medikamente bei der Zwangsstörung. Für die Wirksamkeit von Benzodiazepinen wurde keine Evidenz gefunden. Medikamente wurden weniger gut als Placebo vertragen, was sich auch in den drop-outs von Kindern aus den Studien wegen Nebenwirkungen durch die Medikamente zeigte. Auch wenn es wenige Fälle von Suizidgedanken gab, sollte auf eine sorgfältige Überwachung bei der Behandlung mit SSRIs geachtet werden. Zusammengefasst wird festgehalten, dass eine medikamentöse Therapie bei Kindern mit Angststörungen einen Teil der Behandlung ausmachen kann. Es wird weitere Forschung bezüglich der Dauer der medikamentösen Therapie, der Dosis und des Einflusses des Alters der Kinder auf die Wirksamkeit und Toleranz gefordert.

Des Weiteren kann angemerkt werden, dass für die medikamentöse Therapie noch keine Langzeitstudien vorliegen (Adler Nevo & Manassis, 2009).

7.9 Versorgung und Angststörungen im pädiatrischen Setting

Psychische Störungen im Kindes- und Jugendalter werden immer noch nicht als ernst zu nehmende Krankheiten wahrgenommen (Pescosolido et al., 2008). Trotz der Häufigkeit und des ungünstigen Verlaufs erhalten viele Kinder mit

Angststörungen keine Hilfe. Deutschen (Essau, 2005; Essau, Conradt & Petermann, 2000; Petermann, 2005) und amerikanischen Studien (Kataoka et al., 2002; NIMH, 2001) zufolge erhielten nur ca. 20 % aller Kinder und Jugendlichen, die wegen psychischen Problemen als behandlungsbedürftig eingestuft wurden, tatsächlich professionelle Hilfe. In der Studie von Kataoka et al. (2002) zeigte sich insbesondere bei Vorschulkindern eine sehr geringe Versorgungsrate. Der Frage, wie häufig Jugendliche und junge Erwachsene mit Angststörungen eine psychotherapeutische Behandlung in Anspruch nehmen, gingen Runge et al. (2008) nach. In der Münchner Studie „Early Developmental Stages of Psychopathology" wurden neben Lebenszeitprävalenzen von Angststörungen auch ihre Behandlungsraten erfasst. Von den 3 021 14- bis 34-jährigen Jugendlichen und jungen Erwachsenen berichteten 30 % von mindestens einer Angststörung in ihrem Leben. Beinahe die Hälfte der Betroffenen (40 %) suchte irgendeine Behandlung, knapp ein Drittel (28 %) einen Psychotherapeuten auf. Hingegen berichteten Jugendliche seltener als Erwachsene von irgendeiner Behandlung. Die Behandlungswahrscheinlichkeit wurde durch das Vorliegen komorbider Störungen erhöht.

Einer der Gründe hierfür ist sicher, dass Kinder mit Angststörungen oft nicht erkannt werden. Im Gegensatz zu hyperaktiven oder oppositionellen Störungen sind Angststörungen eher „stille" Störungen und fallen daher nicht so leicht auf. Es besteht daher ein dringender Aufklärungs- und Informationsbedarf bei Eltern und Kindern, aber auch bei allen im pädagogischen und Gesundheits-Bereich tätigen Professionellen (z. B. Lehrpersonen, Pädiater).

Zudem dauert es durchschnittlich acht Jahre, bis Bedürftige eine psychotherapeutische Behandlung bekommen, und die Verzögerung der Dauer bis zur Behandlung verlängert sich, je jünger die Betroffenen sind (Christiana et al., 2000).

Barrieren für eine angemessene Versorgung sind beispielsweise finanzielle Probleme, Probleme im Zugang zu Krankenkassen, Stigmata, welche Familien daran hindern, Hilfe aufzusuchen, Mangel an ausgebildeten Psychotherapeuten sowie Mangel an Informationen, wem eine angemessene Behandlung wie zusteht. Mit einer verbesserten Sensibilität und dem von der WHO entwickelten Konzept eines „adolescent friendly service", welches auf einen freundlichen Empfang, eine verbesserte Anamnese und eine intensivere Betreuung von Jugendlichen in Gesundheitseinrichtungen setzt, sollten mehr Jugendliche frühzeitig eine adäquate Behandlung erhalten.

Für Deutschland hat Könning 2007 festgehalten, dass die Versorgungslage im Bereich Kinder- und Jugendlichenpsychotherapie in der Bundesrepublik flächendeckend unzureichend ist. Vergleichbare Umstände sind in der Schweiz zu beklagen (Föderation Schweizer Psychologen, 2008 www.psychologie.ch). Die mangelnde Versorgung mit Psychotherapie hat auch Kostenfolgen (Margraf, 2009).

In einer finnischen, prospektiven Längsschnittstudie (Sourander et al., 2005) wurden verschiedene Faktoren auf ihre Aussagekraft für das spätere Inanspruchnahmeverhalten professioneller Hilfe untersucht. Die Kinder respektive Jugendlichen wurden jeweils im Alter von acht und 18 Jahren untersucht. Des Weiteren wurden die Eltern und die Lehrer über mögliche Auffälligkeiten befragt. Es zeigte sich, dass vor allem die Lehrereinschätzung bezüglich des Problemverhaltens des Kindes, der Schulleistungen und des Hilfsbedarfs im Alter von acht Jahren den Kontakt zu Hilfseinrichtungen zehn Jahre später vorhersagen konnte. Diese Studie zeigt damit die Wichtigkeit des Einbezugs der Schule bei der Erkennung psychischer Störungen und auch bei deren Prävention.

Diese Überlegungen gehen einher mit der Frage, wie psychische Störungen besser erkannt werden können. Eine Studie von Williams et al. (2004), welche Hausärzte nach der Häufigkeit gestellter psychischer Diagnosen und dem Grad der Sicherheit bei der Vergabe der Diagnose befragte, zeigte, dass Pädiater am häufigsten Diagnosen der Aufmerksamkeitsdefizit- und Hyperaktivitätsstörung vergaben und sich damit am sichersten fühlten, im Gegensatz zu internalen Störungen, die zurückhaltender vergeben wurden, und bei denen die Sicherheit der Diagnosevergabe geringer war. In einer eigenen Untersuchung haben wir, mit dem Ziel, eine Bestandsaufnahme von Verhaltensauffälligkeiten und psychischen Störungen bei Kindern im pädiatrischen Setting durchzuführen, einen Fragebogen entwickelt und diesen an alle Pädiater der Schweiz verschickt. Neben der Häufigkeit psychischer Probleme wurde erfragt, wie sicher sich Pädiater bei verschiedenen psychischen Störungen fühlen, ob sie Diagnosen psychischer Störungen vergeben, wie und mit welchen Verfahren sie dies tun, ob sie eine Art von Behandlung (Beratung, Psychopharmakologische Behandlung oder Psychotherapie) anbieten und bei welchen Störungsbildern sie welche Therapie als indiziert ansehen. Des Weiteren wurde der Wunsch nach Fort- und Weiterbildung abgeklärt und erwünschte Themenbereiche erfragt.

Zusammengefasst kann aus dieser Studie (In-Albon, Zumsteg, Müller & Schneider, 2010) festgehalten werden, dass psychische Auffälligkeiten in der pädiatrischen Praxis häufig sind. Das Vorhandensein von psychischen Störungen in der pädiatrischen Praxis wurde auf 15 % geschätzt. Das Vorkommen internalisierender Störungen (7 %) wurde etwas geringer eingeschätzt als das externalisierender Störungen (9 %). In unserer Studie zeigte sich, dass ADHS und Übergewicht sehr häufig in der pädiatrischen Praxis auftreten und sich die Pädiater bei diesen Störungen sicher fühlen. Im Vergleich zu externalisierenden Störungen waren internalisierende Störungen ebenfalls häufig, jedoch fühlten sich die Pädiater bei Diagnosen von Angst- und depressiven Störungen unsicherer. Die Ergebnisse zur ADHS – große Sicherheit bei der Vergabe der Diagnose, häufige Behandlung mit Hilfe von Beratung und/oder Psychopharmaka – zeigen, dass ADHS im Vergleich zu internalisierenden Störungen einen guten Vorhersagewert für eine Behandlung darstellt. Dies geht auch mit anderen Studien einher (Meltzer et al., 2000). Für Angst- und depressive Störungen wurde mehrheitlich die Indikation „Überweisung an Fachpersonen für Psychotherapie“ bevorzugt, was sich auch damit erklären lässt, dass sich viele Pädiater bei Angst- und depressiven Störungen und deren Diagnosestellung unsicher fühlen.

Fazit – Therapieforschung

Aufgrund von Meta-Analysen (In-Albon & Schneider, 2007) und systematischen Überblicksarbeiten (James, Soler & Weatherall, 2006; Silverman et al., 2008) kann zum gegenwärtigen Zeitpunkt festgehalten werden, dass die Kognitive Verhaltenstherapie wirksam ist. Die Therapiesettings – individuell und in der Gruppe, kind- und familienfokussiert – sind vergleichbar wirksam. Es wird die Aufgabe zukünftiger Forschung sein, zu untersuchen, für welches Kind, welches Therapiesetting optimal ist.
Das Versorgungsnetz muss insbesondere auf Kinder und Jugendliche besser ausgerichtet und verstärkt werden. Da Pädiater häufig die erste Anlaufstelle für Eltern von psychisch auffälligen Kindern sind, sind sie für die frühzeitige Erkennung sehr wertvoll, damit Betroffene schnellstmöglich eine angemessene Behandlung bekommen.

8 Therapievoraussetzungen

Wie bereits beschrieben, ist die Kognitive Verhaltenstherapie derzeit die am besten überprüfte und wirksamste Therapie bei der Behandlung von Angststörungen sowohl im Kindes- und Jugendalter wie auch im Erwachsenenalter (Überblick bei Margraf & Schneider, 2009). Entsprechend ist das folgende Kapitel auf die Kognitive Verhaltenstherapie ausgerichtet.

Trotz dieser Häufigkeiten und Beeinträchtigungen im täglichen Leben nehmen betroffene Kinder und Jugendliche nur selten professionelle Hilfe in Anspruch.

8.1 Verhaltenstherapie

Als Einleitung folgt eine kurze Definition (**Box 8.1**), was die Verhaltenstherapie ausmacht, gefolgt von den Grundprinzipien und Basisfertigkeiten der Verhaltenstherapie.

Box 8.1: Verhaltenstherapie

Die Verhaltenstherapie ist eine auf der empirischen Psychologie basierende psychotherapeutische Grundorientierung. Sie umfasst störungsspezifische und -unspezifische Therapieverfahren, die aufgrund von möglichst hinreichend überprüftem Störungswissen und psychologischem Änderungswissen eine systematische Besserung der zu behandelnden Problematik anstreben. Die Maßnahmen verfolgen konkrete und operationalisierte Ziele auf den verschiedenen Ebenen des Verhaltens und Erlebens, leiten sich aus einer Störungsdiagnostik und individuellen Problemanalyse ab und setzen an prädisponierenden, auslösenden und aufrechterhaltenden Problembedingungen an. Die sich in ständiger Entwicklung befindliche Verhaltenstherapie hat den Anspruch, ihre Effektivität empirisch abzusichern (Margraf, 2009).

Für die Therapie wichtiger als die Definition sind die *Grundprinzipien*, die allen verhaltenstherapeutischen Methoden zugrunde liegen (nach Margraf, 2009):

1. Verhaltenstherapie orientiert sich an der empirischen Psychologie.
2. Verhaltenstherapie ist problemorientiert.

3. Verhaltenstherapie setzt an den prädisponierenden, auslösenden und aufrechterhaltenden Problembedingungen an.
4. Verhaltenstherapie ist zielorientiert.
5. Verhaltenstherapie ist handlungsorientiert.
6. Verhaltenstherapie ist nicht auf das therapeutische Setting begrenzt.
7. Verhaltenstherapie ist transparent.
8. Verhaltenstherapie soll „Hilfe zur Selbsthilfe“ sein.
9. Verhaltenstherapie bemüht sich um ständige Weiterentwicklung.

Als *Basisfertigkeiten* der Verhaltenstherapie gelten die Gesprächsführung, die Motivationsarbeit und die Beziehungsgestaltung. Diese grundlegenden Fertigkeiten sind die Voraussetzung für die Anwendung störungsspezifischer und störungsübergreifender Verfahren.

8.1.1 Wie unterscheidet sich die Kognitive Verhaltenstherapie mit Kindern von der Therapie Erwachsener?

Die Theorien der Kognitiven Verhaltenstherapie und davon abgeleitet die Behandlungsansätze wurden an Erwachsenen und für Erwachsene entwickelt und im Verlauf der Zeit auf Kinder übertragen. Dass Kinder jedoch nicht einfach „kleine Erwachsene“ sind, zeigen die nachfolgenden Punkte:

- Das Kind lebt in einem System (Familie, Schule).
- Die Anmeldung erfolgt vorwiegend über die Eltern.
- Die kognitive Entwicklung des Kindes muss berücksichtigt werden.

Wie bereits im Kapitel zur Diagnostik aus der häufigen Nicht-Übereinstimmung von Kind- und Elternaussagen zu sehen war, ist es auch in der Therapie so, dass mehrere Beteiligte die Therapie nicht immer vereinfachen. Mit Eltern sind klare Abmachungen vorzunehmen, in welchem Umfang sie in die Therapie miteinbezogen werden (vgl. Abschnitt Therapieforschung). Je jünger die Kinder sind, desto stärker sollten die Eltern in die Therapie einbezogen werden. Mit Jugendlichen sollte angesprochen werden, dass der Therapeut der Schweigepflicht unterliegt und die Informationen des Jugendlichen nur mit seiner Erlaubnis an die Eltern weitergegeben werden, mit Ausnahme von Aussagen zu Selbst- oder Fremdverletzung.

Der Aufbau einer vertrauensvollen Beziehung ist besonders relevant, wenn man bedenkt, dass das Kind möglicherweise keinen Behandlungsbedarf bei sich sieht und daher auch keine Therapiemotivation aufbringt (vgl. Abschnitt Beziehungsaufbau). Manchmal können Kinder die Therapie auch als Bestrafung für ihr „böses“ Verhalten sehen. Weiter ist zu berücksichtigen, dass Kinder wenig Vorstellung darüber haben, wie eine Psychotherapie abläuft und was von ihnen erwartet wird, daher ist eine gründliche Psychoedukation im

Rahmen der Therapie für das Verständnis und die weitere Zusammenarbeit wesentlich. Im Unterschied zu Erwachsenen, welche sich vorwiegend selber für eine Psychotherapie entscheiden und anmelden, werden Kinder und Jugendliche meistens zugewiesen, so dass es verständlich ist, dass diese andere oder auch keine Therapieziele haben. Das Besprechen der Therapieerwartungen mit Kindern, Jugendlichen und Eltern verringert die Wahrscheinlichkeit einer frühzeitigen Therapiebeendigung oder von Therapiemisserfolgen und verstärkt die therapeutische Beziehung. Studien haben gezeigt, dass Therapieerwartungen die Qualität der Beziehung beeinflussen. Eine gute Beziehung kann sich vor allem dann entwickeln, wenn die Therapieerwartungen realistisch sind.

8.2 Aufbau der therapeutischen Beziehung

Für den Aufbau einer therapeutischen Beziehung sollte ausreichend Zeit investiert werden. Zentral ist sicherlich, dass das Kind ernst genommen und mit Respekt behandelt wird. Es gibt zahlreiche Herangehensweisen. Einige bewährte Beispiele werden an dieser Stelle beschrieben. In formeller Hinsicht kann es günstig sein, direkt neben dem Kind oder an einem Tisch über die Ecke zu sitzen. Bei ängstlichen und zurückhaltenden Kindern sollte wiederholt betont werden, dass es keine richtigen oder falschen Antworten gibt und dass jeder Mensch anders ist. Indem der Therapeut „Fehler" macht und diese auch zugibt, kann den Kindern aufgezeigt werden, dass jeder zwischendurch Fehler macht, sogar der Therapeut (siehe auch Abschnitt Hausaufgaben). Um Kinder für die Mitarbeit in der Therapie zu ermuntern, kann ein Perspektivenwechsel hilfreich sein (z. B. „Stell dir vor, dein Freund hätte das Problem, was würdest du ihm raten?").

Um nicht nur über die Problematik des Kindes zu sprechen, sollte der Therapeut Interesse an den Hobbies und sonstigen Aktivitäten des Kindes zeigen und sich auskennen, was im Moment „in" ist.

Die bereits angesprochene Transparenz und Strukturiertheit der Therapie hilft den Kindern und Eltern zu erkennen, dass der Therapeut weiß, was er tut. Zudem wird damit „Psychotherapie" normalisiert und entstigmatisiert.

Falls die Therapie im Gruppenformat durchgeführt wird, ist, für eine gute Arbeitsatmosphäre, die Erarbeitung von Gruppenregeln relevant (siehe **Box 8.2**).

Für das Kennenlernen haben sich folgende Spiele bewährt:

- Steckbrief, der gegenseitig abgefragt und ausgefüllt wird.
- Eine Postkarte aussuchen und etwas über sich erzählen.

Im Gruppensetting:

- Einen Ball oder Wollknäuel werfen und Fragen stellen.
- Kleingruppen, welche sich so rasch wie möglich in der jeweiligen Reihenfolge ordnen (z. B. alphabetisch nach Name, Alter, Größe).

Box 8.2: Gruppenregeln

- Erscheine regelmäßig und pünktlich zu den Gruppensitzungen.
- Höre aufmerksam zu.
- Außerhalb der Gruppe reden wir nicht über andere Gruppenmitglieder.
- Wir lachen niemanden aus.
- Sei ein aktives Gruppenmitglied – frage, wenn du etwas nicht verstehst. Es gibt keine blöden Fragen!
- Niemand muss reden – alle dürfen reden.
- Lass andere Gruppenmitglieder ausreden.
- Unterstütze die anderen.

Zwischen der Qualität der therapeutischen Beziehung und dem Therapieerfolg wurde bei Kindern mit Angststörungen kein Zusammenhang gefunden (Kendall et al., 1997). Hingegen scheint der Einbezug der Kinder in die Therapie mit dem Therapieerfolg zusammenzuhängen (Chu & Kendall, 2004). Zusammengefasst kann man aus den Ergebnissen festhalten, dass eine gute therapeutische Beziehung es wahrscheinlicher macht, dass die Therapie beendet wird, jedoch nicht eine Symptomveränderung vorhersagt. Eine andere Interpretation ist, dass eine „ausreichend gute" therapeutische Beziehung für eine erfolgreiche Therapie wichtig ist, aber eine hervorragende Beziehung zu keinen besseren Ergebnissen führt. Ziel sollte daher sein, eine gute Beziehung aufrechtzuerhalten, welche die Motivation des Patienten erhöht und ihn in die Therapie miteinbezieht. Der Therapeut muss sich demnach nicht allzu viele „Sorgen um den Therapieerfolg" machen, wenn die Beziehung nicht zu allen Patienten perfekt ist.

8.2.1 Motivation

Zur Erhöhung der Therapiemotivation des Kindes kann die „Wunderfrage" gestellt werden: „An was würdest du es merken, wenn eine Zauberfee in der Nacht all deine Ängste und Sorgen wegnehmen würde?" oder„Was würdest du tun, wenn du keine Ängste oder Sorgen mehr hättest?"

Bei Jugendlichen, die unfreiwillig zur Therapie kommen, kann zunächst eine Verpflichtung für ein paar Sitzungen vereinbart werden. Dann wird gemeinsam geschaut, ob die Therapie für den Jugendlichen hilfreich ist und die Therapie weitergehen soll. Des Weiteren ist es wichtig, einen persönlichen Grund für die Teilnahme an der Therapie zu finden (z. B. die Symptome oder Probleme, die das Kind am meisten stören). Es kann auch vereinbart werden, dass der Therapeut hilft, daran zu arbeiten, dass die Eltern nicht mehr „motzen" (z. B. „Wenn du schon hier bist, sollten wir die Zeit nutzen. Wir könnten ein paar Strategien erarbeiten, damit dich deine Eltern nicht mehr ärgern."). Oder man kann die Kinder dahingehend zur Mitarbeit gewinnen, indem sie bei Fortschritten nicht mehr in die Therapie kommen müssen.

8.2.2 Verstärker

In der Therapie mit Kindern sind Verstärker hilfreiche Hilfsmittel, einerseits zur Motivation und andererseits als Anerkennung der Bemühungen des Kindes, die Angst anzugehen. Dabei gibt es einige Punkte zu beachten.

Verstärker wirken, wenn sie sofort erfolgen, sowohl zeitlich wie auch inhaltlich. Zunächst sollten kleine Schritte, die erreichbar sind, belohnt werden. Es sollte sicher gestellt sein, dass das Kind weiß, wofür es belohnt wird. Dafür muss das erwünschte Verhalten so genau wie möglich beschrieben werden. Bei der Auswahl der Verstärker kann zwischen materiellen und sozialen Verstärkern unterschieden werden. Die Erfahrung zeigt, dass soziale Verstärker (z. B. zusätzliche Spielzeit mit einem Elternteil, Familienausflug, Lieblingsessen) häufig mehr Wert haben als materielle Verstärker (z. B. ein kleines Spielzeug oder ein Buch). Bei materiellen Verstärkern sollte immer auch gelobt werden. Eine weitere Möglichkeit, Verstärker einzusetzen, ist, dass das Kind Punkte oder Smilies sammeln kann und bei Erreichen der vereinbarten Punktzahl eine abgesprochene Belohnung erhält.

Die Aufgabe des Therapeuten ist dabei, sicherzustellen, dass das Kind die Belohnung erhält und gegebenenfalls die Eltern dazu aufzufordern, ihre Vereinbarung einzuhalten. Das Kind macht so die Erfahrung, dass der Therapeut auf seiner Seite ist und sich für seine Interessen wirklich einsetzt.

8.3 Vorgehen bei Komorbidität

In Therapiestudien werden vor und nach der Therapie neben störungsspezifischen Bereichen auch andere Störungsbereiche erfasst. Es kann festgehalten werden, dass sich bei der Therapie von Angststörungen auch im Bereich der depressiven Symptomatik Verbesserungen zeigen (In-Albon & Schneider, 2007). Dieser Effekt wurde von Kendall et al. (1998) als „treatment spillover" bezeichnet. Dieser Effekt ist auch bei der Therapieplanung zu berücksichtigen. Bei Kindern mit komorbiden Störungen sollte zunächst die primäre Störung störungsspezifisch behandelt werden. Falls am Ende der Therapie noch klinisch relevante Symptome von anderen Störungsbereichen vorliegen, können diese im Anschluss behandelt werden. Bei komorbiden Angststörungen können auch verschiedene Ängste innerhalb einer einzigen Hierarchie angesprochen werden.

Sind neben der Angststörung noch weitere Diagnosen erfüllt, können die folgenden Punkte bei der Auswahl der ersten Behandlungsschritte miteinbezogen werden:

- Was ist die stärkste Beeinträchtigung im alltäglichen Leben (Schule, Freizeit, zu Hause)?
- Welches Problem kann schnell und verhältnismäßig einfach angegangen werden? Rasche Verbesserungen können die Motivation steigern, weitere Problembereiche anzugehen.

- Welche Probleme können gleichzeitig angegangen werden?
- Für welches Problem ist die Motivation des Patienten am größten?

Kinder mit Angststörungen und komorbidem *Oppositionellem Trotzverhalten* können häufig parallel mit Verhaltensplänen in Zusammenarbeit mit den Eltern angegangen werden. Das oppositionelle Verhalten ist häufig auch eine Folge der Angststörung, da unter allen Umständen vermieden wird, eine angstauslösende Situation aufsuchen zu müssen. In diesem Falle wird das oppositionelle Verhalten gewöhnlich nach der Behandlung der Angststörung abnehmen.

Bei Kindern mit komorbider *ADHS* ist aufgrund ihrer leichten Ablenkbarkeit eine individuelle Therapie einer Gruppenbehandlung vorzuziehen. Kinder mit komorbider ADHS profitieren von einer strukturierten Lernumgebung. Falls auch Eltern Anzeichen von ADHS aufweisen, was aufgrund der Erblichkeit häufig vorkommt, sollte die Familie in organisatorischen Belangen unterstützt werden, damit die Therapiesitzungen regelmäßig stattfinden können. Kombinationsbehandlungen mit Stimulanzien sind häufig, sollten aber kontinuierlich überprüft werden, da bei Kindern mit Angststörungen und ADHS die Medikation häufig weniger gut wirkt als ohne vorliegende Komorbidität (Pliszka, 1989). Dieser Effekt konnte jedoch in der MTA Studie nicht bestätigt werden (March et al., 2000).

8.4 Kombinationstherapien

8.4.1 Kognitive Verhaltenstherapie und weitere Psychotherapien

Die Durchführung von parallelen Therapien wird für das Kind nicht empfohlen. Zum einen ist die zeitliche Belastung für das Kind meist zu hoch und zum anderen kann mehr Therapie zu Widerständen des Kindes führen. Zu einer Kombination von Psychotherapien kann es kommen, wenn das Kind in eine Langzeittherapie (z. B. Psychodynamisch und Spieltherapie) eingebunden ist und dann für eine Kognitive Verhaltenstherapie (KVT) angemeldet wird. Die Empfehlung in diesem Falle ist eine Unterbrechung der Langzeittherapie für die Dauer der KVT oder zumindest eine Frequenzminderung der Sitzungen. Diese Vorgehensweise reduziert die Gefahr der Stigmatisierung und den Aufwand für das Kind und die Eltern. Eine Unterbrechung bedeutet ja nicht, dass nicht weiterhin von der Langzeittherapie profitiert werden kann. Ein weiterer Faktor, welcher gegen die Durchführung parallel verlaufender Therapien spricht, ist, dass verschiedene Therapien nicht notwendigerweise die gleichen Informationen vermitteln und sich daher möglicherweise widersprechen.

8.4.2 Kognitive Verhaltenstherapie und Psychopharmakotherapie

Wie die Psychotherapie hat die medikamentöse Therapie ihre Vor- und Nachteile. Eine Entscheidung für oder gegen eine Psychopharmakotherapie sollte daher sorgfältig abgewogen werden. Wichtig anzumerken ist, dass eine alleinige medikamentöse Behandlung nicht durchgeführt werden sollte. Die Ergebnisse vieler Therapiestudien haben gezeigt, dass für eine langfristige Wirksamkeit der Therapie zumindest die Kombinationsbehandlung, also der Einbezug von Psychotherapie, entscheidend ist.

Bei sehr schwer beeinträchtigten Kindern mit Angststörungen können SSRIs (siehe **Box 8.3**) den Beginn einer Therapie ermöglichen und schneller zu einer Besserung beitragen (siehe CAMS Ergebnisse).

Der Nachteil von Medikamenten kann sein, dass sie „zu gut" wirken und die Verbesserung der Symptome nur dem Medikament und nicht den Ergebnissen der Psychotherapie zugeschrieben wird. Dies vermindert die Motivation, die Expositionsübungen durchzuführen und erhöht somit die Rückfallgefahr. Ein allgemein übergeordnetes Therapieziel ist der Aufbau einer guten Selbstwirksamkeitsüberzeugung und von Selbstbewusstsein, welche dem Kind helfen selbstständig mit der Angst umzugehen. Wird die Angstverminderung nur der Wirkung der Medikamente zugeschrieben, ist die langfristige Angstfreiheit, vor allem beim Absetzen der Medikamente, fraglich. In Zusammenarbeit mit dem Psychiater kann die Dosis reduziert werden. Falls die Medikationseinnahme vor der Psychotherapie begonnen wurde, sollte zu Beginn der Psychotherapie die Dosis stabil sein. Dann können die zusätzlichen Effekte der Psychotherapie vom Kind und von den Eltern erkannt werden. Wichtig ist dabei die kontinuierliche Beobachtung.

Als Informationsblatt für Kinder zur Vergabe von Psychopharmaka wird auf das Buch „Medikament für die Kinderseele. Ein Ratgeber zu Psychopharmaka im Kindes- und Jugendalter" von Rothenberger und Steinhausen (2005) verwiesen. In **Box 8.4** wird eine Studie zur Einstellung von Eltern zu Verhaltenstherapie und Psychopharmka vorgestellt.

Box 8.3: SSRI

Selektive Serotonin-Wiederaufnahmehemmer (SSRI) sind Antidepressiva, welche die Wiederaufnahme des Neurotransmitters Serotonin in die Präsynapse hemmen und so dessen Konzentration im synaptischen Spalt erhöhen, wodurch das Erregungsniveau des zentralen Nervensystems gesteigert wird. Im Vergleich zu älteren Psychopharmaka sind die Nebenwirkungen geringer, am häufigsten betreffen diese den Magen-Darm-Trakt. Die unerwünschten Wirkungen treten vor allem in den ersten Tagen der Einnahme auf. Die Wirkung der SSRIs tritt mit einer Verzögerung von bis zu acht Wochen ein. Für Kinder und Jugendliche sind die SSRIs bei Depressionen oder Angststörungen nicht zugelassen. Einzig für die Behandlung von Zwangsstörungen

liegt eine Zulassung vor. Die Vergabe von SSRIs an Kinder ist somit ein sog. individueller Heilversuch („off-label").
Dass SSRIs das Risiko für Suizidhandlungen erhöhen, kann gemäß neuesten Erkenntnissen (nach der Black Box Warnung von 2004) als nicht bestätigt betrachtet werden (z. B. Bridge et al., 2007; TADS, 2007).

Box 8.4: Einstellung von Eltern zu Verhaltenstherapie und Psychopharmaka

Brown und Kollegen (2007) befragten 71 Eltern, welche Hilfe für ihre Kinder mit Angststörungen aufsuchten, wie sie die Verhaltenstherapie und psychopharmakologische Behandlung Akzeptanz, Wirksamkeit und Glaubhaftigkeit einschätzen. Während die Eltern beide Therapien als positiv einschätzten, wurde die Verhaltenstherapie als akzeptabler, glaubhafter und über kurz- und langfristig als wirksamer eingeschätzt. Therapieerfahrung der Eltern hatte insofern einen Einfluss, als Eltern mit Verhaltenstherapie-Erfahrung mit oder ohne Kombination mit Psychopharmaka eine medikamentöse Behandlung mehr akzeptierten, als Eltern ohne Therapieerfahrung. Zusammengefasst weisen die Ergebnisse darauf hin, dass Eltern von Kindern mit Angststörungen die Verhaltenstherapie gegenüber der medikamentösen Therapie für die Behandlung der Angststörung ihrer Kinder bevorzugen.

8.5 Erstgespräch

Im Erstgespräch mit dem Kind und den Eltern sollten folgende Punkte erwähnt werden:

- Rahmenbedingungen
- Ablauf/Aufbau der Sitzung – Rahmen vorgeben. Organisatorisches (z. B. Erreichbarkeit per Telefon, E-Mail)
- Schweigepflicht
- Ziele der Therapie
- Fragen und Erwartungen
- Erfassung von Ressourcen und Kompetenzen des Kindes und seines Umfeldes

Eine Frage, die häufig gestellt wird, ist, wer für das Erstgespräch eingeladen wird. Meiner Erfahrung nach sollten das Kind und die Eltern eingeladen werden. Der Therapeut sollte das Kind von Anfang an miteinbeziehen. Falls unterschiedliche Problemsichtweisen vorliegen, zeigen sie sich bereits beim Erstgespräch. Zudem erhält man einen ersten Einblick in die Interaktionen zwischen den Familienmitgliedern.

Zur Gesprächseröffnung ist es für Familien angenehm, wenn der Therapeut zunächst die Struktur des Gesprächs angibt, die Familie für das Kommen lobt und berichtet, was bereits bekannt ist, so dass alle auf dem gleichen Wissensstand sind. Um das Vertrauen des Kindes zu gewinnen, sollte sich dann der Therapeut mit einer einfachen, eher allgemeinen Frage an das Kind wenden (z. B. „Wer hatte die Idee hierher zu kommen? Warst du einverstanden?"). Damit wird dem Kind gegenüber Interesse gezeigt und Verständnis entgegengebracht, falls es nicht kommen wollte. Das Ziel des Erstgesprächs sollte neben organisatorischen Angelegenheiten der Aufbau einer vertrauensvollen therapeutischen Beziehung und die Vermittlung realistischer Erwartungen (z. B. kein Wundermittel, aktive Mitarbeit des Kindes und der Eltern notwendig) und Zielsetzungen sein. Das Therapeutenverhalten sollte strukturiert und durch eine aktive Anteilnahme geprägt sein.

Fazit – Therapievoraussetzungen

Prinzipiell gelten für die Angstbehandlung mit Kindern die gleichen Techniken wie für die Behandlung Erwachsener, entscheidend dabei sind die Kommunikation und die an die Entwicklung des Kindes angepasste Umsetzung. Faktoren, die auch wesentlich sind für den Aufbau einer guten therapeutischen Beziehung. Für eine respektvolle therapeutische Beziehung ist es wichtig, die kleinen und grösseren Patienten ernst zu nehmen. Dies kann beispielsweise dadurch gezeigt werden, dass Eltern und Kind zum Erstgespräch eingeladen werden.

Falls das Kind zusätzlich zur Angststörung komorbide Störungen hat, sollte abgewägt werden, bei welchem Problem das Kind die grösste Veränderungsmotivation aufweist.

Bei Kombinationstherapien ist sorgfältig abzuwägen, ob die zeitliche Belastung und mögliche Verwirrungen durch unterschiedliche Aussagen für das Kind nicht eine Überforderung darstellen.

9 Behandlung von Angststörungen oder wie der Angst Angst eingejagt werden kann!

„Man kann eine Angewohnheit nicht einfach zum Fenster hinauswerfen. Man muss sie Schritt für Schritt die Treppe hinunterboxen."
(Mark Twain)

Dieses Zitat verweist bereits darauf, dass die Behandlung von Angststörungen Zeit, Motivation und Ausdauer von den Betroffenen erfordert, aber es sehr wohl möglich ist, gegen „Angewohnheiten" anzugehen.

Übergeordnetes Ziel der Behandlung ist, neben der Bewältigung der Angst und dem Abbau des Vermeidungsverhaltens, die Förderung der Selbstwirksamkeitsüberzeugung und die Steigerung des Selbstvertrauens. Diese Faktoren sind für einen langfristigen Therapieerfolg entscheidend.

In der Therapie von Angststörungen sind die Standardkomponenten, die durchgeführt werden sollten, die folgenden:

- Psychoedukation
- Kognitive Umstrukturierung
- Konfrontation in vivo
- Rückfallprophylaxe

Folgende Komponenten, die individuell auf das Kind angepasst werden sollten, können zusätzlich durchgeführt respektive gefördert werden:

- Entspannungsverfahren
- Emotionale Kompetenzen
- Soziale Kompetenzen

Nach der Beschreibung der Struktur der einzelnen Sitzungen werden die Therapiekomponenten ausführlich beschrieben.

9.1 Struktur der Sitzungen

Nach der Begrüßung sollte jede Sitzung mit einem Überblick beginnen. Dabei wird kurz auf die letzte Sitzung zurückgeblickt und es werden angefallene Fragen oder Unklarheiten geklärt. Ein wichtiger Punkt ist das Besprechen der

Hausaufgaben. Durch deren regelmäßige Besprechung wird dem Kind die Wichtigkeit der Hausaufgaben vermittelt. Je nach Sitzung erfolgen dann Informationen und Techniken zum Umgang mit Ängsten oder Konfrontationsübungen. Am Ende der Sitzung werden die wichtigsten Inhalte zusammengefasst. Am besten lässt man das Kind die Sitzung zusammenfassen, so wird für den Therapeuten ersichtlich, ob es das Wesentliche verstanden hat. Gegebenenfalls ergänzt der Therapeut die Zusammenfassung oder klärt Unklarheiten auf. Zum Abschluss werden die neuen Hausaufgaben besprochen. Um zu schauen, ob das Kind die Hausaufgaben verstanden hat, kann es gebeten werden, die Hausaufgaben den Eltern zu erklären. Die Sitzung sollte einen positiven Abschluss haben, beispielsweise indem mit dem Kind ein Spiel seiner Wahl durchgeführt wird. **Box 9.1** beschreibt die einzelnen Schritte einer Sitzung.

Box 9.1: Struktur der Sitzungen

1. Hausaufgaben besprechen – bei guter Erledigung Verstärker einsetzen
2. Aufbau der heutigen Sitzung, Zustimmung des Kindes
3. KVT Fertigkeiten
4. Übung dieser Fertigkeiten
5. Neue Hausaufgaben besprechen, Rückfragen beantworten
6. Einige Minuten Zeit, um zu tun, was das Kind möchte (z. B. Spielzeit)
7. Gegebenenfalls: Rückmeldung und Rücksprache mit den Eltern

9.2 Psychoedukation

Falls nicht bereits geschehen, sollte dem Kind und den Eltern das Ergebnis der diagnostischen Untersuchung mitgeteilt werden. Für die Betroffenen ist es häufig sehr entlastend, zu wissen, dass das Problem einen Namen hat, es behandelt werden kann, und dass es noch andere Kinder mit demselben Problem gibt. Die typischen Symptome der entsprechenden Angststörung können genannt und mit den Symptomen des Kindes verglichen werden.

Interaktiv sollten zunächst *allgemeine Informationen* über Angst vermittelt werden, beispielsweise wovor man alles Angst haben kann. Ein wichtiger Punkt ist, das Kind über normale und krankhafte Angst sowie den Sinn der Angst als etwas Überlebensnotwendiges aufzuklären. Kinder mit Ängsten sehen die Angst sehr häufig nur noch als etwas Schlechtes oder Schlimmes. Es sollte jedoch herausgearbeitet werden, dass zum Beispiel im Straßenverkehr oder vor Prüfungen ein gewisses Maß an Angst respektive Nervosität normal und gut ist. Im Sinne des Prinzips, die Betroffenen zu Experten ihrer eigenen Problematik zu machen, können auch Fakten wie Häufigkeiten von Angststörungen vermittelt werden. Damit wird aufgezeigt, dass das Kind mit seinem Problem nicht alleine ist und es sehr wahrscheinlich in seiner Schule noch andere Kinder gibt, die auch „zu viel“ Angst haben.

Für die Psychoedukation sind je nach Alter des Kindes anschauliche Bildmaterialien wie beispielsweise Broschüren („Nur keine Panik!“, Schneider & Borer, 2007), Bücher (z. B. Boie, 2001; Bohdal, 1996), Hörspiele (z. B. „Jakob der Angstbändiger“, Meyer-Glitza, 2005) oder Filme (z. B. „Ice Age II“, 2006; siehe **Box 9.2**) empfehlenswert (vgl. auch **Kap. 10.2**).

Zusätzlich zur Informationsvermittlung ist ein Ziel der Psychoedukation eine Normalisierung der Angst und deren Erscheinungsbildes. Wichtig dabei ist auch zu vermitteln, dass es nicht darum geht, keine Angst mehr zu haben, da eben ein gewisses Maß an Angst notwendig ist, sondern es darum geht, die „zu viel“ Angst loszuwerden, so dass das Kind alles, was es gerne machen möchte, auch tun kann.

Box 9.2: Ice Age II

Im Spielfilm „Ice Age II – Jetzt taut's“, in dem die Erderwärmung nach der Eiszeit thematisiert wird, müssen sich die Urzeitentiere vor der Gefahr des Hochwassers retten. Auf der Flucht wachsen alle Tiere über sich hinaus. Das oft verspottete Faultier gewinnt durch die Verehrung eines Volkes von Minifaultieren an Selbstvertrauen. Eindrücklich ist die Darstellung des majestätischen Säbelzahntigers, der im Film seine Angst vor Wasser bekämpft. Gegen Ende des Films, wo seine Freunde zu ertrinken drohen, stürzt sich der Tiger – nachdem er sich selber Mut zugesprochen hat – in die Fluten, um seine Freunde zu retten.

Ein wesentlicher Bestandteil der Psychoedukation ist die Vermittlung des *3-Komponenten-Modells* der Angst. Die drei Komponenten Gedanken, Körpersymptome und Verhalten sowie deren Zusammenhänge können mit Fragen nach Erfahrungen des Kindes aufgezeigt werden. Beispielfragen können wie folgt lauten: „Wenn du Angst hast, spürst du dann etwas in deinem Körper?“ oder „Was machst du, wenn du viel Angst hast?“. Die Frage nach den Gedanken, z. B. „Was geht dir durch den Kopf, wenn du ängstlich bist?“, ist für Kinder oft schwierig zu beantworten. Es kann hilfreich sein, wenn sich das Kind an eine kürzlich stattgefundene Situation, in der es Angst hatte und sich Sorgen machte, erinnert und sich in diese Situation hineinversetzt. Der Zusammenhang von Gedanken und körperlichen Symptomen lässt sich gut mit der Verhaltensübung „Zitrone“ aufzeigen (siehe **Box 9.3**).

Box 9.3: Verhaltensübung Zitrone

Therapeut: „Stell dir eine schöne, gelbe Zitrone vor, die in vier Viertel geschnitten ist. Kannst du dir die Zitrone vorstellen? Nun stell dir vor, wie du in die saftige Zitrone hineinbeißt.“
Bei der Mehrzahl der Kinder ziehen sich die Gesichtsmuskeln zusammen. Anhand der Übung lässt sich eindrücklich zeigen, wie ein Gedanke körperliche Symptome auslösen kann.

Gemeinsam mit dem Kind kann besprochen werden, wozu die einzelnen Körpersymptome hilfreich sein können. Die Funktion der Körpersymptome der Angst kann Kindern als etwas sehr Altes, Evolutionäres erklärt werden: Da früher bei Gefahr mit Kampf oder Flucht reagiert wurde, musste sich auch der Körper darauf einstellen. So erhöht sich bei Angst der Herzschlag, um die Muskeln mit genügend Blut zu versorgen, so dass man schnell (weg-)laufen kann. Man wird blass, da das Blut vor allem in den wichtigen Organen behalten wird, damit man bei kleineren Verletzungen nicht verblutet. Das Schwitzen kann dazu dienen, es während eines Kampfes für den Gegner schwierig zu machen, nach einem zu greifen, da er aufgrund der glitschigen Haut immer wieder abrutscht (siehe auch Paul, 2004). Solche Beispiele sind für Kinder anschaulich und unterhaltend.

Das *Erklärungsmodell* der Angststörung ist vor allem ein Bestandteil für die Therapie mit Jugendlichen und den Eltern. Wichtig dabei ist, herauszuarbeiten, dass es viele mögliche Faktoren gibt, die zu einer Störung führen können. Es sollte beachtet werden, dass die meisten Eltern ihre eigenen Gedanken oder eigene Theorien darüber haben, und dass diese vom Therapeuten aufgenommen werden sollten. Die Empfehlung für das konkrete Vorgehen ist, zunächst nach den eigenen Überlegungen der Jugendlichen und Eltern zu fragen. Ziel sollte sein, von möglichen Schuldgefühlen zu entlasten.

Nach der Schilderung der Überlegungen der Betroffenen kann zunächst vermittelt werden, dass die Frage nach den Ursachen von Angststörungen zu den großen Forschungsfragen gehört und derzeit das „Rezept" für eine Angststörung noch unklar ist. Was bisher nachgewiesen werden konnte, sind einzelne Faktoren, die möglicherweise bei der Entstehung der Angststörung eine Rolle gespielt haben (z. B. Lernerfahrungen, traumatische Erlebnisse, psychische Störungen der Eltern, Temperament des Kindes, Erziehungsverhalten). Hervorzuheben ist auch, dass den Eltern nicht einfach die Schuld zugewiesen werden kann, da auch das Kind mit seinem Temperament und seinem Verhalten bei den Eltern ein bestimmtes Verhalten auslöst. Falls das Kind mit der Angstproblematik Geschwister hat, kann nachgefragt werden, ob eines davon auch ähnliche Probleme hat, und wie sich die Eltern bei diesem Kind in bestimmten Situationen verhalten. Häufig bemerken die Eltern, dass sie selber nicht generell Ängste aufrechterhalten, sondern dass auch ihr Verhalten durch die Interaktion mit dem Kind geprägt ist. Abschließend sollte betont werden, dass diese ursächlichen Faktoren an dieser Stelle nicht mehr zu verändern sind. Für die Therapie ausschlaggebend sind die aufrechterhaltenden Faktoren, die den Teufelskreis der Angst ansprechen (vgl. In-Albon, 2011 für Materialien).

Diese Informationen stellen die Grundlage dafür dar, das Kind anzuleiten, eigene Symptome der Angst, Befürchtungen und Bewältigungsstrategien zu benennen.

Als eine erste Aufgabe kann dem Kind ein Angsttagebuch ausgehändigt werden (siehe **Box 9.4** und **Abb. 9.1**). Dem Kind sollte vermittelt werden, dass das Ausfüllen zwar Zeit kostet, man damit aber Auslöser für Ängste erkennen und Veränderungen während der Therapie sichtbar machen kann (siehe Hausaufgaben).

Fazit – Inhalte der Psychoedukation

- Diagnostische Rückmeldung
- Allgemeine Informationen zu den Angststörungen
- 3-Komponenten-Modell der Angst
- Erklärungsmodell
- Teufelskreis der aufrechterhaltenden Faktoren

9.3 Kognitive Interventionen

Ziel der kognitiven Umstrukturierung ist der Abbau der überschätzten Wahrscheinlichkeit, dass negative Ereignisse eintreten und diese Ereignisse negative Konsequenzen haben sowie der Aufbau und die Stärkung positiver, realistischer Gedanken.

Wichtig ist dabei, die Gedanken des Kindes nicht als falsch und komisch abzuwerten, sondern mit Hilfe des sokratischen Dialogs das Kind darauf zu bringen, dass seine bisherigen Gedanken wenig hilfreich waren und dazu beigetragen haben, die Ängste aufrechtzuerhalten. Zur Unterscheidung von hilfreichen und nicht hilfreichen Gedanken siehe auch „Die Schatzsuche“ im Kapitel Computerspiele in der Verhaltenstherapie.

9.3.1 Einfluss von Gedanken

Nachdem die drei Komponenten der Angst bereits eingeführt sind, sollte der Zusammenhang der Komponenten wiederholt werden. Es kann beispielsweise mit Hilfe von Cartoons herausgearbeitet werden, dass in einer Situation verschiedene Gedanken auftreten können. Die Konsequenzen dieser Gedanken, das Gefühl und das Vermeidungsverhalten werden anhand der verschiedenen möglichen Gedankengänge erörtert.

Mehrdeutige Bilder können zum Beispiel ein Kind mit einem Hund darstellen, ein Kind, das vor einer Schule steht oder ein Kind mit einer Uhr. Bei jeder dieser Situationen können unterschiedliche Gedanken zu unterschiedlichen Gefühlen führen: Das Kind, welches denkt, der Hund will mich beißen, wird sich eher ängstlich fühlen und körperliche Symptome wie Herzklopfen und/ oder Bauchschmerzen haben und den Hund vermeiden. Im Vergleich dazu fühlt sich ein Kind, welches denkt, der Hund will mit mir spielen, ok. Es wird wohl keine körperlichen Symptome haben und möglicherweise mit dem Hund spielen. In einer Situation, wo ein Kind mit einer Uhr dargestellt ist, kann das Kind einerseits denken, dass seiner Mutter etwas Schlimmes passiert ist. Es wird sich dadurch verständlicherweise ängstlich fühlen, körperliche Symptome haben und es zukünftig vermeiden, von der Mutter getrennt zu sein. Im Vergleich dazu kann ein Kind in derselben Situation denken, dass seine Mutter den Bus verpasst hat und deshalb etwas verspätet ist. Diesem Kind wird es, im Gegensatz zum Kind mit dem Gedanken, der Mutter ist etwas Schlimmes passiert, gut gehen.

9.3.2 Realitätsüberprüfung

Zur Realitätsüberprüfung der Angstgedanken müssen diese zunächst identifiziert werden, zum Beispiel mit Hilfe des *Angsttagebuchs* (siehe **Box 9.4**).

Box 9.4: Angsttagebuch

Für die Identifizierung von angstauslösenden Situationen, Gedanken und deren Konsequenzen ist das Angsttagebuch sehr hilfreich. Sich in der Therapiestunde retrospektiv an diese Komponenten zurückzuerinnern, ist schwierig, was dem Kind als Grund für das Tagebuch angegeben werden kann. Zusätzlich kann der Therapeut dem Kind vermitteln, dass er sehr am Befinden des Kindes außerhalb der Therapiestunde interessiert ist. Das Tagebuch kann auch als Fortschrittsbericht gesehen werden, da im Verlauf der Therapie immer weniger Situationen angstauslösend sein sollten. Die erste Zeile des Tagebuchs sollte gemeinsam ausgefüllt werden. Falls das Kind keine Situation nennen kann, können Beispielsituationen von anderen Kindern mit Ängsten genannt werden. Die Anzahl auszufüllender Spalten sollte dem jeweiligen Entwicklungsalter des Kindes angepasst werden. Das Kind sollte motiviert werden, das Tagebuch auszufüllen. Dementsprechend sollte diesem Aspekt zu Beginn der Therapie Aufmerksamkeit geschenkt werden (Siehe **Abb. 9.1**).

Datum (Anfang/Ende)	Angst (0–10)	Symptome	Wo? Wer? Was?	Gedanken
15:22	6	Herzrasen, Schwitzen, Angst, Kontrolle zu verlieren	Alleine zu Hause	Ich verliere die Kontrolle.

Abb. 9.1: Angsttagebuch

Je nach Alter des Kindes können negative Gedanken durch kognitive Umstrukturierung bearbeitet werden oder auch nur positive Gedanken aufgebaut werden.

Die Überprüfung und Modifikation der angstauslösenden Gedanken kann mit Hilfe eines Detektivs veranschaulicht werden. Zur Beweissuche für die Angstgedanken können beispielsweise folgende Fragen gestellt werden:

Was ist früher in dieser Situation geschehen? Häufig hat sich das Kind in der Situation schon mehrmals Gedanken über negative Konsequenzen gemacht. Es kann nun gefragt werden, was bisher geschah, beispielsweise, ob die Mutter schon einmal einen schweren Autounfall hatte. Wenn sich das Kind nur an negative Konsequenzen einer Situation erinnert, ist es wichtig, nach genauen Details der Situation zu fragen.

Was sind die Fakten? Wenn sich das Kind Sorgen darüber macht, dass bei der Familie eingebrochen wird, kann das Kind gefragt werden, wie viele Personen es kennt, bei denen bereits eingebrochen wurde. Das Kind könnte auch gefragt werden, wie viele Nächte es schon im Haus geschlafen hat und wie häufig eingebrochen wurde. Bei älteren Kindern kann man die Aufgabe erteilen, im Internet nach der Einbruchrate im entsprechenden Wohnviertel suchen, wobei dem Kind keine unrealistische 100%ige Sicherheit vermittelt werden sollte.

Was könnte sonst passieren? Häufig ist das Kind auf eine negative Konsequenz fokussiert, wobei ihm alternative Erklärungen fehlen. Das gewünschte Ziel ist, dass das Kind zur Schlussfolgerung kommt, dass die Wahrscheinlichkeit, mit der das befürchtete Ereignis auftreten könnte, eigentlich gering ist und es wahrscheinlicher ist, dass die Konsequenz viel weniger bedrohlich ist, als angenommen. Es kann beispielsweise sein, dass die Mutter wegen eines Verkehrsstaus nicht pünktlich zu Hause ist und nicht weil ein Unfall passierte.

Wie sehen das andere? Für Kinder kann es hilfreich sein, die Perspektive von anderen einzunehmen und versuchen auszumachen, wie diese die Situation einschätzen würden. Für jüngere Kinder kann eine Strategie sein, sich vorzustellen, wie „ihr" Detektiv oder sonst eine Heldenfigur die Situation betrachten würde.

9.3.3 Selbstinstruktionen

Neben alternativen Gedanken können auch Selbstinstruktionen erarbeitet werden, die helfen sollen, die angstauslösenden Situationen zu bewältigen. Die Selbstinstruktionen tragen zur Steigerung der Selbstwirksamkeit bei und können auf Karteikärtchen geschrieben oder gemalt werden. Beispiele für Selbstinstruktionen sind: „Ich bin mutig!", „Ich schaffe das!". Wichtig ist dabei zu beachten, dass die Selbstinstruktionen mit „Ich" beginnen, da es für die Selbstwirksamkeitsüberzeugung und das Selbstvertrauen wesentlich ist, dass das Kind sich die Angstbewältigung selber zutraut und zuschreibt. Bei jüngeren Kindern können auch mutmachende Objekte (z. B. Mut-Stein, Monsterspray) oder mutmachende Figuren (z. B. Superman, Pippi Langstrumpf) eingesetzt werden. Beim Basteln der Karteikärtchen oder Mutobjekte können Kinder ihrer Fantasie freien Lauf lassen. Diese Aufgabe wird häufig sehr von den Kindern gemocht. Auch Jahre nach der Therapie haben die Kinder diese Karten noch immer und bringen sie jeweils mit Stolz mit zu den Katamneseterminen.

9.3.4 Entkatastrophisieren

Mit dem Verfahren des Entkatastrophisierens wird überprüft, ob es sich beim Eintreffen der Befürchtung wirklich um eine „Katastrophe“ handeln würde. Mit der Frage „Was wäre, wenn...“ kann die Befürchtung hinterfragt werden. Es sollte jedoch darauf geachtet werden, dass die Sorge nicht verharmlost wird. Neben der Bedeutung der Katastrophe an sich ist auch die Bedeutung der Katastrophe für die Zukunft wichtig. Häufig werden die nahe liegenden Gedanken übersprungen, so dass mit der Frage „und dann?“ aufgezeigt werden kann, dass das Leben auch nach einer „Katastrophe“ weiter geht. Beispielsweise machen sich Kinder und Jugendliche häufig über Dinge sorgen, die noch Jahre entfernt sind, wie beispielsweise wegen einer schlechten Note, später einmal nicht an die Universität gehen zu können. Dabei kann es hilfreich sein, mit der Frage „und dann?“ über die „Katastrophe“ hinaus in die Zukunft zu schauen.

9.3.5 Vorhersage testen

Ein erster Schritt zur Konfrontation ist das Testen von Vorhersagen. Es beinhaltet das Herausfordern von negativen Vorhersagen und das Sammeln von „real-life“ Erfahrungen. Die Aufgabe besteht darin, sich der angstauslösenden Situation zu stellen, um herauszufinden, ob die Vorhersage wahr wird, und dabei hilfreiche Beweise gegen den angstauslösenden Gedanken zu sammeln. **Box 9.5** illustriert ein Beispiel.

Box 9.5: Beispiel Vorhersage testen

Benjamin macht sich jeden Morgen viele Sorgen, dass er zu spät in die Schule kommen wird. Seine Vorhersage „Ich werde große Schwierigkeiten bekommen.“ wird mit der Übung getestet, absichtlich zu spät zu kommen, um herauszufinden, ob seine Befürchtung tatsächlich eintritt. Üblicherweise ist der tatsächliche Ausgang nicht so schlimm, wie befürchtet. Diese Erfahrung liefert wichtige Beweise gegen den angstauslösenden Gedanken.

9.3.6 Wahrscheinlichkeitsüberschätzung

Die Überprüfung der Wahrscheinlichkeitseinschätzung ist eher bei älteren Kindern anzuwenden. Eine Möglichkeit Wahrscheinlichkeiten zu erklären, ist, das Kind zu fragen, wie wahrscheinlich verschiedene Ereignisse seiner Meinung nach auftreten (z. B. die Wahrscheinlichkeit auf einer Skala von Null bis100 %, im Lotto zu gewinnen, in der Schule eine gute respektive schlechte Note zu schreiben). Dem Kind kann vermittelt werden, dass ein Ziel der Arbeit an den Kognitionen ist, ihm zu helfen, die Wahrscheinlichkeit von guten und schlechten Ereignissen richtig einzuschätzen.

Die Wahrscheinlichkeitseinschätzung kann in einem Arbeitsblatt (siehe **Abb. 9.2**) festgehalten werden. Die verschiedenen Spalten erfassen den Gedanken, die Wahrscheinlichkeitseinschätzung, alternative Gedanken, Beweise und schließlich die neue Wahrscheinlichkeitseinschätzung, nachdem alternative Erklärungen gefunden wurden.

Gedanke?	**Wie wahrscheinlich ist der Gedanke? (0–100 %)**	**Alternative Gedanken?**	**Beweise?**	**Wie wahrscheinlich ist der Gedanke wirklich? (0–100 %)**
Meiner Mutter ist etwas Schlimmes passiert.	90 %	Sie hat den Bus verpasst. Sie hat eine Freundin getroffen.	Sie hat angekündigt, dass sie evt. etwas später nach Hause kommt. Sie ist allgemein eher vorsichtig.	40 %

Abb. 9.2: Arbeitsblatt Wahrscheinlichkeitseinschätzung

9.3.7 Bearbeitung dysfunktionaler Gedanken der Eltern

Aufgrund der familiären Häufung von Angststörungen haben Eltern von Kindern mit Angststörungen häufig auch dysfunktionale Gedanken. Falls solche Gedanken vorliegen, sollten diese mit den Eltern bearbeitet werden. Unter dysfunktionalen Gedanken der Eltern werden Annahmen und Befürchtungen der Eltern verstanden, die die Eltern daran hindern, das Kind in der Auseinandersetzung mit seiner unangemessenen Angst zu unterstützen. Beispiele für solche Gedanken sind: „Ich bin eine schlechte Mutter/ein schlechter Vater, wenn ich mein Kind in dieser Situation allein lasse", „Ich bin schuld, dass mein Kind ängstlich ist", „Mein Kind wird durch zu starke Angst für immer Schaden nehmen". Im Gespräch mit den Eltern werden die dysfunktionalen Gedanken systematisch auf ihren Realitätsgehalt überprüft und korrigiert. Es werden alternative Gedanken erarbeitet (z. B. „Das Bewältigen der Angst wird mein Kind stärken und selbstbewusster machen."). Dies soll den Eltern helfen, das Kind im späteren Teil der Therapie bei der Durchführung der Konfrontationsübungen angemessen zu unterstützen (siehe TAFF Manual, Schneider, in Vorbereitung).

Fazit – Inhalte kognitiver Interventionen

- Angsttagebuch
- Austausch angstauslösender Gedanken
- Aufbau positiver Gedanken
- Selbstinstruktionen
- Entkatastrophisieren
- Vorhersage testen
- Wahrscheinlichkeitsüberschätzung
- Bearbeitung dysfunktionaler Gedanken der Eltern

9.4 Konfrontationsverfahren

Ziel der Konfrontation ist die Vermittlung der Erfahrung, dass angstauslösende Situationen ertragen werden können, ohne dass die befürchteten Folgen eintreten. Für die erfolgreiche Durchführung der Konfrontationsübungen ist eine sorgfältige Vorbereitung entscheidend. Um den Verlauf der Übungen kontrollieren zu können, und damit das Kind seine Fortschritte auch visuell sieht, empfiehlt es sich, die Übungen schriftlich oder graphisch (Angstverlaufskurven siehe **Abb. 9.4**) festzuhalten. Dabei sollen die Übungssituationen und das Angstlevel vor Beginn der Übung und danach unter Berücksichtigung des Zeitverlaufs notiert werden. **Abbildung 9.3** zeigt ein Beispiel für ein Übungsblatt „Der Angst ins Gesicht schauen“.

Ich schaue der Angst ins Gesicht!

Was habe ich gemacht? ______________________________

Wie ängstlich war ich ______ vorher ______ nachher

Welche Belohnung bekam ich? __________________________

Was habe ich gelernt? ______________________________

Abb. 9.3: Übungsblatt „Ich schaue der Angst ins Gesicht!“

9.4.1 Angsthierarchie

Für das Erstellen einer Angsthierarchie kann als bildliche Vorlage eine Leiter oder ein Berg gewählt werden. Aus Erfahrung hat sich ein Berg als sehr geeignet herausgestellt. Ein Berg verweist darauf, dass der Weg zum Berggipfel anstrengend und der direkte Weg schwierig sein kann und man manchmal einen Schritt zurückgehen muss, um weiterzukommen. Wenn man dann jedoch auf dem Gipfel steht, hat man eine tolle Leistung erbracht und einen fantastischen Ausblick. Trotzdem darf man dann nicht leichtfertig werden, sondern muss mit Konzentration weitergehen, um wieder sicher unten anzukommen. Dies entspricht einer Therapie, bei deren Ende nicht einfach mit den Übungen aufgehört werden sollte.

Situationen, die beim Kind Angst auslösen, sind aus der Diagnostik, der Psychoedukation und dem Angsttagebuch bekannt und können in „leicht", „mittel" und „stark" angstauslösend eingeteilt werden. Es sollte versucht werden, so viele Situationen wie möglich, die unterschiedlich starke Angst auslösen, zu sammeln. Dabei kann es hilfreich sein, die Situationen zunächst auf Karteikarten zu schreiben, die dann für die Erstellung der Reihenfolge verschoben werden können. Nachdem die Reihenfolge erstellt wurde, werden am Fuße des Berges die leicht angstauslösenden Situationen eingetragen und die stark angstauslösenden beim Berggipfel. Üblicherweise wird die Angsthierarchie von Kind und Eltern getrennt erstellt und anschließend gemeinsam besprochen.

9.4.2 Konfrontationsrational

Zur Erklärung, weshalb man sich den gefürchteten Situationen stellen sollte, ist das Anwenden der graphischen Darstellung des Angstverlaufs hilfreich (siehe **Abb. 9.4**). Anhand von Beispielen individueller Lernverläufe im Alltag kann aufgezeigt werden, dass anfängliche Schwierigkeiten kontinuierlich abnehmen, je häufiger geübt wird. Dabei wird an bisherige Erfahrungen des Kindes angeknüpft. Es hat sich als hilfreich erwiesen, zwei bis drei grundsätzlich positive Lernerfahrungen des Kindes anzuschauen (z. B. Fahrradfahren, Schwimmen oder Musikinstrument spielen). Mit dem gleichen Verfahren werden dann angstauslösende Situationen mit dem Kind besprochen und graphisch aufgezeichnet und mit den bereits vorhandenen Kurven der Alltagssituationen verglichen. Dabei zeigt sich eine unterschiedliche Herangehensweise an die Situationen. Die Alltagssituationen werden immer wieder erlebt und sind dadurch einfacher zu bewältigen, wohingegen die angstauslösenden Situationen vermieden werden. Dabei sollte herausgearbeitet werden, dass das Vermeidungsverhalten die Angst kurzfristig reduziert, jedoch langfristig die Angst aufrechterhält und verstärkt. Zentral ist, dass das Kind selber erkennt, was es in angstauslösenden Situationen tun sollte: Kein Vermeidungsverhalten zeigen, sondern der Angst ins Gesicht schauen, und das immer und immer wieder – im Sinne von „Übung macht den Meister".

Dieser Komponente sollte genügend Zeit gewidmet werden. Das Kind muss das Rational, weshalb es sich der Angst stellen sollte, verstehen, bevor die Konfrontationsübungen begonnen werden. Um sicher zu gehen, dass das Kind das Rational verstanden hat, ist es empfehlenswert, das Rational vom Kind den Eltern erklären zu lassen.

Für die Durchführung der Konfrontationsübungen können folgende Regeln und Hinweise vereinbart werden:

- Flucht und Vermeidungsverhalten werden zu verhindern versucht. Dies tut der Therapeut, um dem Kind zu helfen, die Angst zu besiegen und nicht, weil er das Kind nicht mag. Falls das Kind trotz des Verhinderungsversuchs flüchtet, ist es wichtig, dass es sobald als möglich die angstauslösende Situation wieder aufsucht.
- Für den Erfolg der Konfrontation ist es wesentlich, dass die Übungen systematisch durchgeführt werden und die Sequenzen dicht genug aufeinander folgen.
- Das Kind sollte so lange in der angstauslösenden Situation bleiben, bis es merkt, dass die Angst von alleine geringer wird. Eltern müssen genügend Zeit für die Übungen einplanen.
- Nachdem die Vereinbarung zur Konfrontationsübung getroffen wurde, soll es vor der Übung zu keinen langen Diskussionen mit dem Kind kommen, ob dies nun der geeignete Zeitpunkt für eine Übung ist oder nicht. Je länger mit dem Beginn der Übung gewartet wird, desto schwieriger wird es für das Kind.
- Von Seiten des Therapeuten ist es wichtig, dass die Übungen individuell an die Symptomatik des Kindes angepasst werden und für die einzelnen Übungen genügend Zeit eingeplant wird.
- Falls das Kind durch ein Spiel stark von der Konfrontationsübung abgelenkt wird, sollte der Therapeut das Kind immer wieder daran erinnern und nachfragen, wie es mit der Angst steht sowie es evt. fragen, was die Angst seiner Meinung nach „versuchen“ könnte, um stärker zu werden.

Die erste Übung sollte sehr sorgfältig geplant werden, da diese für den weiteren Therapieverlauf entscheidend sein kann. Die erste Konfrontationsübung sollte beim Kind mittlere Angst auslösen. Ziel ist es, dass das Kind eine mittlere Angst verspürt, jedoch noch wichtiger, dass eine Angstreduktion ohne Vermeidungsverhalten erlebt wird. Im Gegensatz zur Angsttherapie bei Erwachsenen, wo sich die massierte Konfrontation am wirksamsten erwiesen hat, sollte die Konfrontationstherapie bei Kindern graduell erfolgen, das heißt schrittchenweise vom Fuße des Berges zum Berggipfel. Bei Kindern hat man den Vorteil, dass sie weniger Erwartungsangst entwickeln. Es kann von Vorteil sein, wenn die erste Übung vom Therapeuten begleitet wird. Dabei lernen die Eltern am Modell, wie sie sich während der Übung verhalten sollen. Da genügend Zeit für die Übungen im Alltag eingeplant werden muss, ist der Einbezug der Eltern bei der Planung der Übungen wichtig. In **Box 9.6** werden neue Ergebnisse der Konfrontationsforschung beschrieben.

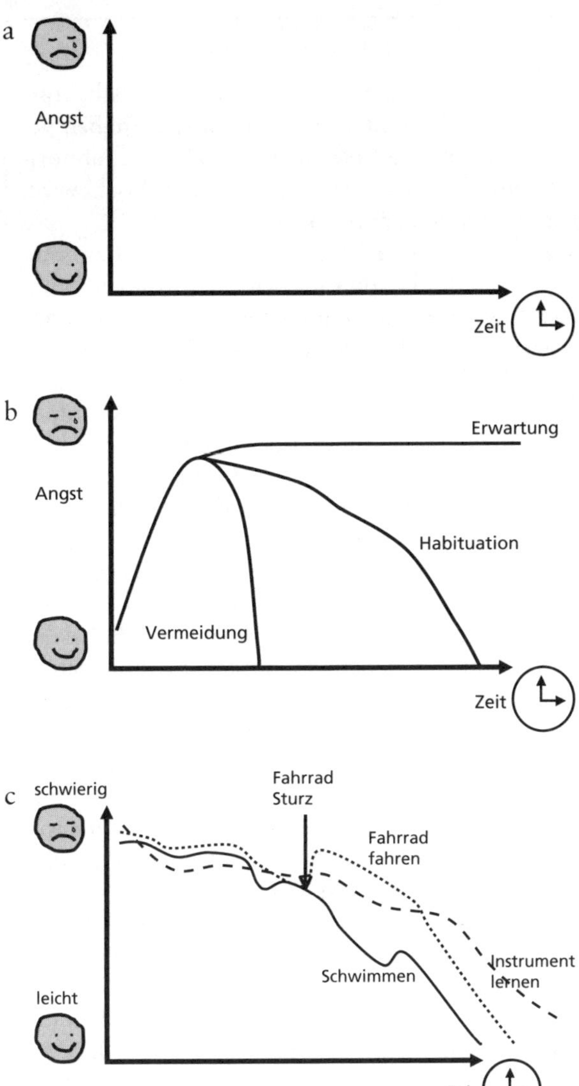

Abb. 9.4: Angstverlaufskurven
a) Arbeitsblatt für das Einzeichnen des Angstverlaufs in einer Übungssituation.
b) Die Angstverlaufskurven zeigen, wie sich die Angst verhält, wenn man Situationen oder Objekte vermeidet: Es geht einem kurzfristig gut, aber langfristig hilft es nicht. Die Erwartungskurve zeigt, dass viele Patienten mit Angststörungen denken, dass die Angst stark bleiben wird. Das Ziel der Konfrontationstherapie ist, dass sich eine Habituation einstellt und die Angst nach vielen Übungsdurchgängen geringer wird.
c) Zeigt Lernkurven bezüglich Fahrradfahren, Schwimmen und Musikinstrument spielen. Es kann festgehalten werden, dass es auch in diesen Situationen schwierige Momente gibt, z. B. nach einem Fahrradsturz oder in einer Zeit, in der man nicht häufig geübt hat.

Box 9.6: Neue Ergebnisse aus der Konfrontationsforschung

Zur Erklärung und Verbesserung der Effekte der Konfrontationstherapie sind Lerntheorien und Extinktion (Löschung) wichtig. Studien haben gezeigt, dass inhibitorisches Lernen für die Löschung zentral ist. Inhibitorisches Lernen besagt, dass eine konditionierte Angst eben nicht gelöscht wird, sondern, dass sich eine neue Verbindung entwickelt.
Des Weiteren scheint der Kontext bezüglich dessen entscheidend zu sein, welche Verbindung hervorgerufen wird. Kommt es zu einer Konfrontation mit einem angstauslösenden Objekt in einem ähnlichen Kontext wie während der Konfrontationstherapie, wird eher die neue, inhibitorische Verbindung aktiviert, welche zu einer Reduktion der Angst führt. Entscheidend ist daher, die Konfrontationstherapie in verschiedenen Kontexten durchzuführen. Zudem scheint die Verfügbarkeit von Hinweisreizen (retrieval cues) für Patienten hilfreich zu sein, da sie diese außerhalb des Therapiekontextes in neue Situationen mitnehmen können. In der Therapie mit Kindern können das z. B. ein Mutmach-Stein oder Mutmach-Kärtchen sein, welche sich leicht in der Hosentasche und/oder Schultasche unterbringen lassen. Ferner versteht man unter dem Begriff „deepened extinction“, dass während der Konfrontation verschiedene Modalitäten einbezogen werden – wie z. B. bei der Panikbehandlung, wenn interozeptive Übungen in angstauslösenden Situationen durchgeführt werden (Überblick bei Arch & Craske, 2009). Es konnte gezeigt werden, dass eine themenunabhängige, angstprovozierende Sprache während der Therapie die Wirkung der Konfrontationstherapie verstärken kann (Tabibnia et al., 2008). Des Weiteren wurden in verschiedenen randomisierten, kontrollierten Therapiestudien biologische Wirkstoffe untersucht, welche die Konsolidierung des inhibitorischen Lernens während der Löschung erleichtern sollen, zum Beispiel D-Cycloserin (Norberg et al., 2008; Otto et al., 2010). D-Cycloserin ist eine organische Verbindung und wird zur Behandlung der Tuberkulose eingesetzt. Es wirkt nicht angstdämpfend, sondern verstärkt die Wirkung der Angstexposition. Bereits wenige, niedrige Dosen von D-Cycloserin scheinen dazu zu führen, dass der Lernprozess schneller abgeschlossen wird. Man geht davon aus, dass die Wirkung durch die Beeinflussung von NMDA-Rezeptoren in der Amygdala entsteht.

Der häufigste Fehler in der Durchführung von Konfrontationsübungen ist, dass die Übungen nicht systematisch und nicht dicht genug aufeinander erfolgen. Oft wird eine einzelne Übung durchgeführt und nach ein paar Tagen oder nach längerer Zeit folgt die nächste Übung. Die Grundlagenforschung zu Angstkonditionierung und -löschung zeigt eindeutig, dass eine überdauernde Reduktion der Angst nur dann gewährleistet ist, wenn Habituationserfahrungen häufig und in kurzen Abständen zueinander erfolgen. Es muss daher insbesondere bei einer schweren Angstsymptomatik mit ausgeprägtem Vermeidungsverhalten gewährleistet sein, dass das Kind ab der ersten Konfrontationsübung jeden Tag mehrmals hintereinander Übungen durchführt. Es ist von großer Bedeutung, dass Eltern und Kind bei einer Zustimmung zur Konfrontationstherapie auch klar signalisieren, genügend Zeit für Übungen in ihren Alltag einplanen zu wollen. Können die Eltern dies nicht gewährleisten, sollte der Beginn der Konfrontationsübungen aufgeschoben werden. Daher kann es hilfreich sein, vor dem Beginn der Übungen mit Kind und Eltern einen „Therapievertrag" zu vereinbaren. Verfahren der Reizkonfrontation werden in **Box 9.7** beschrieben.

Box 9.7: Reizkonfrontationsverfahren

Unter dem Begriff der Reizkonfrontation werden Verfahren zusammengefasst, bei denen Kinder mit Angststörungen den angstauslösenden Stimuli (z. B. Hund, Dunkelheit) ausgesetzt werden. Dabei können mehrere Verfahren unterschieden werden. Bei der einen Gruppe von Verfahren, dazu gehören die *systematische Desensibilisierung* und Angstbewältigungstrainings, werden die Kinder angeleitet, bei Auftreten der Angst sofort angstreduzierende Strategien wie Entspannung einzusetzen. Bei den Reizkonfrontationsmethoden (*Konfrontation in vivo, in sensu*), einer anderen Gruppe von Verfahren, soll das Kind die Angst so lange ertragen, bis es zu einem Rückgang der Angst kommt, ohne dabei jedoch angstreduzierende Techniken einzusetzen. Die Konfrontation in sensu – im Gegensatz zur Konfrontation in vivo – wird dann durchgeführt, wenn die Angst oder die Sorgen nicht konkret mit einem Auslöser konfrontiert werden können. In diesem Falle wird die Konfrontation mit Hilfe von Vorstellungsbildern oder Drehbüchern durchgeführt. Wie bei der Konfrontation in vivo ist es das Ziel, Angst zu erzeugen, um eine Habituation zu ermöglichen.

Die systematische Desensibilisierung ist indiziert, wenn die Eltern eine Konfrontationsbehandlung ablehnen, sowie bei Prüfungsangst. Vor allem jüngere Kinder können Schwierigkeiten haben, sich den angstauslösenden Reiz auch nur vorzustellen. Zudem ist es für Kinder häufig schwierig, einzuschätzen, ob sie nun Entspannung als Vermeidung oder als Bewältigungsstrategie einsetzen. Bezüglich der Wirksamkeit hat sich gezeigt, dass die Konfrontation die entscheidende Wirkvariable ist.

Fazit – Konfrontation in vivo

Die Konfrontation sollte aus folgenden Stufen bestehen:

- Erstellen einer Angsthierarchie
- Vorbereitung auf die Konfrontationstherapie und Bearbeitung des Therapierationals
- Durchführung der Konfrontationsübungen während und zwischen den Therapiesitzungen sowie nach Beendigung der Therapie

9.5 Störungsspezifische Hinweise

Im Folgenden werden störungsspezifische Hinweise aufgeführt, welche mit den Fallbeispielen aus der Darstellung der einzelnen Angststörungen ergänzt werden.

9.5.1 Generalisierte Angststörung (GAS)

Kinder mit GAS haben viele verschiedene Ängste und Sorgen, die sich über die Zeit immer wieder verändern und vage erscheinen können. Trotzdem gibt es meist eine Reihe von Sorgen, die spezifisch genug sind, dass sie Ziel der Konfrontation werden können (z. B. Sorgen darüber, unpünktlich zu sein, Fehler zu machen und neue Situationen nicht zu meistern). Kinder, die sich über Katastrophen wie Krieg oder AIDS Sorgen machen, reagieren gut auf die Konfrontation mit Auslösern dieser Sorgen. Beispielsweise vermeiden Kinder mit diesen Sorgen häufig das Lesen oder das Schauen von Nachrichten. Dieses Vermeidungsverhalten kann in der Konfrontation angegangen werden. Gleichzeitig sollten Eltern und Kinder aufgefordert werden, anzuerkennen, dass manchmal schlimme Ereignisse auf der Welt vorkommen, dass jedoch die Wahrscheinlichkeit des Auftretens solcher Ereignisse realistisch bedacht werden sollte.

Viele Kinder mit GAS haben ein starkes Bedürfnis nach Rückversicherung, welches mit dem Kind und den Eltern besprochen werden sollte. Dabei ist herauszuarbeiten, dass das Verlangen nach Rückversicherung und das ständige Fragen einem Vermeidungsverhalten gleichkommen, und das Beantworten der Fragen und das Rückversichern die Angst des Kindes aufrechterhalten und verstärken. Das Kind lernt, dass es nicht in der Lage ist, schwierige Situationen selbstständig zu meistern. Dies erhöht die Abhängigkeit und den Glauben, dass vielleicht doch etwas Schlimmes passieren könnte. Das Abbauen des Rückversicherungsverhaltens kann mit dem Erstellen einer Hierarchie erfolgen, wobei als „schlimmste" Situation das Ignorieren der Fragen und keine Rückversicherung geben, zuoberst auf der Hierarchieliste stehen würde. Eine Übung zu Beginn der Konfrontation könnte z. B. sein, dass die Eltern dem Kind sagen, dass sie die Frage einmal beantworten, dann aber nicht mehr darauf eingehen werden. Die Eltern sollten dem Kind dabei zu verstehen geben, dass sie dem Kind zukünftig keine Antwort mehr geben, nicht weil sie es nicht mehr lieb haben, sondern weil sie der Angst nicht weiter helfen wollen.

Ähnlich wie bei der Behandlung der Zwangsstörung kann auch das Kind mit GAS gefragt werden, wie oft eine Frage beantwortet werden muss, bis die Angst weg ist, respektive wie lange die Angst weg bleibt, wenn man die Frage einmal oder zehnmal beantwortet. Dadurch soll erreicht werden, dass das Kind zu einer realistischeren Einschätzung bezüglich der Sinnhaftigkeit des Rückversicherns kommt.

Fallbeispiel Daniel (Erscheinungsbild S. 36)

Aufgrund der selbst berichteten Ängstlichkeit der Mutter wurde eine Kombination von kind- und familienzentrierten Interventionen vorgeschlagen. Das Ziel der familienzentrierten Interventionen war der Abbau der die Sorgen aufrechterhaltenden und verstärkenden Verhaltensweisen der Bezugspersonen und von Daniel. Die Interventionen bestanden aus der Anleitung der Eltern zum Umgang mit Ängsten und Rückversicherung und der Förderung der Selbstständigkeit von Daniel. Die ersten Therapiesitzungen wurden mit Daniel und den Eltern getrennt durchgeführt. Die Inhalte waren der Aufbau einer guten Beziehung, die Vermittlung allgemeiner Informationen zu Angst und Sorgen und die Besprechung aufrechterhaltender und auslösender Faktoren der GAS. Beim Besprechen des Erklärungsmodells wurden die Ängstlichkeit der Mutter, ihr ängstliches Verhalten und ihre Tendenz, Daniel vor schwierigen Situationen zu beschützen, als mögliche erklärende und aufrechterhaltende Faktoren diskutiert. Den Zusammenhang zwischen Gedanken, Gefühlen und körperlichen Symptomen konnte Daniel schnell verstehen und an eigenen Beispielen erläutern. Mit Hilfe des Sorgentagebuches konnten angstauslösende Gedanken identifiziert und mit Hilfe der Fragen zur kognitiven Umstrukturierung bearbeitet werden (z. B. „Ich bin noch nie zu spät in die Schule gekommen"; „Ich laufe immer pünktlich von zu Hause los"; „Andere kommen manchmal zu spät und es passiert nichts"). Der Umgang mit Rückversicherung wurde an der Sorge, dass Daniel zu spät zur Schule kommt und der Lehrer dann eine Szene macht, erläutert. Die Mutter besprach mit Daniel, dass sie auf seine Nachfragen, ob er nicht doch zu spät kommen würde, nicht antworten würde. Sie würde ihm dann das Detektivblatt (zur Überprüfung dysfunktionaler Gedanken) zum Vorlesen geben und ihm sagen, dass er diese Frage selber beantworten könne. Sie sagte: „Auch wenn du mich mehrmals fragst, werde ich dir nicht antworten, da ich weiß, dass du das selber schaffst!" Als Daniel sehr nervös und ängstlich wiederholt nachfragte, antwortete die Mutter nicht. Für die Mutter war es sehr schwierig, Daniel leiden zu sehen und nicht zu sagen, dass er pünktlich sein würde, aber sie wartete, bis Daniel sein Detektivblatt vorlas. Nachdem er die Punkte vorgelesen hattte, lobte ihn die Mutter, indem sie sagte „Ich wusste, dass du das kannst. Ich bin sehr stolz auf dich!" Mit zunehmender Übung konnte er die kognitive Umstrukturierung selbstständig und erfolgreich anwenden. Das Konfrontationsrational wurde mit Hilfe der Angstverlaufskurven aufgezeigt. Als Vorbereitung der Konfrontationsübungen wurde eine Angsthierarchie erstellt. Die Konfrontationsübungen wurden graduell von mittel zu stark angstauslösenden Situationen durchgeführt. Die Sorgen aufrechterhaltenden und verstärkenden Verhaltensweisen konnten erfolgreich abgebaut werden, wobei sich der Abbau des Rückversicherungsverhaltens als sehr hartnäckig erwies. Eine Reduktion der körperlichen Symptome wurde durch das Einführen in die progressive Muskelrelaxation erreicht. Gleichzeitig wurde den Eltern mitgeteilt, dass sie körperliche Beschwerden ignorieren und nicht mit Zuwendung darauf reagieren sollten. Im Verlauf der Therapie traute sich Daniel vermehrt, neue Sachen auszuprobieren und verabredete sich mit Klassenkameraden. Insgesamt wurde er immer wie selbstsicherer und selbstständiger (In-Albon, 2009).

9.5.2 Störung mit Trennungsangst

Eine Störung mit Trennungsangst bedeutet, dass die betroffenen Kinder Angst haben, sich von den Eltern zu trennen. Eine Möglichkeit, das Aushalten der Trennung im Therapiesetting zu üben ist, mit den Eltern abzusprechen, dass sie mehrmals hintereinander für ein paar Minuten den Therapieraum verlassen. Die Dauer der Abwesenheit sollte zwischen Eltern und Therapeut abgesprochen sein und vom Alter des Kindes abhängig gemacht werden. Bei jüngeren Kindern kann bei fünf Minuten begonnen, mit der Zeit auf sieben respektive zehn Minuten gesteigert werden. Dem Kind sollte die konkrete Dauer der Abwesenheit der Eltern nicht mitgeteilt werden, da es sich sonst über die Zeit „hinwegtrösten" und seine Angst in Schach halten kann. Anhand dieser Übung macht das Kind die Erfahrung, dass die Angst im Verlauf der Übung von selbst abnimmt, die negativen Befürchtungen nicht eintreten und, auch sehr wichtig, die Angst von Übung zu Übung geringer wird.

Fallbeispiel Marina (Erscheinungsbild S. 33)

Um sich gegenseitig besser kennen zu lernen, führte eine Stoffpuppe ein Interview mit Marina durch, und fragte z. B. was sie gerne macht, was ihr Lieblingsessen, ihre Lieblingsfarbe sei und so weiter. In die Angstthematik wurde mit einer Geschichte („Selina, Pumpernickel und die Katze Flora", Bohdal, 1993) eingeführt. Marina konnte die Geschichte rasch auffassen und Teile der Geschichte auf sich selber übertragen. Mit Hilfe von Therapiematerialien, die mit vielen Zeichnungen gestaltet sind, wurde gemeinsam erarbeitet, was Angst ist, welche körperlichen Reaktionen Marina hat (komisches Gefühl im Bauch), welche Gedanken ihr durch den Kopf gehen, wenn sie Angst hat („dass Mami weggeht und nicht zurückkommt") und was sie in diesen Situationen macht (Mami festhalten, weinen). Bei der Ausarbeitung des Entstehungsmodells wurde die Mutter in einer separaten Elternsitzung zunächst nach ihren eigenen Vermutungen gefragt. Die Mutter hatte leichte Schuldgefühle, dass die Trennung vom Vater des Kindes die Ängste ausgelöst haben könnte. Marina zeichnete „Lillifee" auf eine Karte, die ihr in angstauslösenden Situationen Mut mache, indem sie Marina herausfordert, sich selbst zu sagen „Ich schaffe das!", und ihr somit hilft, ihre Ängste zu besiegen. Mit Marina wurde anhand des Fahrradfahrenlernens das Prinzip der Konfrontationsübung besprochen. Marina erzählte, dass das Fahrradfahren beim ersten Mal schon etwas schwierig war, aber es dann von Mal zu Mal einfacher wurde. Danach wurden die Erfahrungen „Alleine-in-die-Schule-gehen" und das Fahrradfahrenlernen miteinander verglichen. Dabei zeigte sich, dass Marina, wenn die Angst stark war, es vermied, alleine zur Schule zu gehen, und die Angst dadurch eher stärker geworden ist. Anders verhielt es sich beim Fahrradfahrenlernen, wo sie es immer wieder von Neuem versuchte. Mit der Mutter wurde zudem erarbeitet, wie sie Marina im Umgang mit der Angst unterstützen könne. Die erste Konfrontationsübung wurde so eingeleitet, dass das Vorgehen bereits in der vorherigen Sitzung besprochen und nun so durchgeführt wurde. Wie vereinbart, verließ die Mutter zunächst für fünf Minuten die Ambulanz und kam dann kurz zurück, um diesmal für zehn und danach für zwanzig Minuten die Ambulanz zu verlassen. Bei der ersten Übung war die Angst von Marina stark ausgeprägt und nahm dann langsam ab. Bei der zweiten Situation war die Angst von Beginn an nicht mehr so stark und nahm auch rascher ab. Bei der dritten Situation war die Ausprägung der Angst nur noch gering. Marina konnte somit in kurzer Zeit mehrmals die Erfahrung machen, dass nichts Schlimmes passiert, die Mutter immer wieder kommt und die Angst mit jedem Übungsdurchgang geringer wird.

9.5.3 Panikstörung

Auch wenn die Panikstörung im Kindesalter selten vorkommt, gibt es dennoch Kinder und vor allem Jugendliche, denen körperliche Symptome Angst machen. Sie sehen diese Symptome als Hinweise, dass sie die Kontrolle verlieren könnten oder sonst etwas Schlimmes passiert. Die Methoden einer erfolgreichen Panikbehandlung beinhalten zusätzlich zu den erwähnten Standardkomponenten die Konfrontation mit internen Reizen. Mit Hilfe von Verhaltensexperimenten lernen die Patienten, ihre Aufmerksamkeit auf unangenehme Körperempfindungen zu lenken und ihre Hypothesen bezüglich gefürchteter körperlicher Zustände zu überprüfen. **Box 9.8** beschreibt einige Verhaltensexperimente zur Provokation angstrelevanter Körpersymptome. Für weitere Ausführungen wird auf Schneider und Margraf (1998; im Druck) verwiesen.

Im Folgenden wird der Hyperventilationstest beschrieben (In-Albon & Margraf, 2011).

Hyperventilationstest

Viele Panikpatienten hyperventilieren während eines Panikanfalls, ohne dies bewusst wahrzunehmen. Der Hyperventilationstest (Margraf & Schneider, 1990) soll dazu dienen, Gemeinsamkeiten zwischen den Effekten der Hyperventilation und den Effekten eines Panikanfalls aufzuzeigen. Dies ermöglicht die Identifizierung angstfördernder Gedanken.

1. Exploration der Symptome während eines typischen Angstanfalls.
2. Einführung des Hyperventilationstests: Der Patient wird darüber aufgeklärt, dass manche Menschen während der Hyperventilation unangenehme Empfindungen wahrnehmen, dass diese aber schnell vorübergehen, wenn sie wieder normal atmen. Mehr Informationen zum Zweck des Tests sollten im Anschluss an den Test gegeben werden.
3. Durchführung des Hyperventilationstest: Der Therapeut fordert den Patienten auf, sich in eine aufrechte Sitzposition zu begeben und für 2 Minuten

so tief wie möglich über die Brust zu atmen. Wenn die Angst des Patienten zu stark ist, sollte der Test abgebrochen werden. Nach Beendigung des Tests wird der Patient aufgefordert, die Aufmerksamkeit nach innen zu lenken und wahrzunehmen, was im Körper geschieht.

4. Auswertung des Hyperventilationstests: Der Patient wird aufgefordert, das Ausmaß der Angst und die Art der wahrgenommenen Symptome zu beschreiben.
5. Die Symptome des Hyperventilationstests werden mit jenen während eines Panikanfalls verglichen. Der Patient wird aufgefordert, die Erfahrungen während des Tests mit jenen während natürlicher Panikanfälle zu vergleichen: Was war ähnlich? Was waren die Unterschiede?

Box 9.8: Verhaltensexperimente zur Provokation von Körpersymptomen

Symptom	*Verhaltensexperiment*
Schwindel, Benommenheit	Kopf schnell hin- und herbewegen
Kurzatmigkeit, Herzrasen, Schwindel	Hyperventilation
Derealisationseffekte	Visuelle Effekte (optisch-räumliche Täuschungen)
Herzrasen, Kurzatmigkeit	Die Treppe hochrennen

Fallbeispiel Susanne (Erscheinungsbild S. 38)

Mit Hilfe der Tagebücher konnten Susannes zentrale Befürchtungen zusammengetragen werden. Diese beinhalteten Gedanken wie „Ich könnte vor Angst sterben“, „Ich habe Angst, durchzudrehen“ oder „Ich muss erbrechen“, die nacheinander bearbeitet wurden. Zunächst sollte sie angeben, wie stark sie vom jeweiligen Gedanken überzeugt ist. Dann wurde Susanne aufgefordert, Argumente zu sammeln, die für und gegen den Gedanken sprechen. Abgeleitet von den Argumenten wurde nach alternativen Erklärungen gesucht. Am Ende wurde erneut das Überzeugungsrating für den ursprünglichen Gedanken und neu das Überzeugungsrating für die alternative Erklärung erfasst. Susanne konnte z. B. beim Gedanken „Ich habe Angst, durchzudrehen“ keine Argumente finden, die für diese Schlussfolgerung sprechen. Hingegen konnte sie sagen, dass sie schon oft, sehr starke Angst gehabt habe und noch nie durchgedreht sei. Das Gleiche war der Fall bei der Befürchtung, erbrechen zu müssen. Obwohl sie schon sehr oft Angst hatte, musste sie noch nie erbrechen. Daraufhin wurde mit Susanne der Zweck des Erbrechens besprochen. Es wurde erarbeitet, dass es nicht möglich ist, eine Garantie abzugeben, nie wieder erbrechen zu müssen. Der Versuch, nie wieder erbrechen zu müssen, bewirke eher, dass die Angst aufrechterhalten bleibt.

Mit Susanne wurden verschiedene interozeptive Verhaltensexperimente durchgeführt, die Symptome hervorriefen, die sie in Verbindung mit Angst erlebte. Der Hyperventilationstest wurde als diagnostische Maßnahme eingeführt. Der Zweck dieser Übung wurde im Anschluss daran erklärt. Die wahrgenommenen Symptome (Schwindel, Herzklopfen) wurden von Susanne als leicht beängstigend empfunden. Die Graphiken (siehe Schneider & Margraf, im Druck), die visuelle Effekte hervorrufen, haben stärkere Angst ausgelöst. Sie berichtete das Gefühl, neben sich zu stehen und leichte Übelkeit zu spüren. Sie wurde angewiesen, diese Übungen regelmäßig zu Hause durchzuführen und die Angstintensität zu protokollieren.
Zur Illustration wird ein Tag der Konfrontationsbehandlung dargestellt. Susanne wurde morgens zu Hause abgeholt und zunächst mit, dann ohne therapeutische Begleitung mit angstauslösenden Situationen konfrontiert. Dazu gehörte Bus fahren, Lift fahren, der Besuch von großen Einkaufszentren, auswärts essen und das Nicht-Erreichen-Können der Mutter. Alle paar Minuten wurde sie aufgefordert, das Ausmaß der Angst als Kurve einzuzeichnen. Die Situationen wurden erst nach einem Angstabfall, das heißt nach der Habituation verlassen. Im Verlauf der Übungen sank das Angstniveau von Susanne zunehmend und sie realisierte, dass sie die erwartete Angst viel höher einstufte, als die tatsächliche Angst wirklich war. Die Konfrontationsübungen und die eingetretene Habituation wurden im Nachgang besprochen und Susanne wurde für die Durchführung der Übungen gelobt und zu Selbstverstärkung angehalten.

9.5.4 Zwangsstörung

Der gegenwärtige Stand der Psychotherapieforschung verweist darauf, dass sich in der Behandlung von Zwangsstörungen bei Kindern und Jugendlichen die Verhaltenstherapie, die Pharmakotherapie mit Selektiven Serotonin-Wiederaufnahmehemmern (SSRI) und die Kombination von Verhaltenstherapie mit Pharmakotherapie als wirksam erwiesen haben (Barrett et al., 2008; POTS, 2004). Die wirksamste Methode der Verhaltenstherapie ist die Exposition mit Reaktionsverhinderung. Durch ausreichend lange Konfrontation mit angst- und zwangsauslösenden Reizen und durch die Verhinderung von Zwangshandlungen erfährt der Betroffene, dass er die Situation bewältigen kann und das gefürchtete Ereignis nicht eintritt, wodurch sich die Angst verringert. Ein erstes Manual zur Behandlung der Zwangsstörung wurde von March und Mulle (1998) entwickelt. Im Folgenden werden einige Hinweise aus der Metakognitiven Therapie folgen, welche sich in der klinischen Praxis und einer ersten Pilotstudie (Simons et al., 2006) als hilfreich erwiesen haben. Ziele der Metakognitiven Therapie sind die Veränderung metakognitiver Annahmen (z. B. Gedanken-Handlungs-Fusionen) und metakognitiver Prozesse (z. B. Gedankenunterdrückung). Anhand Methoden der distanzierten Achtsamkeit, Konfrontationsübungen, Gedanken- und Verhaltensexperimenten sollen diese Ziele erreicht werden. In der Psychoedukation geht es, neben der Vermittlung, was eine Zwangsstörung ausmacht, und der Erarbeitung eines Störungsmodells, um das Normalisieren und Validieren des Patienten. Für das Normalisieren von Zwangsgedanken und -handlungen können Metaphern wie zum Beispiel Gedanken-Schluckauf, Spam-Mails oder Mückenstich verwendet werden. Für diese können dann hilfreiche und weniger hilfreiche Lösungsversuche gesucht und angewendet werden (z. B. Kratzen bei einem Mückenstich). Des Weiteren fühlt sich der Patient verstanden, wenn der Therapeut das subjektive Leiden validiert (z. B. „Kein Wunder, dass es dir Angst macht, wenn du denkst...“) und die Zwangshandlungen als dysfunktionale Lösungsversuche darstellt (z. B. „Kein Wunder, dass du dann versuchst...“). **Box 9.9** beschreibt Beispiele für Verhaltensexperimente.

Box 9.9: Verhaltensexperimente bei Gedanken-Handlungs-Fusionen

- Gedanken-Ereignis-Fusion: „Versuche ganz fest daran zu denken, dass du im Lotto gewinnst!“
- Gedanken-Handlungs-Fusion: „Versuche, mit Gedankenkraft einen Stein anzuheben!“
- Gedanken-Absichts-Fusion: „Machst du dir manchmal Sorgen, eine schlechte Note zu schreiben? Möchtest du das auch wirklich?“
- Gedankenunterdrückung: „Versuche, meinen Namen zu vergessen!“

Eine weitere Intervention, um zu zeigen, dass die Kontrolle unangenehmer Gedanken nicht funktioniert, kann wie folgt ablaufen: Der Patient soll einen Zwangsgedanken auf einen Zettel schreiben. Der Zettel wird gefaltet und der Therapeut sagt, dass es nun verschiedene Möglichkeiten gibt, damit umzugehen. Eine Möglichkeit ist, dem Gedanken auszuweichen, wenn er angeflogen kommt (der Therapeut bewirft den Patienten mit dem Zettel und dieser soll versuchen, dem Zettel auszuweichen). Der Patient erkennt in dieser Situation, dass er sich sehr anstrengen muss, dem Zettel auszuweichen, dass er aber dennoch sehr häufig getroffen wird. Eine andere Möglichkeit ist, den Gedanken anzunehmen (der Therapeut gibt den Zettel dem Patienten in die Hand). Der Patient merkt, dass dies weniger Anstrengung kostet. Nach einigen Minuten nehmen die meisten Patienten den Zettel nicht mehr wahr und legen ihn, ohne nachzudenken, weg (siehe Simons, 2009).

Fallbeispiel Silvan (Erscheinungsbild S. 44)

Anhand von Gedankenunterdrückungsexperimenten („nicht an rosa Kaninchen auf meinem Kopf denken...“) wurde Silvan die Dysfunktionalität von Versuchen, Gedanken zu unterdrücken, demonstriert. Des Weiteren wurde mit ihm ausführlich besprochen, wie das Berühren eines Käfers, eines Strauchs oder ein Wespenstich zu Erbrechen führen könnte. Beim Versuch, dies konkret zu erklären, berichtete Silvan, dass er sich das noch nie so genau überlegt habe, aber dass dies biologisch sehr wahrscheinlich nicht erklärbar sei. Zudem sei er auch nicht auf Wespenstiche allergisch. Gemeinsam mit Silvan und seinen Eltern wurde besprochen, wie die Rückversicherung die Angst aufrecht erhält und wie die Eltern damit umgehen könnten. Das erste Ziel sollte sein, die Frage einmal zu beantworten, dann aber nicht mehr auf die Frage einzugehen. Zudem wurde Silvan gefragt, wie oft die Eltern seine Fragen beantworten müssen, damit das beruhigende Gefühl bis zum nächsten Tag anhält. Dabei bemerkte er, dass die Häufigkeit der Beantwortung der Fragen keinen Zusammenhang damit hat, was realistisch passieren könnte. Eine weitere Intervention, dass die Kontrolle unangenehmer Gedanken nicht funktioniert, wurde mit der vorhin beschriebenen Zettel-Übung durchgeführt: Ich bewarf Silvan mehrmals mit dem Zettel. Er versuchte jeweils auszuweichen, wurde aber dennoch häufig getroffen. Silvan bemerkte, dass er sich konzentrieren muss, um dem Zettel auszuweichen und es anstrengend ist. Eine andere Möglichkeit sei, dass er den Gedanken einfach annimmt. Ich gab Silvan den Zettel in die Hand. Er bemerkte, dass dies weniger Anstrengung kostete und er nach einiger Zeit gar nicht mehr an den Zettel in seiner Hand gedacht hatte. Des Weiteren hat sich ein narrativ-metakognitives Rollenspiel angeboten. Dabei hat der Therapeut zunächst als Advocatus diaboli den Zwang gespielt und versucht, Silvan zur Zwangshandlung zu überreden. Zunächst ließ sich Silvan auf eine inhaltliche Diskussion ein und sagte: „Ich muss nicht vier Mal ausatmen, damit meinen Eltern nichts passiert" und „Es ist so, weil bis jetzt auch nichts passiert ist". Darauf konnte der Therapeut jeweils antworten: „Bist du dir wirklich ganz sicher?" Dann wurden die Rollen getauscht, wobei Silvan den Zwang spielte und der Therapeut einen metakognitiven Umgang mit dem Zwang demonstrierte (z. B. „Netter Versuch", „Ist das alles, was du zu sagen hast?", „Sorry, jetzt habe ich gerade nicht zugehört"). Mit dieser Intervention kann man den Zwang ins Abseits laufen lassen, ohne inhaltlich argumentieren zu müssen. Diese Intervention war für Silvan sehr hilfreich. Im Weiteren wurden typische Denkfehler besprochen und Verhaltensexperimente durchgeführt. Zum Beispiel bei der Gedanken-Handlungs-Konfusion „Wer so etwas denkt, der tut es auch" lautete die Aufgabe für Silvan, dass er versuchen solle, durch seine Gedanken im Lotto zu gewinnen. Bei der Gedanken-Willens-Konfusion „Weil ich etwas denke, möchte ich auch, dass das passiert" wurde besprochen, ob jemand, der wirklich Jemandem etwas antun möchte, sich auch so viele Sorgen macht. Silvan kam zur Erkenntnis, dass es noch viel mehr bräuchte, die Handlung wirklich auszuführen, wenn einem der Gedanke daran schon so viel Angst macht.

9.6 Entspannungstraining

Entspannungstraining wird hier als zusätzliche Therapiekomponente vorgestellt, welche bei einigen Kindern hilfreich sein kann. Vor allem wenn körperliche Symptome wie Anspannung oder Schlafprobleme im Vordergrund stehen, kann das Einführen der angewandten Entspannung (z. B. Progressive Muskelentspannung, Autogenes Training, Atemtraining) indiziert sein. Diese wird auch eingesetzt, wenn die Eltern Reizkonfrontationsverfahren ablehnen. Bei Kindern hat sich die Progressive Muskelentspannung mit ihren Komponenten Anspannung und Entspannung der Muskeln am besten bewährt. Demnach wird sie auch am häufigsten bei Kindern eingesetzt. Bei der Durchführung der Progressiven Muskelentspannung werden etwa fünf bis sieben Sekunden einzelne Muskelpartien angespannt und anschließend etwa dreißig Sekunden entspannt. Das Kind soll dabei auf den Unterschied zwischen An- und Entspannung achten. Die progressive Muskelentspannung sollte für Kinder spielerisch modifiziert werden, indem sie beispielsweise in Geschichten verpackt wird (Petermann, 2010; Speck, 2005). Bei jüngeren Kindern ist empfehlenswert, sich auf drei bis vier Muskelgruppen zu beschränken. Um die Übungen auch für zu Hause zugänglich zu machen, ist es ratsam, die Übungen auf Tonband oder CD aufzunehmen und dem Kind mitzugeben. Es sind auch CDs mit Entspannungsübungen erhältlich (z. B. Speck, 2004).

9.7 Soziales und Emotionales Kompetenztraining

Die Durchführung eines sozialen und emotionalen Kompetenztrainings kann sich bei einer Reihe von Problembereichen (aggressives Verhalten, Ängstlichkeit, soziale Unsicherheit) empfehlen. Die sozialen Kompetenzen können als Teil der globaleren emotionalen Kompetenzen verstanden werden.

9.7.1 Emotionale Kompetenzen

Wie bereits im Kapitel zur Emotionsregulation beschrieben, sind emotionale Kompetenzen für die psychische Gesundheit sehr wichtig. Nach Denham (1998) sind die Komponenten Emotionsausdruck, Emotionsverständnis und Emotionsregulation Bestandteile der emotionalen Kompetenz. Die Entwicklung der emotionalen Kompetenz wird in **Box 9.10** aufgeführt. Daraus abgeleitet, ergeben sich auch die Lernziele von Programmen zur Förderung der emotionalen Kompetenzen, welche in **Tabelle 9.1** dargestellt sind. Ein Trainingsprogramm zur Förderung der Moralentwicklung sowie emotionaler und sozialer Kompetenzen findet sich in Petermann et al. (2007) und die Effektivitätsstudie von Marées und Petermann (2009).

Box 9.10: Faktoren für die Entwicklung emotionaler Kompetenzen

- Eigene Emotionen offen ausdrücken.
- Schaffung eines emotionalen Familienklimas, welches einen offenen und toleranten Umgang mit positiven und negativen Emotionen fördert.
- Auf die emotionalen Bedürfnisse von Kindern eingehen; unmittelbar auf Gefühlsäußerungen reagieren.
- Mit Kindern über Gefühle sprechen und dadurch das Emotionsverständnis fördern.
- Das Kind bei der Bewältigung negativer Gefühle unterstützen (Problemlösungen aufzeigen).
- Die zunehmende Eigenständigkeit von Kindern bei der Emotionsregulation fördern.
- Dem Kind helfen, Gefühle anderer zu verstehen.

Tab. 9.1: Inhalte von Trainingsprogrammen zur Förderung emotionaler Kompetenzen (nach Petermann & Wiedebusch, 2008)

Emotionale Kompetenz	Lernziele
Wahrnehmung und Ausdruck von Emotionen	• Sensibilisierung von Gefühlen in Selbst- und Fremdwahrnehmung • Ausdruck von Gefühlen fördern • Verschiedene Arten des Emotionsausdrucks vermitteln • Sprachlichen Ausdruck von Emotionen fördern • Emotionsvokabular erweitern
Emotionsverständnis und Emotionswissen	• Kinder mit Basis- und komplexen Emotionen vertraut machen • Erkennen nonverbaler Hinweisreize von Gefühlen fördern • Erkennen körperlicher, kognitiver und motorischer Hinweisreize von Gefühlen fördern • Zusammenhänge von Situationen und Emotionen erkennen lassen • Mit Rollenspielen Emotionsverständnis unterstützen
Emotionsregulation	• Erfahrung vermitteln, dass Gefühle verändert werden können • Unterstützung bei der Emotionsregulation geben • Eigenständige Emotionsregulation fördern
Empathie und prosoziales Verhalten	• Empathisches Einfühlen in andere Personen verbessern • Prosoziale Verhaltensweisen unterstützen • Angemessener Umgang mit Emotionen in Konfliktsituationen

9.7.2 Soziale Kompetenzen

Im Bereich der Angststörungen können Kinder mit Sozialen Phobien soziale Kompetenzdefizite aufweisen. Dabei kann ein Mangel an sozialen Fertigkeiten den Erfolg von Konfrontationsübungen insbesondere bei Kindern mit sozialen Ängsten untergraben. Gute soziale Kompetenzen sind zudem auch wichtig für die Beliebtheit bei Gleichaltrigen und den Aufbau von Freundschaften. Die Ziele des sozialen Kompetenztrainings sollten die Folgenden sein: Differenzierung der sozialen Wahrnehmung, Erkennen und Äußern von Gefühlen, angemessene Selbstbehauptung, Einfühlungsvermögen, Umgang mit Konflikten und Problemlösung (Petermann & Petermann, 2006). Die Kompetenzen können anhand von Rollenspielen und Verhaltensübungen gelernt werden. Hilfreiche Materialien für das soziale und emotionale Kompetenztraining sind in **Box 9.11** aufgeführt.

Box 9.11: Hilfreiche Materialien für das soziale und emotionale Kompetenztraining

Spiele:
- Hallo, wie geht es dir? Gefühle ausdrücken lernen (Verlag an der Ruhr)
- Fröhlich oder traurig... wie zeigst du Gefühle? (Kosmos-Verlag)

Bücher:
- Ein Dino zeigt Gefühle (Löffel & Manske, 2003)
- Gefühle sind wie Farben (Aliki, 1987)

9.8 Hausaufgaben

Ein nachhaltiger Effekt und eine Generalisierung der Therapie im Alltag kann nur dadurch erreicht werden, wenn auch zwischen den Therapiesitzungen geübt wird. Deshalb ist es nicht verwunderlich, dass Hausaufgaben zentraler Bestandteil der Verhaltenstherapie sind. Hausaufgaben stehen im Bezug dazu, was gerade in der Therapie erarbeitet wird. Dabei ist wichtig, dass ein regelmäßiger Kontakt zum Therapeuten besteht. Demzufolge werden die Hausaufgaben zu Beginn der Therapiestunde besprochen und das Kind für die Erledigung gelobt. Am Ende der Therapiesitzungen werden die neuen Aufgaben anhand eines konkreten Beispiels vereinbart. Dabei kann im Sinne einer Kontrolle, dass die Aufgaben verstanden wurden, das Kind gebeten werden, die Hausaufgaben den Eltern zu erklären. Die Eltern können auch als Co-Therapeuten miteinbezogen werden, indem sie schauen, dass die Aufgaben erledigt werden oder indem sie Übungssituationen ermöglichen (z. B. das Kind zu einem Freund zum Übernachten bringen, keine Rückversicherung geben). Falls Kinder hohe Ansprüche an sich selber haben oder perfektionistisch sind (häufig Kinder mit GAS, Zwangsstörung), hat es sich als hilfreich erwiesen, die Hausaufgaben von Schulaufgaben abzugrenzen, indem betont wird, dass es in den

Therapieaufgaben kein falsch oder richtig gibt, sondern es das Wichtigste ist, dass die Aufgaben gemacht werden. Für den Fall, dass die Hausaufgaben nicht erledigt werden, wird auf das Kapitel Schwierigkeiten in der Psychotherapie verwiesen.

9.9 Rückfallprophylaxe

Am Ende der Therapie sollte von Seiten des Therapeuten darauf hingewiesen werden, dass es immer wieder Zeiten geben kann, in denen Ängste und Sorgen stärker sein können, dass dies aber zum Leben gehört und nicht bedeutet, dass die Therapie nicht hilfreich war. Erneut aufkommende Ängste sollen als Ansporn gesehen werden, die gelernten Strategien wieder häufiger einzusetzen. Mögliche zukünftige schwierige Situationen („Worst-Case-Szenarios") können angesprochen werden, wobei mit dem Kind gemeinsam überlegt werden sollte, wie es diese bewältigen könnte. Dies dient zugleich der Repetition der gelernten Strategien. Empfehlenswert ist auch, das Kind aufzählen zu lassen, was es in der Therapie gelernt und welche Strategien es selber als am hilfreichsten empfunden hat. Da das Kind die Therapieunterlagen (hoffentlich) gesammelt hat, können diese bei Unklarheiten angeschaut werden. Analog zum Sport oder dazu, ein Musikinstrument zu spielen, sollte betont werden, dass mit dem Ende der Therapie nicht auch die Übungen beendet sind, sondern dass regelmäßig weiter geübt werden sollen. Im Falle von Unsicherheiten beim Kind oder bei den Eltern am Ende der Therapie können Auffrischungssitzungen vereinbart werden. Diese können auch als Erinnerung dienen, die Übungen weiterhin zu praktizieren. Für die Kinder und Eltern, aber auch für den Therapeuten ist es bei einem Therapieabschluss eine schöne Zeremonie, wenn das Kind nochmals viel gelobt wird und ihm ein Zertifikat oder ein Abzeichen übergeben wird, dass es seine Angst bekämpft und „den Berggipfel bestiegen" hat.

9.10 Elternarbeit

Wie bereits angesprochen, können Eltern in die Therapie miteinbezogen werden. Dies ist jedoch für eine erfolgreiche Psychotherapie nicht immer zwingend. In manchen Fällen kann es auch eine Entlastung für den Therapeuten sein, wenn die Eltern beispielsweise aufgrund ihres Berufes nicht regelmäßig in die Therapie eingebunden werden können. Nichtsdestotrotz sollte mit den Eltern eine hilfreiche Unterstützung zum Umgang mit der Angst ihrer Kinder besprochen werden. Die wichtigsten Punkte sind in **Box 9.12** aufgeführt. Im Anhang sind Informationsmaterialien zu Angststörungen aufgeführt, die als Merkblätter für Bezugspersonen dienen.

Box 9.12: Hilfreiche Unterstützung für Eltern zum Umgang mit der Angst ihres Kindes

- Loben von mutigem Verhalten oder von Versuchen, gegen die Angst zu kämpfen.
- Ängstliches Verhalten möglichst ignorieren.
- Vermeidungsverhalten nicht unterstützen.
- Die Angst des Kindes ernst nehmen.

Falls die Eltern eines Kindes mit Angststörungen selber psychische Probleme haben, lautet die Empfehlung, dass sie sich selber Hilfe suchen. Bei Misstrauen kann es für Eltern auch hilfreich sein, mitzuerleben, wie die Therapie mit dem Kind beginnt. In diesem Zusammenhang wird in **Box 9.13** auf eine Studie verwiesen, die untersucht hat, ob eine erfolgreiche elterliche Angsttherapie Auswirkungen auf die psychische Entwicklung des Kindes hat.

Box 9.13: Einfluss der elterlichen Angsttherapie auf die psychische Entwicklung des Kindes

Eltern mit einer Panikstörung und deren Kinder wurden vor und nach der Behandlung der elterlichen Panikstörung untersucht. Vor der elterlichen Psychotherapie hatten alle Kinder vergleichbare Werte bezüglich ihrer Trait-Angst. Nach der elterlichen Psychotherapie zeigten sich bei den Kindern signifikant tiefere Werte in den Faktoren Angstsensitivität, agoraphobisches Verhalten und kognitive Verzerrungen. Verbesserungen zeigten sich auch in der depressiven Symptomatik. Am meisten profitieren Kinder von Eltern mit einer erfolgreichen Psychotherapie. Die Ergebnisse weisen aber auch darauf hin, dass eine nicht erfolgreiche Psychotherapie immer noch besser zu sein scheint als keine Therapie. Die Psychotherapie der Eltern scheint somit einen präventiven Einfluss auf die Psychopathologie ihrer Kinder zu haben. Dieser Befund ist umso wichtiger, als dass Angststörungen in Familien gehäuft vorkommen und Kinder von Eltern mit Angststörungen ein erhöhtes Risiko haben, selber eine Angststörung zu entwickeln. Es scheint jedoch, dass dieser Effekt umkehrbar ist, und zwar ohne Veränderungen im Erziehungsverhalten vorzunehmen oder eine kindliche Psychotherapie durchzuführen. Kendall und Flannery-Schroeder (1998) beschrieben ausgehend von einer erfolgreichen kindzentrierten Psychotherapie einen vergleichbaren Effekt, den „therapeutic spill over" – die Therapie des Kindes kann zu Veränderungen in den elterlichen Erwartungen und den familiären Beziehungen führen (Schneider, In-Albon, Nündel & Margraf, eingereicht).

9.11 Bibliotherapie

Rapee et al. (2006) untersuchten die Wirksamkeit von schriftlichen Materialien für Eltern ängstlicher Kinder gegenüber einer kognitiv-verhaltenstherapeutischen Standardbehandlung. Die Ergebnisse zeigten, dass die Bibliotherapiegruppe stärker als die Wartelistekontrollgruppe profitierte, jedoch der Gruppe mit der Standardbehandlung unterlegen war. Zudem ist festzuhalten, dass bei den Kind- und Elternfragebogen zur Angstsymptomatik sich keine Überlegenheit der Bibliotherapie gegenüber der Wartelistekontrollgruppe zeigte.

Des Weiteren gibt Bögels (2007) zu bedenken, dass das Vorgehen der Bibliotherapie bei Kindern und Eltern, die von dieser Therapie nicht profitieren, negative Effekte auf weitere Behandlungen haben kann. Ein Grund dafür könnte sein, dass in den folgenden Behandlungen das gleiche Rational und die gleichen Materialien und Übungen eingesetzt werden, welche bei ihnen bereits zuvor nicht funktioniert haben. Ein anderer Grund könnte sein, dass die Vorgehensweise, die Therapie über die Eltern zu vermitteln, nicht genügt, und die Therapie an das Kind gerichtet sein sollte (Thienemann et al., 2006).

9.12 Psychopharmaka

Im Bereich der psychopharmakologischen Forschung bei Angststörungen im Kindes- und Jugendalter wurden in den letzten Jahren erste kontrollierte, randomisierte Therapiestudien durchgeführt, in denen vor allem die Wirksamkeit von Selektiven Serotonin-Wiederaufnahmehemmern (SSRI) geprüft wurde (Walkup et al., 2008, CAMS; Birmaher et al., 2003; RUPP Anxiety Study Group, 2001; Rynn et al., 2001). Insgesamt zeigen diese Studien, dass SSRIs auch von Kindern und Jugendlichen gut toleriert und nur vergleichsweise milde und vorübergehende Nebenwirkungen von den Patienten berichtet werden. In allen Studien konnte eine bedeutsame Reduktion der Angstsymptomatik bei Therapieende nachgewiesen werden. Der Nachweis einer längerfristigen Wirksamkeit ist jedoch offen. Nebenwirkungen und Langzeiteffektivität der psychopharmakologischen Behandlung müssen weiter erforscht werden.

Der Einsatz einer psychopharmakologischen Behandlung sollte gemäß den Leitlinien der American Academy of Child and Adolescent Psychiatry (2007) nicht alleine, sondern immer in Kombination mit psychotherapeutischen Verfahren erfolgen. Eine reine psychopharmakologische Behandlung kann bei Wartezeiten auf eine Psychotherapie und in Notfällen indiziert sein oder wenn die Angststörung so schwerwiegend ist, dass ohne eine psychopharmakologische Behandlung die Psychotherapie nicht begonnen werden kann. Für weitere Ausführungen zur pharmakologischen Behandlung von Angststörungen im Kindes- und Jugendalter wird auf das Kapitel von Herpertz-Dahlmann in Schneider (2004) verwiesen.

Fazit – Psychopharmaka

Aufgrund der bisherigen psychopharmakologischen Forschung bei Kindern mit Angststörungen sollten in der Behandlung, wenn Medikamente indiziert sind, SSRIs die Medikamente der ersten Wahl sein, auch wenn es bisher für den Kinderbereich noch keine offizielle Zulassung für die einzelnen Substanzgruppen gibt (ausgenommen bei der Zwangsstörung; Herpertz-Dahlmann, 2004). Die aktuelle Empfehlung lautet, dass eine pharmakologische Behandlung nicht alleine, sondern immer in Kombination mit Psychotherapie erfolgen soll.

9.13 Schwierigkeiten in der Therapie

Freiwilligkeit des Kindes in der Therapie

Da Kinder vorwiegend von den Eltern oder anderen Bezugspersonen für eine Therapie angemeldet werden, sollte beim ersten Kontakt mit dem Kind nachgefragt werden, was das Kind denkt, weshalb es da ist und ob sich das Kind selbst für seine Problematik Hilfe wünscht. In diesem Zusammenhang ist es wichtig, die Erwartungen des Kindes zu erfragen sowie mögliche frühere Therapieerfahrungen. Auch das Ansprechen der Schweigepflicht kann vor allem für Jugendliche erleichternd sein. Die fehlende Freiwilligkeit geht häufig einher mit der *Motivation* des Kindes und dem *Nichtsprechen* des Kindes. Wenn ein Kind nicht spricht, sollten die Aufmerksamkeit auf das Kind verstärkt und Gewinnsituationen für das Kind geschaffen werden. Als hilfreich haben sich in der Interaktion mit Kindern auch Fingerpuppen erwiesen, bei denen das Kind eine andere Rolle einnehmen kann. Des Weiteren sollte stets die Autonomie des Kindes respektiert werden. Häufig kann die Motivation auch durch eine gute Vermittlung des Therapierationals erhöht werden, auch im Sinne einer kontinuierlichen Psychoedukation (siehe auch **Kap. 8.5**).

Mangelnde Zeit der Eltern für Konfrontationstherapie

Da für eine erfolgreiche Konfrontationstherapie das Einverständnis der Eltern, regelmäßig und häufig mit dem Kind zu üben, vorliegen muss, sollte bei mangelnder Zeit der Eltern die Konfrontationstherapie vorerst nicht begonnen werden. Es besteht ansonsten die Gefahr eines Misserfolgs.

Häufiges Nichterscheinen zu Therapiesitzungen

Falls das Kind oder die Familie wiederholt ohne Abmeldung nicht zu einer Therapiesitzung erscheint, ist dies selbstverständlich anzusprechen. Dabei kann es für die Familie hilfreich sein, die Kosten und Nutzen der Therapie gemeinsam mit dem Therapeuten durchzugehen. Entscheidend ist neben einer guten Therapeut-Patient-Beziehung, dass die Familie in die Therapie und somit auch in die Verantwortung für den Therapieerfolg miteinbezogen wird.

Ablehnung der Konfrontation in vivo

Wenn die Konfrontation in vivo von Kind und Eltern zunächst abgelehnt wird, sollte die Konfrontation in sensu durchgeführt werden. Mit zunehmender Erfahrung und Zuversicht kann möglicherweise zu einem späteren Zeitpunkt die Konfrontation in vivo durchgeführt werden.

Perfektionismus

Bei Kindern mit GAS und/oder Zwangsstörung ist häufig ein starker Perfektionismus zu beobachten. Dies zeigt sich beispielsweise beim Erledigen der Hausaufgaben. Mit diesen Kindern sollten klare Abmachungen getroffen werden bezüglich inhaltlicher und zeitlicher Aspekte der Hausaufgaben, die sie im Verlaufe der Therapie aufgetragen bekommen. Zudem sollte betont werden, dass es bei den Hausaufgaben nicht wie in der Schule um richtig oder falsch geht, sondern um das Erledigen der Aufgaben an sich.

Nichterledigen der Hausaufgaben

Es gibt verschiedene Herangehensweisen, wenn Hausaufgaben nicht gemacht werden. Mögliche Gründe für die Nichtdurchführung (z. B. mangelnde Motivation, Unklarheiten) sollten zunächst gründlich exploriert werden. Zur Erhöhung der Motivation sollte das Rational der Hausaufgaben nochmals erläutert werden. Bei Unklarheiten ist es bei manchen Kindern hilfreich, die Unklarheiten als Fehler des Therapeuten darzustellen, als hätte der Therapeut die Aufgabe anscheinend nicht genügend klar beschrieben. Von Seiten des Therapeuten sollte des Weiteren darauf geachtet werden, dass der Besprechung der Hausaufgaben genügend Zeit beigemessen wird, so dass das Kind den Wert der Hausaufgaben erkennt und sich ernst genommen fühlt. Eine mögliche Konsequenz bei Nichterledigen der Hausaufgaben könnte sein, dass diese zu Beginn der Therapiesitzung nachgeholt werden müssen, wobei diese Zeit von der freien Spielzeit am Ende der Sitzung abgeht.

Fazit – Behandlung

Kognitive Verhaltenstherapie gilt bei Angststörungen als Methode der ersten Wahl. Die wichtigsten Ziele dabei sind der Abbau von Vermeidungsverhalten, die Veränderung der Bewertung von Angstauslösern und Angstsymptomen und im weiteren Sinn die Stärkung des Selbstvertrauens und der Selbstwirksamkeit.

Die Therapie teilt sich in folgende Schritte auf:

1. Psychoedukation inkl. Herleitung eines Erklärungsmodells zur Entstehung und Aufrechterhaltung der Angststörung
2. Bearbeitung dysfunktionaler Gedanken
3. Vorbereitung und Durchführung von Konfrontationsübungen in der Therapie und im Alltag
4. Rückfallprophylaxe

10 Therapiemanuale für die Behandlung von Angststörungen im Kindes- und Jugendalter

Eine manualbasierte Durchführung der Therapie hat mehrere Vorteile. Manuale bieten einen strukturierten Rahmen für die Therapie. Dies ist nicht nur in der Psychotherapieforschung wichtig, sondern erleichtert auch die Kommunikation unter Psychotherapeuten. Ein weiterer Vorteil von Manualen ist, dass der Fokus auf die Hauptkomponenten der Therapie mit den erforderlichen Vorbereitungen und Wiederholungen gelegt wird. Therapeutische Fertigkeiten und Flexibilität sind erforderlich, scheinen jedoch für den Therapieerfolg nicht von zentraler Bedeutung zu sein (Kendall & Chu, 2000). Flexibilität ist dann notwendig, wenn Beispiele auf das Alter des Kindes angepasst, Übungen ausgedehnt oder der kulturelle Hintergrund berücksichtigt werden muss. Dem Aufbau der therapeutischen Beziehung und der Motivation wird in Manualen häufig nicht viel Raum gewährt. Dies zu tun, kann jedoch in der Therapie sehr wichtig sein. Eine gewisse Vertrautheit mit Manualen und der Anwendung ergibt sich durch Erfahrung. Die Qualität der Durchführung der Therapie (adherence) sollte jedoch nicht vernachlässigt werden, beispielsweise sollte die Grundstruktur des Manuals eingehalten werden. Für Kinder sind Repetitionen der Übungen notwendig, damit sich die neuen Verhaltensweisen generalisieren und automatisieren können. Daher sollten Angaben zu Übungsaufgaben eher nicht gekürzt werden.

Idealerweise sollten Manuale eine gute therapeutische Beziehung fördern, nicht reduzieren. In der Therapie kann es hilfreich sein, wenn das Manual gemeinsam mit dem Kind angeschaut wird. Dies fördert die interaktive Vorgehensweise in der Therapie und vermittelt dem Kind, dass es selber zur Therapie beiträgt (empowerment).

Auch im Bereich der Erwachsenentherapie wurde als Kritik an Therapiemanualen genannt, sie würden zu wenig individuell auf die Patienten abgestimmt. Dennoch überwiegen die Vorteile von Manualen, indem die Therapie anhand des Manuals erfolgreich bei Angststörungen durchgeführt wurde und die Struktur des Manuals insbesondere für unerfahrene Therapeuten hilfreich ist. Es kann festgehalten werden, dass eine individualisierte Therapie und der Einsatz von Therapiemanualen sich gegenseitig nicht ausschließen (Eifert, Schulte et al., 1997).

Wenn von Kognitiver Verhaltenstherapie (KVT) die Rede ist, heißt das noch nicht, dass auch wirklich KVT gemacht wurde. Konfrontationen ohne Vorbereitung und konkrete Übungen sowie kognitive Umstrukturierung ohne konkrete Anwendungen sind keine state-of-the-art Anwendungen der KVT.

10.1 Therapiemanuale

In den vergangenen Jahren sind einige empirisch validierte Therapiemanuale für die Behandlung von Angststörungen im Kindes- und Jugendalter erschienen. Wie in der **Tabelle 10.1** erkennbar ist, sind störungsspezifische Manuale bislang eher selten. Die am besten überprüften Programme wurden für verschiedene Angststörungen entwickelt.

Tab. 10.1: Empirisch validierte Interventionen für die einzelnen Angststörungen des Kindes- und Jugendalters

Angststörung	Empirisch validierte Interventionen	Therapiemanuale
Verschiedene Angststörungen		• Coping Cat (Kendall & Hedtke, 2006) • FRIENDS (Barrett et al., 2000; deutsche Übersetzung von Barrett et al., 2003) • Cool Kids (Lyneham et al., 2003)
Spezifische Phobie	• Forcierte Reizkonfrontation • Operantes Vorgehen (reinforced practice) • Teilnehmendes Modelllernen • Kognitiv-verhaltenstherapeutische Interventionsprogramme mit und ohne Elterntraining (einzeln und in Gruppe): Psychoedukation Angststörungen, Abbau dysfunktionaler Gedanken, graduierte Reizkonfrontation, operante Verfahren, Entspannungsverfahren	
Soziale Phobie	Kognitiv-verhaltenstherapeutische Interventionsprogramme mit und ohne Elterntraining (möglichst in Gruppe): Psychoedukation Soziale Phobie, Abbau dysfunktionaler Gedanken, Soziales Kompetenz-/Selbstsicherheitstraining, graduierte Reizkonfrontation	Petermann & Petermann (2010); Joormann & Unnewehr (2002); Beck et al. (2006); Tuschen-Caffier, Kühl & Bender (2009)

Angst-störung	Empirisch validierte Interventionen	Therapie-manuale
Trennungsangst	Kognitiv-verhaltenstherapeutische Interventionsprogramme mit und ohne Elterntraining (einzeln und in Gruppe): Psychoedukation Angststörungen, Abbau dysfunktionaler Gedanken, graduierte Reizkonfrontation, operante Verfahren, Entspannungsverfahren	Trennungsangstprogramm für Familien (TAFF, Schneider, 2004)
Generalisierte Angststörung	Kognitiv-verhaltenstherapeutische Interventionsprogramme mit und ohne Elterntraining (einzeln und in Gruppe): Psychoedukation Angststörungen, Abbau dysfunktionaler Gedanken, graduierte Reizkonfrontation, operante Verfahren, Entspannungsverfahren	
Leistungsängste	Kognitiv-verhaltenstherapeutische Interventionsprogramme mit Elterntraining: Psychoedukation Angststörungen, Abbau dysfunktionaler Gedanken, graduierte Reizkonfrontation, operante Verfahren, Entspannungsverfahren, Fertigkeitentraining	Therapieprogramm für Kinder und Jugendliche mit Angst- und Zwangsstörungen (THAZ), Band 1: Leistungsängste (Suhr & Döpfner, 2005)
Zwangsstörung	Psychoedukation, Exposition mit Reaktionsverhinderung, Rückfallprophylaxe, Auffrischungssitzungen, Familiensitzungen	March & Mulle (1998)
PTBS	Traumafokussierte Kognitive Verhaltenstherapie: Psychoedukation, Elternfertigkeiten, Entspannung, Traumanarrativ, Förderung künftiger Sicherheit, kognitive Verarbeitung, Bewältigung und Durcharbeiten, In-vivo-Bewältigung	Cohen, Mannarino & Deblinger (2009)

Anmerkung: vgl. auch www.workbookpublishing.com

Im Folgenden wird eine Auswahl von Manualen für Angststörungen im Kindes- und Jugendalter beschrieben. Sie beinhalten eine kindspezifische Behandlung für verschiedene Angststörungen (Coping Cat) und ein störungsspezifisches Manual zur Behandlung der Störung mit Trennungsangst (TAFF), welches familienzentriert ist. Zudem wird die 1-Session-Therapie für Kinder mit einer

Spezifischen Phobie sowie das „Unified Protocol“, welches Kinder mit Angststörungen und Depressionen behandelt, beschrieben.

10.1.1 Coping Cat

Coping Cat ist ein kognitives Verhaltenstherapiemanual für Kinder und Jugendliche mit Angststörungen (Kendall & Hedtke, 2006). Das kognitiv-behaviorale Programm umfasst folgende Elemente: Exposition, Entspannungsübungen, kognitive Therapie und Rollenspiele.

Ziel des Programms ist es, den Kindern und Jugendlichen zu vermitteln, wie Anzeichen von ungewollter, ängstlicher Erregung erkannt werden können. Diese Anzeichen dienen dann als Hinweisreize, die gelernten Strategien zum Umgang mit der Angst anzuwenden. Die Identifikation von kognitiven Prozessen, die mit ängstlicher Erregung verbunden sind, das Einüben von kognitiven Strategien zum Angstmanagement, Entspannungsverfahren sowie Übungsgelegenheiten auf unterschiedlichem Leistungsniveau folgen nacheinander, um Schritt für Schritt neue Fertigkeiten aufzubauen.

Fokus des Programms

Das Programm besteht aus zwei Teilen. Die ersten acht Sitzungen beinhalten das Aneignen von Fertigkeiten (Trainingsphase), während in den weiteren acht Sitzungen der Fokus auf der praktischen Umsetzung der erlernten Fertigkeiten (Umsetzungsphase) liegt. Zusätzlich findet zwischen der dritten und vierten Kindsitzung eine Elternsitzung statt.

Coping Cat enthält die folgenden vier Komponenten:

1. Identifikation von Angstsymptomen und Aufklärung über körperliche Reaktionen infolge von Angst
2. Identifikation von Angstgedanken in angstauslösenden Situationen (unrealistische oder negative Erwartungen)
3. Entwicklung von Bewältigungsstrategien (Veränderung angstfördernder Gedanken, Identifikation effektiver Bewältigungsstrategien)
4. Verhaltensübungen (Konfrontationsübungen) und Anleitung zur Selbstverstärkung

Diese vier Komponenten zur Bewältigung der Angst werden mit dem Akronym HEDI (Schneider, 2004) beschrieben:

„HEDI“: H – Habe ich Angst?
E – Erwarte ich etwas Schlimmes?
D – Dinge, die mir helfen!
I – Ich schaff’s und dann belohn’ ich mich!

Wirksamkeit von Coping Cat

Das Behandlungsprogramm wurde in verschiedenen randomisierten, klinischen Studien evaluiert (Kendall, 1994; Kendall et al., 1997) Auch langfristige Follow-up Daten bis zu 7.4 Jahren (Kendall et al., 2004; 3.5 Jahre: Kendall & Southam-Gerow, 1996) sprechen für die Wirksamkeit des Programms. Das amerikanische Coping Cat war Grundlage für die australische Version „Coping Koala“ (Barrett, Dadds, & Rapee, 1996) und viele weitere Therapie- und Präventionsmanuale zur Behandlung von Angststörungen bei Kindern und Jugendlichen (z. B. FRIENDS; Barrett, Webster, & Turner, 2000). Literaturübersichten weisen darauf hin, dass das Programm empirisch belegt ist (Kazdin & Weisz, 2003). Die Kognitive Verhaltenstherapie resp. das Manual Coping Cat für Kinder mit Angststörungen kann derzeit anhand der Kriterien von Chambless und Hollon (1998) als „wahrscheinlich wirksam“ eingeschätzt werden (Silverman et al., 2008).

10.1.2 Trennungs-Angstprogramm Für Familien (TAFF)

TAFF (Schneider, in Vorbereitung) ist ein störungsspezifisches, kognitiv-behaviorales, familienzentriertes Therapiemanual für Kinder mit einer Störung mit Trennungsangst. Die Evaluation des Programms an fünf- bis 13-jährigen Kindern wurde kürzlich abgeschlossen. Die Therapie besteht aus insgesamt 16 Sitzungen; davon werden vier Sitzungen jeweils mit dem Kind respektive den Eltern alleine und acht Sitzungen gemeinsam mit Kind und Eltern durchgeführt. Das TAFF-Programm enthält neben empirisch überprüften Interventionen (z. B. Psychoedukation, Konfrontation in vivo, Rückfallprophylaxe) zusätzliche Elemente, die für Kinder mit Trennungsangst als besonders relevant betrachtet werden (z. B. starker Einbezug der Eltern, Bearbeiten dysfunktionaler Gedanken der Eltern bzgl. Trennungssituationen wie z. B. „Ich bin eine schlechte Mutter, wenn ich mein Kind mit der Angst alleine lasse.“). Des Weiteren werden in den Sitzungen mit den Eltern folgende Themen behandelt: Trennungssituationen als Entwicklungsaufgabe, das Konzept des Fremdelns, Verbesserung von Erziehungsfertigkeiten, Folgen von elterlicher Überbehütung, Besprechung konkreter Maßnahmen zum Aufbau von Autonomie des Kindes, hilfreiche und weniger hilfreiche Unterstützung für das Kind in Angstsituationen durch die Eltern. Den Eltern wird ein autoritativer Erziehungsstil, gekennzeichnet durch hohe Wertschätzung, klare Regeln und Konsequenzen, nahe gelegt.

Ein Schwerpunkt der Therapie bildet die regelmäßige Durchführung von Konfrontationsübungen. Das Therapierational wird zunächst einzeln mit Kind und Eltern mit Hilfe von Angstkurven erarbeitet. Nach der expliziten Entscheidung des Kindes und der Eltern für die Konfrontation werden gemeinsam eine Angsthierarchie sowie ein Verstärkerplan erstellt. Nach intensiver Vorbereitung findet die erste Konfrontation unter Anleitung des Therapeuten statt. Dadurch erhalten die Eltern ein Modell, wie sie sich in den folgenden Übungen verhalten sollen. Die Übungen werden in den jeweiligen Therapiesitzungen ausführlich vor- und nachbesprochen. Vorläufige Ergebnisse der Therapieevaluation zeigen, dass die störungsspezifische Therapie wirkt.

Die Ergebnisse der Therapiestudie für die 43 fünf- bis siebenjährigen Kinder mit einer Störung mit Trennungsangst zeigten im Vergleich zur Wartelistekontrollgruppe eine signifikante Verbesserung mit einer großen prä-post Effektstärke. Die intent-to-treat Analyse ergab, dass 76,19 % der Kinder nach der Therapie die DSM-IV-TR Diagnosekriterien der Störung mit Trennungsangst nicht mehr erfüllten (Schneider et al., 2011).

10.1.3 1-Session-Behandlung Spezifischer Phobie

In Anlehnung an die 1-Session-Behandlung Spezifischer Phobien für Erwachsene wurde die Therapie für Kinder modifiziert (Ollendick et al., 2009). Vor der Behandlung werden eine ausführliche diagnostische Untersuchung, eine einstündige Verhaltensanalyse, eine Motivationsabklärung und eine Vorbereitung auf die Therapie durchgeführt. Die darauf folgende Konfrontationstherapie, die graduell, in-vivo und mit Modelllernen durchgeführt wird, dauert maximal drei Stunden.

Das Rational für die 1-Session-Therapie ist die Exposition des Kindes mit dem kontrollierten Objekt in einem kontrollierten Rahmen. Die Therapie sollte als erster Schritt verstanden werden, auf welchen eine kontinuierliche Konfrontation des Kindes mit dem angstauslösenden Objekt im Alltag folgt. Die Unterschiede zwischen der Therapiesituation und der Konfrontation im Alltag werden wie folgt beschrieben: In der Therapiesituation ist die Konfrontation geplant, graduell, kontrolliert, anhaltend und die Arbeit findet im Team statt. Im Alltag ist die Konfrontation ungeplant, nicht graduell, unkontrolliert, sehr kurz und das Kind ist alleine. Vor der Therapie wird betont, dass das Kind und der Therapeut als Team arbeiten, der Therapeut in der Konfrontation nichts tut ohne die Zustimmung des Kindes und dass das Erreichen eines hohen Levels an Angst nicht das Ziel ist. Die Konfrontation ist aufgebaut als eine Serie von Verhaltenstests. Die erste Aufgabe ist die genaue Beschreibung des angstauslösenden Objektes. Dadurch wird das Kind gezwungen, das Objekt genau anzuschauen. Das Kind wird aufgefordert, sich dem angstauslösenden Objekt anzunähern und den Kontakt zu halten, bis die Angst weitgehend weg ist. Dabei sollte das Angstlevel am Ende der Therapie mindestens um 50 % reduziert sein.

Der Therapeut hat eine Modellfunktion, indem er die Interaktion mit dem Objekt vordemonstriert. Dabei wirkt er unterstützend und verstärkend. Die Ergebnisse der randomisierten Studie (Ollendick et al., 2009) sind im Abschnitt zur Psychotherapieforschung beschrieben.

10.1.4 Transdiagnostisches Protokoll

Am „Center for Anxiety and Related Disorders“ der Boston University wurde ein transdiagnostisches Therapieprotokoll zur Behandlung von Angst- und depressiven Störungen entwickelt (Unified Protocol, Barlow et al., 2011). Damit soll der hohen Komorbidität von Angst- und depressiven Störungen Rechnung getragen werden. Die Therapiekomponenten wurden aus empirisch validierten Manualen übernommen und seit der Entwicklung des Protokolls liegen nun auch die ersten Wirksamkeitsnachweise vor.

Theoretischer Hintergrund des Protokolls ist das Tripartite Modell, welches zeigte, dass negative Affekte und geringe positive Affekte übergeordnete Faktoren der unipolaren Depression und verschiedener Angststörungen sind (Brown, Chorpita & Barlow, 1998). Gemeinsamkeiten von Angststörungen und Depressionen zeigen sich auch in kognitiven Dysfunktionen und der Emotionsregulation (Dalgleish & Watts, 1990; Campbell-Sills et al., 2006). Das Unified Protocol wurde für die verschiedenen Angst- und depressiven Störungen sowie für Störungen entwickelt, bei welchen Ängste und emotionale Dysfunktionen eine zentrale Rolle spielen (z. B. somatoforme oder dissoziative Störungen). Neben der bereits angesprochenen Komorbidität werden auch die nicht näher bezeichneten Störungen und die subklinischen Störungen angesprochen. Das Protokoll ist in Modulen aufgebaut und beinhaltet 18 Sitzungen. Die Module enthalten Themen zur Vermittlung von adaptiven Emotionsregulationsfertigkeiten, Interozeptive und Mindfullness Übungen sowie Auffrischungssitzungen. Erste Pilotdaten mit Erwachsenen haben die Wirksamkeit des Protokolls nachgewiesen (Ellard et al., 2010). Eine randomisierte, kontrollierte Studie wird derzeit durchgeführt. Eine Pilotstudie mit drei Adoleszenten, bei der eine modifizierte Version des Protokolls (Ehrenreich et al., 2009) angewendet wurde, verweist auch auf deutliche Verbesserungen, die sich nach sechs Monaten noch weiter stabilisierten.

10.1.5 Traumafokussierte Kognitive Verhaltenstherapie für Posttraumatische Belastungsstörung (PTBS)

Für das Traumafokussierte Kognitive Verhaltenstherapiemanual bei Kindern und Jugendlichen wird auf die deutsche Übersetzung von Lutz Goldbeck aus dem Original von Cohen, Mannarino und Deblinger (2009) verwiesen.

Ein sehr gutes internetbasiertes Training der Traumafokussierten Kognitiven Verhaltenstherapie ist auf der Website www.musc.edu/tfcbt verfügbar. Der Kurs umfasst neun Module und zeigt anhand von Videofilmen sehr anschaulich das konkrete therapeutische Vorgehen.

10.2 Neue Ansätze in der Psychotherapie

Wie bereits das Kapitel Psychotherapieforschung gezeigt hat, profitieren derzeit leider immer noch viel zu wenige Kinder und Jugendliche mit Angststörungen von einer Psychotherapie. Eine weitere Herausforderung, neben der Weiterentwicklung bisheriger Methoden und der Überprüfung der einzelnen Komponenten, ist die Entwicklung und Überprüfung neuer Methoden, die zusätzlich zu einer Psychotherapie oder auch anstelle einer therapeutenbasierten Psychotherapie durchgeführt werden können. Das gewünschte Ziel sollte sein, dass für alle Kinder mit Angststörungen die wirksamste Methode zur Verfügung steht.

10.2.1 Computerspiel zur Unterstützung der Verhaltenstherapie: Die Schatzsuche

Neue Hilfsmittel für den Einsatz in der Verhaltenstherapie sind spannend, stellen gleichzeitig aber auch eine Herausforderung dar. Dies zeigt sich insbesondere bei der Idee, Computerspiele in der Therapie einzusetzen, da in den Medien bislang hauptsächlich über negative Beispiele im Zusammenhang mit intensivem Medienkonsum, Gewalt und Sucht (Browne & Hamilton-Giachritsis, 2005; Griffiths & Hunt, 2000) berichtet wurde. Dabei ist jedoch die Unterscheidung von kommerziellen Computerspielen und sog. „serious games" zu machen. „Serious games" sind wie kommerzielle Spiele unterhaltungsorientiert und sollen Spaß machen, ihr primäres Ziel ist jedoch der Erwerb von Wissen und Können (Brezinka, 2009). In diesem Zusammenhang konnte der Einsatz von solchen Computerspielen erfolgreich zur Unterstützung von Kindern mit Krebserkrankungen, Asthma und Diabetes gezeigt werden (Lieberman, 2001; Brown et al., 1997). Beispielsweise führte bei Kindern mit Krebserkrankungen der Einsatz von Computerspielen zu weniger Übelkeit, geringeren Schmerzen und niedrigerem Schmerzmittelkonsum (für einen Überblick siehe Griffiths, 2003).

Im Folgenden wird das Computerspiel „*Die Schatzsuche*" vorgestellt, welches zur Unterstützung einer kognitiv-verhaltenstherapeutischen Behandlung eingesetzt werden kann. Das Spiel wurde unter der Leitung von Dr. Veronika Brezinka am Zentrum für Kinder- und Jugendpsychiatrie der Universität Zürich in Zusammenarbeit mit der Zürcher Hochschule für Künste entwickelt. „*Die Schatzsuche*" beruht auf lerntheoretischen Grundlagen und beinhaltet Komponenten, die sich in gut überprüften kognitiv-verhaltenstherapeutischen Behandlungsprogrammen für Kinder als wirksam erwiesen haben (Coping Cat von Kendall; Freunde von Barrett usw.). Das Spiel richtet sich an Kinder zwischen neun und 13 Jahren, die Schwierigkeiten im Bereich ihrer Gedanken und Gefühle haben. Das heißt, das Programm ist sowohl für ängstliche und depressive als auch für aggressive Kinder geeignet. Das Spiel ist nicht als Selbsthilfe gedacht, sondern als ein die Therapie unterstützendes Werkzeug. Daher ist „*Die Schatzsuche*" auch nur Fachleuten (approbierte oder in Ausbildung befindliche Psychotherapeuten resp. Psychiater) zugänglich (www.treasurehunt.uzh.ch). Folgende Themen werden im Spiel angegangen: Der Einfluss von Gedanken auf Gefühle, das Erkennen von Gefühlen anhand von Gesichtsausdrücken, der Unterschied zwischen hilfreichen und weniger hilfreichen Gedanken und das Ersetzen von wenig hilfreichen Gedanken in hilfreiche Gedanken.

„*Die Schatzsuche*" findet auf einem alten Segelschiff statt. Für das Auffinden eines Schatzes anhand einer Schatzkarte benötigt der Kapitän die Hilfe des

Kindes. Hinweise für die Schatzkarte gibt es durch das Lösen verschiedener Aufgaben. Beispielsweise muss das Kind verschiedene Gedanken als hilfreich oder wenig hilfreich einschätzen (z. B. „Ich kann meine Schwester um Hilfe bitten“ wäre ein hilfreicher Gedanke). Nachdem die Aufgaben eines Levels gelöst wurden, erhält das Kind einen Seestern, der dann in die Schatzkarte eingetragen wird. Am Ende des Spiels gibt es eine Wiederholung der Aufgaben, bevor das Kind eine Urkunde dafür erhält, was es im Spiel gelernt hat.

10.2.2 Internetbasierte Therapie

Wie bereits beschrieben, erhalten viele Kinder mit behandlungsbedürftigen Ängsten keine professionelle Hilfe. Daher stellt sich die Frage, ob andere Methoden eine Alternative zur direkten Therapeut-Patient-Therapie sein könnten. Eine Alternative ist beispielsweise die internetbasierte Therapie. Im Bereich der Angststörungen bei Erwachsenen zeigten sich in bisherigen Studien gute Werte hinsichtlich Zufriedenheit und Akzeptanz. Bezüglich Wirksamkeit zeigte sich bei der Verbesserung der Angstsymptomatik eine Spannweite von moderaten bis guten Effekten (Überblick bei Griffiths & Christensen, 2006). Im Folgenden werden zwei Studien aus dem Kinderbereich vorgestellt.

Im Bereich der Angststörungen bei Kindern liegen derzeit aus Australien die Ergebnisse einer Pilotstudie und einer randomisierten, kontrollierten Studie vor (Spence et al., 2006; March et al., 2009). In der ersten Studie von Spence et al. (2006) wurde die internetbasierte Therapie kombiniert mit Therapeutenkontakt durchgeführt und mit einer Wartelistekontrollgruppe verglichen. Die Studie bestätigte die Durchführbarkeit einer kombinierten Therapeut- und internetbasierten Therapie. Die Ergebnisse zeigten, dass diese Therapie bei Kindern und Eltern auf eine sehr gute Akzeptanz, Glaubwürdigkeit und Konsumentenzufriedenheit stieß. Des Weiteren zeigte sich eine sehr gute Compliance bei der Durchführung der Internet-Sitzungen und der dazugehörigen Hausaufgaben. Im Hinblick auf die Wirksamkeit waren die Ergebnisse der kombinierten Therapie und der Therapie mit Therapeutenkontakt vergleichbar, auch bei den Katamneseuntersuchungen nach sechs und zwölf Monaten.

In der zweiten Studie von March et al. (2009) wurden 73 Kinder im Alter zwischen sieben und zwölf Jahren entweder der internetbasierten Therapie oder einer Warteliste zugeteilt. Die Ergebnisse weisen darauf hin, dass die Wirksamkeit nach Therapieende im Vergleich zur Warteliste zwar signifikant, aber gering war. Eine vergleichbare Wirksamkeit der Therapie (75 % erfüllten die Kriterien ihrer primären Angstdiagnose nicht mehr) mit Ergebnissen von Meta-Analysen (z. B. In-Albon & Schneider, 2007) oder systematischen Reviews (James et al., 2006) zeigte sich beim Sechs-Monate-Katamnesezeitpunkt. Die Autoren erklärten die verzögerte Wirksamkeit damit, dass viele Familien für das Beenden der Therapie länger benötigten als die angegebenen zehn Wochen.

Insgesamt lässt sich festhalten, dass die internetbasierte Therapie alleine oder als Unterstützung zur Verhaltenstherapie für die Behandlung von Angststörungen wirksam sein kann und weiter erforscht werden sollte. Gerade für Familien, die keinen Zugang zu einer adäquaten psychotherapeutischen Versorgung haben oder aus zeitlichen oder finanziellen Gründen keine psychotherapeutische Standardtherapie in Anspruch nehmen können, sind Weiterentwicklungen wesentlich, um auch ihnen den Zugang zu wirksamen Therapien zu ermöglichen.

10.3 Angststörungen und Autismus

Kinder mit einer Autismus-Spektrum-Störung zeigen qualitative Beeinträchtigungen der reziproken sozialen Interaktion, qualitative Beeinträchtigungen der verbalen und nonverbalen Kommunikation, eingeschränkte Interessen sowie repetitives Verhalten. Manche Kinder zeigen zusätzlich ungewöhnliche sensorische Interessen. Das Auftreten der Störung erfolgt in der Regel vor dem Alter von drei Jahren. Die Autismus-Spektrum-Störung beinhaltet, wie der Name bereits sagt, ein Spektrum von Störungen: Den Frühkindlichen Autismus, den Atypischen Autismus, das Asperger- Syndrom, die Desintegrative Störung und das Rett-Syndrom.

Von *High-Functioning-Autismus* (HFA) spricht man, wenn alle Symptome des frühkindlichen Autismus auftreten, aber eine normale Intelligenz vorliegt. Die verzögerte Sprachentwicklung bleibt dabei häufig bestehen, trotz intellektueller Kompensation. Im Vergleich zum Asperger-Syndrom verfügen die Menschen mit High-Functioning-Autismus über weitgehend unbeeinträchtigte motorische Fähigkeiten.

Vielfach wird berichtet, dass Kinder mit HFA Ängste in den Bereichen Schule, Familie und Soziales haben. Als zugehöriges Merkmal beschreibt das DSM-IV-TR bei den autistischen Störungen: „Die Betroffenen können Furchtlosigkeit vor wirklichen Gefahren oder übermäßige Furcht vor harmlosen Dingen zeigen“ (Sass et al., 2003, S. 105). Auch Eltern berichten, dass Ängste ein häufiges Problem bei ihren Kindern mit HFA darstellen (Mills & Wing, 2005). Mehrere kleinere Studien haben die Prävalenzraten von Angststörungen bei Kindern mit Autismus-Spektrum-Störungen (ASS) untersucht. In der Studie von Muris et al. (1998) erfüllten 84 % der Kinder mit HFA eine Diagnose einer Angststörung, wovon 63 % die Diagnosekriterien einer Spezifischen Phobie erfüllten.

Der bisherige Mangel an Forschung von Verhaltenstherapie in der Behandlung von Ängsten bei Kindern mit einer ASS könnte daher kommen, dass Kinder mit ASS Schwierigkeiten haben, Gefühle und Kognitionen bei sich selbst und anderen zu identifizieren, auch bekannt unter dem Begriff „Theory of Mind (ToM)“ (Baron-Cohen et al., 1985). Diese Kinder wurden für die Verhaltenstherapie lange Zeit als nicht geeignet betrachtet, da die Verhaltenstherapie auf der Fähigkeit aufbaut, Emotionen und Kognitionen zu modifizieren, um Verhaltensänderungen herbeizuführen. Neuere Forschungsergebnisse zeigten jedoch, dass Kinder mit HFA fähig sind, eigene Gedanken und Gedanken von anderen zu identifizieren (z. B. Dahlgren et al., 2003). Es stellte sich daher die Frage, ob Verhaltenstherapie nicht auch bei Angststörungen bei Kindern mit HFA wirksam ist. Eine Gemeinsamkeit zwischen Angststörungen und ASS besteht zudem in Schwierigkeiten mit der Informationsverarbeitung. In der Therapiestudie von Chalfant, Rapee und Carroll (2007) wurde das australische Therapieprogramm für Angststörungen „Cool Kids" für Kinder mit HFA modifiziert. Die Veränderungen bestanden darin, dass mehr visuelles Material verwendet wurde und Entspannung und Konfrontation die beiden größten Komponenten darstellten, wobei die Konfrontationen in den Sitzungen besprochen und dann als Hausaufgabe zwischen den Sitzungen durchgeführt und geübt wurden. Die Komponente der kognitiven Umstrukturierung wurde gekürzt. Das Programm wurde als zwölfwöchige Gruppentherapie mit sechs bis acht Kindern durchgeführt. Die Eltern erhielten parallel auch im Gruppenformat das entsprechende Programm. Nach der Therapie erfüllten 71 % der Behandlungsgruppe die Kriterien für eine Angststörung nicht mehr. Verbesserungen zeigten sich im Selbstbericht der Kinder, der Eltern und der Lehrer. Vergleichbare Ergebnisse zeigte eine randomisierte, kontrollierte Therapiestudie von Wood et al. (2009). Die Studie von Drahota et al. (2010) ergab, dass Kinder nach der Therapie über mehr alltägliche Fertigkeiten verfügten. Diese ersten Ergebnisse in der Behandlung von Angststörungen im Bereich der Autimus-Spektrum-Störungen sind sehr erfreulich und sollten nun in größeren Therapiestudien repliziert werden.

Fazit – Therapiemanuale und neue Ansätze in der Psychotherapie

Die bislang gut überprüften Behandlungsprogramme richten sich an Kinder mit unterschiedlichen Angststörungen gleichermassen. Es wurde aufgezeigt, dass für die meisten Angststörungen keine spezifischen Programme existieren. Einzig für die Soziale Phobie und die Posttraumatische Belastungsstörung liegen gut evaluierte Behandlungsprogramme vor. Neue Ansätze zur bisherigen Behandlung sind beispielsweise Computerspiele oder die Internetbasierte Therapie.
Als eine besondere Gruppe, bei der häufig auch Angststörungen insbesondere Phobien vorkommen, gelten Kinder mit einer Autismus-Spektrum-Störung. Die bisherigen Studien belegen auch bei diesen Kindern eine gute Wirksamkeit behavioraler Methoden.

11 Prävention

Für den Bereich der Angststörungen sollte die Prävention im Kindesalter durchgeführt werden, da sich die Angststörungen, wie beschrieben, mehrheitlich im Kindesalter erstmalig manifestieren. Der große Gewinn der Prävention im Kindesalter ist, dass sie gleichzeitig eine Prävention psychischer Störungen im Jugend- und Erwachsenenalter darstellt. Der entsprechende Nachweis muss jedoch in Längsschnittstudien erbracht werden.

Präventive Interventionen können gemäß der Definition ihrer Zielgruppe unterteilt werden (Institute of Medicine, 1994). Es wird die universelle, selektive und indizierte Prävention unterschieden. Die *universelle Prävention* richtet sich an die Allgemeinbevölkerung. Ihre Vorteile sind breite Anwendbarkeit und geringe Stigmatisierungsgefahr. Die *selektive Prävention* richtet sich an Individuen oder Subgruppen, deren biologisches oder soziales Risiko, eine psychische Störung zu entwickeln, im Vergleich zur Allgemeinbevölkerung erhöht ist (z. B. Kinder in sozial benachteiligten Wohngebieten). Die *indizierte Prävention* ist für Personen mit psychopathologischen Auffälligkeiten oder biologischen Markern einer Störung, die die Wahrscheinlichkeit für das Auftreten einer Krankheit erhöhen. Der Nachteil selektiver und indizierter Prävention liegt in der Gefahr der Stigmatisierung und der Aufwendigkeit, die entsprechenden Personen zu identifizieren. Um Effekte der universellen Prävention nachweisen zu können, ist eine sehr große Stichprobe nötig, da viele Teilnehmer vor dem Programm keine Auffälligkeiten aufweisen. Eine ältere Einteilung geht nach dem zeitlichen Verlauf der Zielstörungen vor und teilt die Prävention in primäre, sekundäre und tertiäre Prävention auf. *Primäre Prävention* will Frühsymptome von Krankheiten und Störungen sowie das Ungleichgewicht von Risiken und protektiven Faktoren vermeiden. *Sekundäre Prävention* greift beim Auftauchen erster Symptome und subklinischen Diagnosen. *Tertiäre Prävention* will Folgeprobleme und Chronifizierung von Krankheiten und Störungen vermeiden helfen. Die Beschreibung dieser Einteilung zeigt sogleich deren Problematik auf, da vor allem die tertiäre Prävention keine eigentliche Prävention mehr ist, sondern eher Behandlung und Rehabilitation.

Aufgrund verschiedener Unterteilungen wurde 2001 von der „National Advisory Mental Health Council (NAMHC) Workgroup on Mental Disorders Prevention Research“ eine breitere Definition der Präventionsforschung vorgeschlagen. Danach zählen zum Gebiet der Präventionsforschung sowohl Forschungsansätze zur Identifikation von ätiologischen Faktoren (Risikofaktoren) von Störungen als auch Ansätze, die sich mit der Prävention von Rückfällen,

Komorbidität, Beeinträchtigungen und Konsequenzen von schweren psychischen Störungen beschäftigen.

Allen präventiven Ansätzen ist der Grundgedanke gemeinsam, dass durch Modifikation von Risiko- und Protektivfaktoren das (Wieder-)Eintreten oder eine Verschlimmerung einer Erkrankung verhindert werden sollen (Reduktion von Inzidenz und Prävalenz). Die Basis erfolgreicher Präventionsansätze bildet somit die Erforschung von Risiko- und Schutzfaktoren psychischer Störungen. Ein weiteres Ziel der Prävention ist zudem das Verhindern von Komorbidität (Reduktion der Inzidenz neuer Störungen).

In der Prävention wird bezüglich des Fokus der Intervention, die Verhaltens- und Verhältnisprävention, unterschieden. Die *Verhaltensprävention* setzt beim Verhalten des Individuums an und steht für Strategien, die die Beeinflussung von gesundheitsrelevanten Verhaltensweisen beinhalten. Die Ziele sind die Modifikation respektive Initiierung und Stabilisierung von gesundheitsförderlichem Verhalten und die Reduktion oder Vermeidung von gesundheitsriskanten Verhaltensweisen. Als Instrumente der Verhaltensprävention dienen Informationen, Aufklärung und verhaltenstheoretische Programme. Die *Verhältnisprävention* fokussiert auf die Umwelt des Individuums und steht für Strategien, die auf die Kontrolle, Reduktion oder Beseitigung von Gesundheitsrisiken in den Umwelt- und Lebensbedingungen, das heißt auf die Verringerung von Krankheitsursachen abzielen. Durch eine Umgestaltung der Umwelt soll demnach die Gesundheit des Individuums gefördert werden. Wichtig ist jedoch festzuhalten, dass sich Verhalten und Verhältnis gegenseitig bedingen und daher eine Kombination von Maßnahmen der Verhaltens- und Verhältnisprävention sinnvoll ist.

In diesem Zusammenhang soll auch kurz der *Settingansatz* beschrieben werden. Damit sind Maßnahmen gemeint, die nicht nur auf Individuen sondern auch auf Lebensräume abzielen, wo Menschen viel Zeit verbringen. Für Kinder wäre dies beispielsweise die Schule.

Ein wichtiger Präventionsansatz bei jüngeren Kindern ist sicherlich die Aufklärung von und Informationsvermittlung an Personen, die mit Kindern zu tun haben (z. B. Eltern, Lehrer oder Personen des Gesundheitswesens).

11.1 Wirksamkeit von Präventionsmaßnahmen

Insgesamt kann davon ausgegangen werden, dass Präventionsprogramme überwiegend positive Wirkungen haben (z. B. Beelmann, 2006; Durlak & Wells, 1997). In einer Sekundäranalyse von 23 quantitativen Überblicksarbeiten und Meta-Analysen (n= 19) zur Wirksamkeit von Präventionsmaßnahmen bei Kindern und Jugendlichen kam Beelmann (2006) zum Schluss, dass Präventionsmaßnahmen zu einer geringeren Belastungs- respektive höheren Besserungsrate von ca. 15 bis 25 % führen (dies entspricht einem Drittel bis der Hälfte der Standardabweichung eines Erfolgsmaßes). Eine eindeutige Ergebnislage zeigt sich bei der Art der Prävention: Zielgruppenspezifische Maßnahmen (selektive und indizierte Prävention) weisen eine höhere Wirksamkeit auf als universelle Maßnahmen.

11.2 Präventionsprogramme Angststörungen

Für den deutschen Sprachraum liegen zwei empirisch überprüfte Programme vor. Diese werden im Folgenden vorgestellt. Im Rahmen der selektiven Prävention wird eine Studie vorgestellt, die der Frage nachgegangen ist, ob sich der Temperamentsfaktor Verhaltenshemmung beeinflussen lässt. Des Weiteren wird ein Verhaltenstraining zur Förderung sozialer und emotionaler Kompetenzen bei Kindern vorgestellt (**Box 11.1**).

11.2.1 Universelle Präventionsprogramme

Gesundheit und Optimismus, *GO!* (Junge, Neumer, Manz & Margraf, 2002) ist ein universelles Programm zur primären Prävention von Angst- und depressiven Störungen bei Jugendlichen im Alter von 14 bis 18 Jahren. Die Interventionen des *GO!* werden in der Schule durchgeführt und lassen sich in vier Module gliedern:

1. Angst
2. Depression
3. Training sozialer Kompetenzen
4. Stressbewältigung (einschließlich Problemlösen und Entspannung)

Des Weiteren wird die Generalisierte Kompetenzerwartung, welche einen allgemeinen Schutzfaktor darstellt, durch Training von Problemlösefähigkeiten und Vermittlung eines Selbstwert steigernden Denkstils gefördert. Ergebnisse der Evaluationsstudie ergaben, dass das Programm einen gesundheitsfördernden Aspekt hat. Die Wirksamkeit des Programms wurde an über 1 000 Kindern und Jugendlichen in Deutschland, Österreich und der Schweiz evaluiert. In den Studien konnten Wissenszuwachs, Anstieg sozialer Kompetenzen, Stressreduktion und Reduktion von Angst- und Depressionssymptomen nachgewiesen werden. In Deutschland wird der Kurs von der Krankenkasse als Präventionsmaßnahme im Handlungsfeld „Prävention stressbedingter Erkrankungen" zur Kostenerstattung anerkannt.

Das *FREUNDE-Programm* (FRIENDS, Barrett et al., 2000, 2003) ist auch ein universelles Präventions- und Interventionsprogramm für Schüler im Alter von sieben bis zwölf Jahren. FREUNDE wurde ausgehend von einem Therapiemanual zur Behandlung von Angststörungen, „Coping Cat" (Kendall, 1990), konzipiert. Zusätzlich zu den zehn Gruppensitzungen mit den Kindern sind im Programm auch vier Elternabende vorgesehen. Nach einem Training kann die Durchführung durch verschiedene Fachleute im Gesundheitswesen erfolgen, da eine Studie zeigen konnte, dass die Effektivität des Programms nicht davon abhing, ob das Programm von einem Psychologen oder einem speziell trainierten Lehrer durchgeführt wurde (Barrett & Turner, 2001). FRIENDS ist ein Akronym und steht für F = Feeling worried?, R = Relax and feel good, I = Inner thoughts, E = Explore pans, N = Nice work – self-reward, D = Don't forget to practice, S = Stay calm. Das deutsche Akronym FREUNDE steht für F = Fühlst du dich besorgt?, R = Relax und lass es dir gut gehen, E = Eigene Gedanken, U = Untersuche, was du tun kannst, N = Nach dieser Arbeit kannst du dich belohnen, D = Das Üben nicht vergessen, E = Entspannt und ruhig bleiben.

Ziele des Programms sind die Vermittlung von Techniken und Fähigkeiten in den drei Bereichen, die für die Aufrechterhaltung von Angst zentral sind: Physiologie, Kognitionen und Lernen. Daran setzen die Fertigkeiten an, die im Programm vermittelt werden:

- Physiologie: Entspannungsübungen und Bewusstsein von Körperhinweisen
- Kognitionen: Erkennen innerer Gedanken und Selbstbelohnung
- Lernen: Problemlösefähigkeiten, Bewältigungsfertigkeiten und Erkennen angenehmer Ereignisse

Wirksamkeitsstudien konnten zeigen, dass Kinder nach der Durchführung des Trainings weniger Angstsymptome hatten und bessere soziale Kompetenzen aufwiesen (Barrett & Turner, 2001). Diese Effekte konnten auch nach einem Katamnesezeitraum von 36 Monaten aufrechterhalten werden (Barrett et al., 2006). Essau et al. (2004) untersuchten an 208 deutschen Schulkindern und ihren Eltern die Akzeptanz der deutschen Version des FREUNDE-Programms. Dabei zeigte sich, dass das Programm durchgängig sehr gut akzeptiert wurde, sowohl von den Kindern als auch von den Eltern. Es ergaben sich auch signifikante Zusammenhänge zwischen der Akzeptanz des Programms durch Schüler, Eltern und den Angstwerten der Kinder. Bestandteile des Programms, die von den Kindern und Eltern als besonders erfolgreich angegeben wurden, waren Entspannungsübungen und hilfreiche Gedanken.

11.2.2 Selektive Prävention

Beeinflussung des Temperamentfaktors Verhaltenshemmung

Wie im Kapitel Risikofaktoren (siehe **Kap. 5.1**) dargestellt wurde, ist ein andauerndes verhaltensgehemmtes Verhalten ein Risikofaktor für die Entwicklung von Angststörungen. Daher stellt sich die Frage, ob es möglich ist, diesen Temperamentsfaktor zu verändern. Ausgehend von dieser Frage, entwickelte Ron Rapee ein selektives Interventions- und Aufklärungsprogramm für Eltern verhaltensgehemmter Kinder im Vorschulalter (Rapee, 2002). Diese erste Studie in diesem Bereich konnte zeigen, dass das Temperamentsmerkmal Verhaltenshemmung modifizierbar ist. Darauf aufbauend, wurde eine erste kontrollierte Studie mit 146 Kindern, die als verhaltensgehemmt eingeschätzt wurden, durchgeführt (Rapee et al., 2005). Bei den Interventionen waren ausschließlich die Eltern involviert, mit dem Hauptziel, ihnen Techniken beizubringen, wie sie ihrem Kind helfen können, selbstsicherer und kontaktfreudiger zu sein. Spezifische Komponenten waren Psychoedukation zu Angst und Zurückgezogenheit, Angstmanagement-Strategien für die Eltern, Informationen über die Wichtigkeit von Modellverhalten, Förderung von Unabhängigkeit, Erstellen von Konfrontationshierarchien für das Kind, graduelle Konfrontationsübungen sowie eine Diskussion über die weitere Entwicklung des Kindes. Das Programm wurde als Kurzintervention (6 Sitzungen) im Gruppenformat konzipiert. Die Ergebnisse zeigten, dass Kinder von Eltern in der Experimentalgruppe im Vergleich zur Kontrollgruppe nach zwölf Monaten signifikant weniger Diagnosen von Angststörungen hatten. Hingegen zeigten sich keine signifikanten Effekte bei der Verhaltenshemmung. Die Erklärung der Autoren für diesen Unterschied lautete, dass der Therapieeffekt der Angstbehandlung nicht über eine Veränderung des Temperaments zustande gekommen sei. Während das Temperament ein relativ stabiles Konstrukt sei, sei dies bei einer Störung nicht der Fall.

In einer weiteren Studie (Kennedy et al., 2009) wurden 71 verhaltensgehemmte Kinder im Alter von drei bis vier Jahren mit einem an einer Angststörung erkrankten Elternteil untersucht. Das Elterntraining beinhaltete die gleichen Komponenten wie diejenigen in der Studie von Rapee et al. (2005), wurde jedoch auf acht Sitzungen erweitert. Vor der Intervention erfüllten alle Kinder zusätzlich zum verhaltensgehemmten Verhalten die Kriterien für eine Angststörung. Sechs Monate nach der Intervention zeigte sich eine signifikante Reduktion in der Häufigkeit und im Schweregrad der Angststörungen bei den Kindern im Vergleich zu den Kindern in der Wartelistebedingung. Zusätzlich zeigte sich eine Reduktion des verhaltensgehemmten Verhaltens sowohl im Bericht der Eltern als auch in der Verhaltensbeobachtung (Interaktion mit einem Fremden, vermehrtes Sprechverhalten, geringere Nähe zur Mutter).

Box 11.1: Förderung sozial-emotionaler Kompetenzen im Grundschulalter

85 Kinder im Alter zwischen neun und zwölf Jahren erhielten ein Training zur Förderung emotionaler, sozialer und moralischer Entwicklung (Verhaltenstraining in der Grundschule, Petermann et al., 2007). Die Kinder lernten beispielsweise, Gefühle zu erkennen und angemessen mit Gefühlen und Konfliktsituationen umzugehen sowie Regeln umzusetzen und auch eigene Fehlleistungen einzugestehen. Die Ergebnisse zeigten eine Zunahme sozialer Kompetenzen und eine Abnahme sozial-emotionaler Probleme. Des Weiteren zeigte sich besonders bei Jungen eine Abnahme von oppositionellem und aggressivem Verhalten (von Marées & Petermann, 2009).

Fazit – Präventionsprogramme

Es liegen empirisch überprüfte Präventionsprogramme für Angststörungen vor, jedoch bedarf es weiterer Untersuchungen zur Nachhaltigkeit und damit dem Einhergehen von Kosten-Nutzen-Analysen. Wie die Psychotherapieforschung ist auch die Präventionsforschung aufgefordert, Risiko- und Schutzfaktoren für die Entwicklung psychischer Störungen genauer zu untersuchen. Entscheidend ist zudem, dass diejenigen, die Präventionsprogramme benötigen, mit den Maßnahmen auch wirklich erreicht werden. Zukünftig sind auch Präventionsprogramme, die über das Internet angeboten werden, zu prüfen und gegebenenfalls umzusetzen.

Es stellt sich die Frage, inwieweit störungsspezifische Programme von Schulen eingesetzt werden sollten oder ob nicht besser Ansätze verfolgt werden sollten, die allgemeine Schutzfaktoren wie soziale und emotionale Kompetenzen fördern und einen allgemeinen Einfluss auf die psychische Gesundheit von Kindern haben (siehe **Box 11.1**). Es sind Längsschnittstudien im Bereich der Präventions- und Gesundheitsförderung gefordert.

Abschluss

Angststörungen im Kindes- und Jugendalter sind im Hinblick auf ihre Häufigkeit, Verlauf und Folgen ein wichtiges gesundheitspolitisches Thema. Sie sind mit hohem Leidensdruck und langfristig ungünstiger Prognose verbunden und werden oft nicht erkannt. Angststörungen des Kindes- und Jugendalters sind bedeutsame Risikofaktoren für psychische Störungen des Erwachsenenalters und bedürfen daher einer möglichst frühzeitigen Behandlung. Derzeit können nur kognitiv-verhaltenstherapeutische Interventionen als ausreichend evidenzbasiert betrachtet werden. Keine Unterschiede finden sich, wenn die kognitive Verhaltenstherapie individuell oder in der Gruppe, mit dem Kind alleine oder unter Einbezug der Eltern durchgeführt wird. Der Einbezug der Eltern in die Behandlung des Kindes nimmt zu, je jünger das Kind ist. Eine valide Diagnose der Angststörung und die Evaluation des Therapieerfolgs erfordern den Einbezug von Informationen des Kindes *und* der Eltern zur Angstsymptomatik des Kindes. Für die Zukunft bleibt zu klären, wie Angststörungen präventiv vorgebeugt werden können. Eine Möglichkeit wäre die Verbreitung von Wissen zur Erkennung der Angstsymptomatik an Pädiater und Lehrpersonen. Zentral sind die Weiterentwicklung von Therapien und die Untersuchung von Therapieprozessen, damit auch diejenigen Kinder von Therapien profitieren können, die auch nach einer adäquaten Behandlung immer noch unter ihrer Angststörung leiden. Es bleibt noch viel zu tun!

Literatur

AACAP Official Action (2007). Practice parameter for the assessment and treatment of children and adolescents with anxiety disorders.*Journal of the American Academy of Child and Adolescent Psychiatry, 46,* 267–283.

Abikoff, H. (1979). Cognitive training interventions in children: Review of a new approach. *Journal of Learning Disabilities, 12,* 123–135.

Adler Nevo, G. & Manassis, K. (2009). Outcomes for treated anxious children: A critical review of long-term follow-up studies. *Depression and Anxiety, 26,* 650–660.

Adornetto, C., In-Albon, T. & Schneider, S. (2008). Diagnostik im Kindes- und Jugendalter anhand strukturierter Interviews: Anwendung und Durchführung des Kinder-DIPS. *Klinische Diagnostik und Evaluation, 1,* 363–377.

Adornetto, C. & Schneider, S. (2011). Angstsensitivitätsindex für Kinder (KASI). In C. Barkmann, M. Schulte-Markwort & E. Brähler (Hrsg.), *Klinisch-psychiatrische Ratingskalen für das Kindes- und Jugendalter* (S. 344–348). Göttingen: Hogrefe.

Albano, A. M., DiBartolo, R. A., Heimberg, R. G. & Barlow, D. H. (1995). Children and Adolescents: Assessment and Treatment. In R. G. Heimberg, M. R. Liebowitz, D. A. Hope & F. R. Schneier (Eds.), *Social Phobia: Diagnosis, Assessment and Treatment* (pp. 387–425). New York: Guilford Press.

Alfano, C. A., Beidel, D. C. & Turner, S. M. (2002). Cognition in childhood anxiety: conceptual, methodological, and developmental issues. *Clinical Psychology Review, 22,* 1209–1238.

Alfano, C. A., Pina, A. A., Villalta, I. K., Beidel, D. C., Ammerman, R. T. & Crosby, L. E. (2009). Mediators and moderators of outcome in the behavioral treatment of childhood social phobia. *Journal of the American Academy of Child and Adolescent Psychiatry, 48,* 945–953.

American Psychiatric Association (1980). *Diagnostic and Statistical Manual of Mental Disorders, 3rd edition: DSM-III.* Washington, DC: American Psychiatric Press.

American Psychiatric Association (1994). *Diagnostic and Statistical Manual of Mental Disorders, 4th edition: DSM-IV.*Washington DC: American Psychiatric Press.

American Psychiatric Association (2000). *Diagnostic and Statistical Manual of Mental Disorders: 4th edition text revision: DSM-IV-TR.*Washington, DC: American Psychiatric Press.

American Psychological Association. (1995). *Template for developing guidelines: Interventions for mental disorders and psychosocial aspects of physical disorders.* Washington, DC:

American Psychological Association.

American Academy of Child and Adolescent Psychiatry (2007). Practice parameters for the assessment and treatment of children and adolescents with anxiety disorders. *Journal of the American Academy of Child and Adolescent Psychiatry, 46,* 267–283.

Anderson, J. C., Williams, S., McGee, R. & Silva, P. A. (1987). DSM-III-disorders in preadolescent children. *Archives of General Psychiatric, 44,* 69–76.

Angold, A. (2002). Diagnostic Interviews with Parents and Children. In M. Rutter & E. Taylor (Eds.), *Child and Adolescent Psychiatry* (pp.32–51). 4th edition. Oxford: Blackwell Science.

Angst, J. & Vollrath, M. (1991). The natural history of anxiety disorders. *Acta Psychiatrica Scandinavica, 84,* 446–452.

Arbeitsgruppe Deutsche Child Behavior Checklist (1998a). *Elternfragebogen über das Verhalten von Kindern und Jugendlichen;* deutsche Bearbeitung der Child Behavior Checklist (CBCL/4–18). Einführung und Anleitung zur Handauswertung. 2. Auflage mit deutschen Normen, bearbeitet von M. Döpfner, J. Plück, S. Bölte, K. Lenz, P. Melchers & K. Heim. Köln: Arbeitsgruppe Kinder-, Jugend- und Familiendiagnostik (KJFD).

Arbeitsgruppe Deutsche Child Behavior Checklist (1998b). *Fragebogen für Jugendliche;* deutsche Bearbeitung der Youth Self-Report Form der Child Behavior Checklist (YSR). Einführung und Anleitung zur Handauswertung. 2. Auflage mit deutschen Normen, bearbeitet von M. Döpfner, J. Plück, S. Bölte, K. Lenz, P. Melchers & K. Heim. Köln: Arbeitsgruppe Kinder-, Jugend- und Familiendiagnostik (KJFD).

Arch, J. J. & Craske, M. G. (2009). First-line treatment: A critical appraisal of cognitive behavioral therapy developments and alternatives. *Psychiatric Clinics of North America, 32,* 525–547.

Aschenbrand, S. G., Kendall, P. C., Webb, A., Safford, S. M. & Flannery-Schroeder, E. (2003). Is childhood separation anxiety disorder a predictor of adult panic disorder and agoraphobia? A seven-year longitudinal study. *Journal of the American Academy of Child and Adolescent Psychiatry, 42,* 1478–1485.

Asendorpf, J. B., Denissen, J. J. A. & van Aken, M. A. G. (2008). Inhibited and aggressive preschool children at 23 years of age: Personality and social transitions into adulthood. *Developmental Psychology, 44,* 997–1011.

Bachmann, M., Bachmann, C. J., John, K., Heinzel-Gutenbrunner, M., Remschmidt, H. & Mattejat, F. (2010). The effectiveness of child and adolescent psychiatric treatments in a naturalistic outpatient setting. *World Psychiatry, 9,* 111–117.

Baer, S. & Garland E. J. (2005). Pilot study of community-based cognitive behavioral group therapy for adolescents with social phobia. *Journal of the American Academy of Child and Adolescent Psychiatry, 44,* 258–264.

Ballenger, J. C. (1999). Current treatments of the anxiety disorders in adults. *Biological Psychiatry, 46,* 1579–1594.

Bandura, A. & Rosenthal, T. L. (1966). Vicarious classical conditioning as a function of arousal level. *Journal of Personality and Social Psychology, 3,* 54–62.

Bandura, A., Grusec, J. E. & Menlove, F. L. (1967). Vicarious extinction of avoidance behavior. *Journal of Personality and Social Psychology, 5,* 16–23.

Bandura, A., Blanchard, E. B. & Ritter, B. (1969). Relative efficacy of desensitization and modeling approaches for inducing behavioral, affective, and attitudinal changes. *Journal of Personality and Social Psychology, 13,* 173–199.

Barlow, D. H. (2002). *Anxiety and its Disorders*(2nd edition). New York: Guilford Press.

Barlow, D. H., Farchione, T. J., Fairholme, C. P., Ellard, K. K.,Boisseau, C. L., Allen, L. B.& Ehrenreich-May, J.(2011). *Unified protocol for transdiagnostic treatment of emotional disorders.*New York: Oxford University Press.

Baron-Cohen, S., Leslie, A. M. & Frith, U. (1985). Does the autistic child have a „theory of mind“? *Cognition, 21,* 37–46.

Barrett, P. M., Dadds, M. R. & Rapee, R. M. (1996). Family treatment of childhood anxiety: A controlled trial. *Journal of Consulting and Clinical Psychology, 64,* 333–342.

Barrett, P. M., Rapee, R. M., Dadds, M. R. & Ryan, S. M. (1996). Family enhancement of cognitive style in anxious and aggressive children. *Journal of Abnormal Child Psychology, 24,* 187–203.

Barrett, P. M., Webster, H. & Turner, C. (2000). *Friends for Children Workbook.* Bowen Hills: Australian Academic Press.

Barrett, P. M. & Turner, C. (2001). Prevention of anxiety symptoms in primary school children: Preliminary results from a universal school-based trial. *British Journal of Clinical Psychology, 40,* 399–410.

Barrett, P. M., Duffy, A. L., Dadds, M. R. & Rapee, R. M. (2001). Cognitive-behavioral treatment of anxiety disorders in children: Long-term (6-year) follow-up. *Journal of Consulting and Clinical Psychology, 69,* 135–141.

Barrett, P. M., Webster, H., Turner, C., Essau, C. A. & Conradt, J. (2003). *Freunde für Kinder.* München: Reinhardt.

Barrett, P. M., Farrell, L. J., Ollendick, T. H. & Dadds, M. R. (2006). Long-term outcomes of an Australian universal prevention trial of anxiety and depression symptoms in children and youth: An evaluation of the friends program. *Journal of Clinical Child and Adolescent Psychology, 35,* 403–411.

Barrett, P. M., Farell, L., Pina, A. A., & Piacentini T. S., & Piacentini, J. (2008). Evidence based psychosocial treatments for child and adolescent obsessive-compulsive disorder. *Journal of Clinical Child and Adolescent Psychology, 37,* 131–155.

Baer, S., & Garland, E. J. (2005). Pilot study of community-based cognitive behavioral group therapy for adolescents with social phobia. *Journal of the American Academy of Child and Adolescent Psychiatry, 44,* 258–264.

Beautrais, A. L., Joyce, P. R., Mulder, R. T. & Roger, T. (1996). Risk factors for serious suicide attempts among youths aged 13 through 24 years. *Journal of the American Academy of Child and Adolescent Psychiatry, 35,* 1174–1182.

Beck, A. T., Clark, D. A. (1988). Anxiety and depression: An information processing perspective. *Anxiety Research: An International Journal, 1,* 23–36.

Beck, A. T., Emery, G. & Greenberg, R. (1985). *Anxiety Disorders and Phobias* – A Cognitive Perspective. New York: Basic Books.

Beck, J. G., Stanley, M. A., Averill, P. M., Baldwin, L. E. & Deagle, E. A. (1992). Attention and memory for threat in panic disorder. *Behaviour Research and Therapy, 30,* 619–629.

Beck, N., Cäsar, S. & Leonhardt, B. (2006). *Training sozialer Fähigkeiten.* Tübingen: dgvt Verlag.

Beelmann, A. (2006). Wirksamkeit von Präventionsmaßnahmen bei Kindern und Jugendlichen: Ergebnisse und Implikationen der integrativen Erfolgsforschung. *Zeitschrift für Klinische Psychologie und Psychotherapie, 35,* 151–162.

Beesdo, K., Knappe, S. & Pine, D. S. (2009). Anxiety and anxiety disorders in children and adolescents: Developmental issues and implications for DSM-V. *Psychiatric Clinics of North America, 32,* 483–524.

Beidel, D. C. (1992). *Social Phobia in Children.* Presented at the National Institute of Mental Health, Washington, DC.

Beidel, D. C. & Morris, T. L. (1995). Social Phobia. In March J. S. (Ed.), *Anxiety Disorders in Children and Adolescents* (pp. 181–211). New York: Guilford Press.

Beidel, D. C., Neal, A. M. & Lederer, A. S. (1991). The feasibility and validity of a daily diary for the assessment of anxiety in children. *Behavior Therapy, 22,* 505–517.

Beidel, D. C., Turner, S. M. & Morris, T. L. (2000). Behavioral treatment of childhood social phobia. *Journal of Consulting and Clinical Psychology, 68,* 1072–1080.

Berg, C. Z. (1989). Children's Yale-Brown Obsessive Compulsive Scale. Behavioral Assessment Techniques for Childhood Obsessive-Compulsive Disorder. In J. L. Raport (Ed.), *Obsessive-Compulsive Disorder in Children and Adolescents* (pp. 41–70). Washington: American Psychiatric Press.

Berg, I. (1992). Absence from school and mental health. *British Journal of Psychiatry, 161,* 154–166.

Bergman, R. L., Piacentini, J. & McCrocken, J. T. (2002). Prevalence and description of selectivemutism in a school-based sample. *Journal of the American Academy of Child and Adolescent Psychiatry 41,* 938–946.

Berman, S. L., Weems, C. F., Silverman, W. K. & Kurtines, W. M. (2000). Predictors of outcome in exposure-based cognitive and behavioral treatments for phobic and anxiety disorders in children. *Behavior Therapy, 31,* 713–731.

Berry, J. O. & Jones, W. H. (1995). The Parental Stress Scale: Initial psychometric evidence. *Journal of Social and Personal Relationships, 12,* 463–472.

Biederman, J., Monuteaux, M. C., Faraone, S. V., Hirshfeld-Becker, D. R., Henin, A., Gilbert, J. & Rosenbaum, J. F. (2004). Does referral bias impact findings in high-risk offspring for anxiety disorders? A controlled study of high-risk children of non-referred parents with panic disorder/agoraphobia and major depression. *Journal of Affective Disorders 82,* 209–216.

Biederman, J., Petty, C., Faraone, S. V., Henin, A., Hirshfeld-Becker, D., Pollack, M. H., de Figueiredo, S., Feeley, R. & Rosenbaum, J. F. (2006). Effects of parental anxiety disorders in children at high risk for panic disorder: A controlled study. *Journal of Affective Disorders, 94,* 191–197.

Biederman, J., Rosenbaum, J. F., Hirshfeld, D. R., Faraone, S. V., Bolduc, E. A., Gersten, M., Meminger, S. R., Kagan, J., Snidman, N. & Reznick, J. S. (1990). Psychiatric correlates of behavioral inhibition in young children of parents with and without psychiatric disorders. *Archives of General Psychiatry, 47,* 21–26.

Biederman, J., Rosenbaum, J. F., Bolduc-Murphy, E. A., Faraone, S. V., Chaloff, J., Hirshfeld, D. R. & Kagan, J. (1993). A 3-year follow-up of children with and without behavioral inhibition. *Journal of the American Academy of Child and Adolescent Psychiatry, 32,* 814–821.

Biederman, J., Hirshfeld-Becker, D. R., Rosenbaum, J. F., Herot, C., Friedman, D., Snidman, N., Kagan, J. & Faraone, S. V. (2001). Further evidence of association between behavioral inhibition and social anxiety in children. *American Journal of Psychiatry, 158,* 1673–1679.

Birmaher, B., Axelson, D. A., Monk, K., Kalas, C., Clark, D. B., Ehmann, M., Bridge, J., Heo, J. & Brent, D. A. (2003). Fluoxetine for the treatment of childhood anxiety disorders. *Journal of the American Academy of Child and Adolescent Psychiatry, 42,* 415–423.

Bittner, A., Goodwin, R. D., Wittchen, H.-U., Beesdo, K., Höfler, M. & Lieb, R. (2004). What characteristics of primary anxiety disorders predict subsequent major depressive disorder? *Journal of Clincial Psychiatry, 65,* 618–626.

Bittner, A., Egger, H. L., Erkanli, A., Costello, E. J., Foley, D. L. & Angold, A. (2007). What do childhood anxiety disorders predict? *Journal of Child Psychology and Psychiatry, 48,* 1174–1183.

Black, B. & Uhde, T. W. (1995). Psychiatric characteristics of children with selective mutism. A pilot study, *Journal of the American Academy of Child and Adolescent Psychiatry, 34,* 847–856.

Blair, R. J. R. & Coles, M. (2000). Expression recognition and behavioural problems in early adolescence. *Cognitive Development, 15,* 421–434.

Boden, J. M., Fergusson, D. M. & Horwood, L. J. (2007). Anxiety disorders and suicidal behaviours in adolescence and young adulthood: Findings from a longitudinal study. *Psychological Medicine, 37,* 431–440.

Bodden, D. H. M., Bögels, S. M., Nauta, M. H., De Haan, E., Ringrose, J., Appelboom, C., Brinkman, A. G. & Appelboom-Geerts, K. (2008). Child versus family cognitive-behavioral therapy in clinically anxious youth: An efficacy and partial effectiveness study. *Journal of the American Academy of Child and Adolescent Psychiatry, 47,* 1384–1394.

Boehnke, K., Silbereisen, R. K., Reynolds, C. R. & Richmond, B. O. (1986). What I think and feel – German experience with the revised form of the Children's Manifest Anxiety Scale. *Personality and Individual Differences, 7,* 553–560.

Boer, F. & Lindhout, I. E. (2001). Family and Genetic Influences: Is Anxiety „all in the Family"? In W. K. Silverman & P. D. A. Treffers (Eds.), *Anxiety Disorders in Children and Adolescents. Research, Assessment and Intervention.* Cambridge: University Press.

Bögels, S. M. (2007). Bibliotherapy is more effective than waiting list for reducing childhood anxiety disorder, but not as effective as group cognitive behavioural therapy. *Evidence Based Mental Health, 10,* 22.

Bögels, S. M. & Siqueland L. (2006). Family cognitive behaviour therapy for children and adolescents with clinical anxiety disorders. *Journal of the American Academy of Child and Adolescent Psychiatry, 2,* 134–141.

Bolten, M. & Schneider, S. (2010). Wie Babies vom Gesichtsausdruck der Mutter lernen. *Kindheit und Entwicklung, 19,* 4–11.

Bolton, D., Eley, T. C., O'Connor, T. G., Perrin, S., Rabe-Hesketh, S., Rijsdijk, F. & Smith, P. (2005). Prevalence and genetic and environmental influences on anxiety disorders in 6-year-old twins. *Psychological Medicine, 36,* 1–10.

Bowlby, J. (1969). *Attachment and Loss. Vol. 1:* Attachment. New York: Basic Books.

Bridge, J. A., Goldstein, T. R. & Brent, D. A. (2006). Adolescent suicide and suicidal behavior. *Journal of Child Psychology and Psychiatry 47,* 372–394.

Briggs-Gowan, M. J., Carter, A. S., Skuban, E. M. & Horwitz, S. M. (2001). Prevalence of social-emotional and behavioral problems in a community sample of 1- and 2-year-olds. *Journal of the American Academy of Child and Adolescent Psychiatry, 40,* 811–819.

Brown, S. J., Lieberman, D. A., Germeny, B. A., Fan, Y. C., Wilson, D. M. & Pasta, D. J. (1997). Educational video game for juvenile diabetes: Results of a controlled trial. *Medical Informatics, 22,* 77–89.

Brown, T. A., Chorpita, B. F., & Barlow, D. H. (1998). Structural relationships among dimensions of the DSM-IV anxiety and mood disorders and dimensions of negative affect, positive affect, and autonomic arousal. *Journal of Abnormal Psychology, 107,* 179–192.

Brown, A. M., Deacon, B. J., Abramowitz, J. S., Dammann, J. & Whiteside, S. P. (2007). Parents' perceptions of pharmacological and cognitive-behavioral treatments for childhood anxiety disorders. *Behaviour Research and Therapy 45,* 819–828.

Browne, K. D. & Hamilton-Giachritsis, C. (2005). The influence of violent media on children and adolescents: A public-health approach. *Lancet, 365,* 702–710.

Brückl, T. M., Wittchen, H.-U., Höfler, M., Pfister, H., Schneider, S. & Lieb, R. (2007). Childhood separation anxiety and the risk for subsequent psychopathology: Results from a community study. *Psychotherapy and Psychosomatics, 76,* 47–56.

Burt, S. A. (2009). Rethinking environmental contributions to child and adolescent psychopathology: A meta-analysis of shared environmental influences. *Psychological Bulletin, 135,* 608–637.

Camparini Righini, N. C., Narring, F., Navarro, C., Perret-Catipovic, M., Ladame, F., Jeannin, A., Berchtold, A. & Michaud, P.-A. (2005). Antecedents, psychiatric characteristics and follow-up of adolescents hospitalized for suicide attempt or overwhelming suicidal ideation. *Swiss Medical Weekly, 135,* 440–447.

Campbell-Sills, L., Barlow, D. H., Brown, T. A. & Hofmann, S. G. (2006). Acceptability and suppression of negative emotion in anxiety and mood disorders. *Emotion, 6,* 587–595.

Carballo, J. J., Baca-Garcia, E., Blanco, C., Perez-Rodriguez, M. M., Jimenez Arriero, M. A., Artes-Rodriguez, A., Group for the Study of Evolution of Diagnosis (SED), Rynn, M., Shaffer, D. & Oquendo, M. A. (2010). Stability of childhood anxiety disorder diagnoses: a follow-up naturalistic study in psychiatric care. *European Child and Adolescent Psychiatry, 19,* 395–403.

Carr, A. (1999). *The Handbook of Child and Adolescent Clinical Psychology: A Contextual Approach.* 2nd edition. London: Routledge.

Carter, A. S., Wagmiller, R. J., Gray, S. A. O., McCarthy, K. J., Horwitz, S. M. & Briggs-Gowan, M. J. (2010). Prevalence of DSM-IV disorder in a representative, healthy birth cohort at school entry: Sociodemographic risks and social adaptation. *Journal of the American Academy of Child and Adolescent Psychiatry, 49,* 686–698.

Cartwright-Hatton S., McNicol, K. & Doubleday, E. (2006). Anxiety in a neglected population: Prevalence of anxiety disorders in pre-adolescent children. *Clinical Psychology Review, 26,* 817–833.

Casey, R. J. & Berman, J. S. (1985). The outcome of psychotherapy with children. *Psychological Bulletin, 98,* 388–400.

Chalfant, A. M., Rapee, R. M. & Carroll, L. (2007). Treating anxiety disorders in children with high functioning autism spectrum disorders: A controlled trial. *Journal of Autism and Developmental Disorders, 37,* 1842–1857.

Chambless, D. L. & Hollon, S. D. (1998). Defining empirically supported therapies. *Journal of Consulting and Clinical Psychology, 66,* 7–18.

Chambless, D. L. & Ollendick, T. H. (2001). Empirically supported psychological interventions: Controversies and evidence. *Annual Review of Psychology, 52,* 685–716.

Chambless, D. L., Sanderson, W. C., Shoham, V., Bennett Johnson, S., Pope, K. S., Paul C.-C., Baker, M., Johnson, B., Woody, S. R., Sue, S., Beutler, L., Williams, D. A. & McCurry, S. (1996). An update on empirically validated therapies. *Clinical Psychologist, 49,* 5–18.

Chemtob, C. M., Nakashima, J. P. & Hamada, R. S. (2002). Psychosocial intervention for postdisaster trauma symptoms in elementary school children. *Archives of Pediatric and Adolescent Medicine, 156,* 211–216.

Choate, M. L., Pincus, D. B., Eyberg, S. M. & Barlow, D. H. (2005). Parent-child interaction therapy for treatment of separation anxiety disorder in young children: A pilot study. *Cognitive and Behavioral Practice, 12,* 126–135.

Chorpita, B. F. (2002). The tripartite model and dimensions of anxiety and depression: An examination of structure in a large school sample. *Journal of Abnormal Child Psychology, 30,* 177–190.

Christensen, L. & Mendoza, J. L. (1986). A method of assessing change in a single subject: An alteration of the RC index. *Behavior Therapy, 17,* 305–308.

Christiana, J. M., Gilman, S. E., Guardino, M., Mickelson, K., Morselli, P. L., Olfson, M. & Kessler, R. C. (2000). Duration between onset and time of obtaining initial treatment among people with anxiety and mood disorders: An international survey of members of mental health patient advocate groups. *Psychological Medicine, 30,* 693–703.

Chronis-Tuscano, A., Degnan, K. A., Pine, D. S., Perez-Edgar, K., Henderson, H. A., Diaz, Y., Raggi, V. L. & Fox, N. A. (2009). Stable early maternal report of behavioral inhibition predicts lifetime social anxiety disorder in adolescence. *Journal of the American Academy of Child and Adolescent Psychiatry, 48*, 928–935.

Chu, B. & Kendall, P. C. (2004). Positive association of child involvement and treatment outcome within a manual-based cognitive-behavioral treatment for children with anxiety. *Journal of Consulting and Clinical Psychology, 72*, 821–829.

Clark, L. A. & Watson, D. (1991). Tripartite model of anxiety and depression: Psychometric evidence and taxonomic implications. *Journal of Abnormal Psychology, 100*, 316–336.

Clark, L. A., Watson, D. & Mineka, S. (1994). Temperament, personality, and the mood and anxiety disorders. *Journal of Abnormal Psychology, 103*, 103–116.

Clark, C., Rodgers, B., Caldwell, T., Power, C. & Stansfeld, S. (2007). Childhood and adulthood psychological ill health as predictors of midlife affective and anxiety disorders. *Archives of General Psychiatry, 64*, 668–678.

Cobham, V. E., Dadds, M. R. & Spence, S. H. (1998). The Role of Parental Anxiety in the Treatment of Childhood Anxiety. *Journal of Consulting and Clinical Psychology, 66*, 893–905.

Cohen, J. A. & Mannarino, A. P. (1996). A treatment outcome study of sexually abused preschool children: Initial findings. *Journal of the American Academy of Child and Adolescent Psychiatry, 35*, 1402–1410.

Cohen, J. A. & Mannarino, A. P. (1998). Factors that mediate treatment outcome of sexually abused preschool children: Six- and 12-month follow-up. *Journal of the American Academy of Child and Adolescent Psychiatry, 37*, 44–51.

Cohen, J. A., Mannarino, A. P. & Deblinger, E. (2009). *Traumafokussierte kognitive Verhaltenstherapie bei Kindern und Jugendlichen.* Berlin: Springer.

Cohen, J. A., Deblinger, E., Mannarino, A. P. & Steer, R. A. (2004). A multi-site, randomized controlled trial for children with sexual abuse-related PTSD-symptoms. *Journal of the American Academy of Child and Adolescent Psychiatry, 43*, 393–402.

Cohen, J. A., Mannarino, A. P. & Knudsen, K. (2005). Treating sexually abused children: 1-year follow-up of a randomized controlled trial. *Child Abuse and Neglect, 29*, 135–145.

Cook, M. & Mineka, S. (1989). Observational conditioning of fear to fear-relevant versus fear-irrelevant stimuli in rhesus monkeys. *Journal of Abnormal Psychology, 98*, 448–459.

Cook, M. & Mineka, S. (1990). Selective associations in the observational conditioning of fear in rhesus monkeys. *Journal of Experimental Psychology, Animal Behavior Processes, 16*, 372–389.

Copeland, W. E., Shanahan, L., Costello, E. J. & Angold, A. (2009). Childhood and adolescent psychiatric disorders as predictors of young adult disorders. *Archives of General Psychiatry, 66*, 764–772.

Cornwall, E., Spence, S. H. & Schotte, D. (1996). The effectiveness of emotive imagery in the treatment of darkness phobia in children. *Behaviour Change, 13*, 223–229.

Costello, E. J., Mustillo, S., Erkanli, A., Keller, G. & Angold, A. (2003). Prevalence and development of psychiatric disorders in childhood and adolescence. *Archives of General Psychiatry, 60*, 837–844.

Costello, E. J., Egger, H. & Angold, A. (2005a). The developmental epidemiology of anxiety disorders: Phenomenology, prevalence, and comorbidity. *Child and Adolescent Psychiatric Clinics of North America, 14*, 631–648.

Costello, E. J., Egger, H. & Angold, A. (2005b). 10-year research update review: The epidemiology of child and adolescent psychiatric disorders: I. Methods and public health burden. *Journal of the American Academy of Child and Adolescent Psychiatry, 44*, 972–986.

Crawford, A. M. & Manassis, K. (2001). Familial predictors of treatment outcome in childhood anxiety disorders. *Journal of the American Academy of Child and Adolescent Psychiatry, 40,* 1182–1190.

Cunningham, C. E., McHolm, A., Boyle, M. H., & Patel, S. (2004). Behavioral and emotional adjustment, family functioning, academic performance, and social relationships in children with selective mutism. *Journal of Child Psychology and Psychiatry, 45,*1363–1372.

Dahlgren, S., Sandberg, A. D. & Hjelmquist, E. (2003). The non-specificity of theory of mind deficits: Evidence from children with communicative disabilities. *European Journal of Cognitive Psychology, 15,* 129–155.

Daleiden, E. L. (1998). Childhood anxiety and memory functioning: A comparison of systematic and processing accounts. *Journal of Experimental Child Psychology, 68,* 216–235.

Daleiden, E. L., & Vasey, M. W. (1997). An information-processing perspective in childhood anxiety. *Clinical Psychology Review, 17,* 407–429.

Dalgleish, T., & Watts, F. N. (1990). Biases of attention and memory in disorders of anxiety and depression.*Clinical Psychology Review, 10,* 589–604.

Dalgleish, T., Taghavi, R., Neshat-Doost, H., Moradi, A., Canterbury, R. & Yule, W. (2003). Patterns of processing bias for emotional information across clinical disorders: A comparison of attention, memory, and prospective cognition in children and adolescents with depression, generalized anxiety, and posttraumatic stress disorder. *Journal of Clinical Child and Adolescent Psychology, 32,* 10–21.

Davidson, J. (1993). *Childhood Histories of Adult Social Phobics.* Presented at the Anxiety Disorders Association of American Annual Convention, Charleston, SC.

Degnan, K. A., Almas, A. N. & Fox, N. A. (2010). Temperament and the environment in the etiology of childhood anxiety. *Journal of Child Psychology and Psychiatry, 51,* 497–517.

Delmo, C., Weiffenbach, O., Gabriel, M. et al. (2001). *Diagnostisches Interview – Kiddie-Sads-Present und Lifetime Version* (K-SADS-PL), 5. Aufl. der deutschen Forschungsversion. Klinik für Psychiatrie und Psychotherapie des Kindes- und Jugendalters, Frankfurt/Main.

Denham, S. A. (1998). *Emotional Development in Young Children.* New York: Guilford Press.

Denham, S. A. & Weissberg, R. P. (2004). Social-Emotional Learning in Early Childhood: What we know and where to go from here. In E. Chesebrough, P. King, T. P. Gullotta, & M. Bloom (Eds.), *A Blueprint for the Promotion of Prosocial Behavior in Early Childhood* (pp. 13–50). New York: Kluwer Academic/Plenum Publishers.

De Rosnay, M., Cooper, P. J., Tsigaras, N. & Murray, L. (2006). Transmission of social anxiety from mother to infant: An experimental study using a social referencing paradigm. *Behaviour Research and Therapy, 44,* 1165–1175.

Dewis, L. M., Kirkby, K. C., Martin, F., Daniels, B. A., Gilroy, L. J. & Menzies, R. G. (2001). Computer-aided vicarious exposure versus live graded exposure for spider phobia in children. *Journal of Behavior Therapy and Experimental Psychiatry, 32,* 17–27.

Döpfner, M. (1999a). Deutsche Bearbeitung des CY-BOCS. Döpfner, M. (1999b). Leyton Fragebogen. Verfügbar unter: www.kjpd.uzh.ch/pdf/praxis

Döpfner, M., Berner, W., Fleischmann, T. & Schmidt, M. H. (1993). *Verhaltensbeurteilungsbogen für Vorschulkinder (VBV).* Weinheim: Beltz Test.

Döpfner, M., Berner, W., Flechtner, H., Lehmkuhl, G. & Steinhausen, H.-C. (1999). *Psychopathologisches Befund-System für Kinder und Jugendliche (CASCAP-D).* Göttingen: Hogrefe.

Döpfner, M. & Lehmkuhl, G. (2000). *Diagnostik-System für psychische Störungen im Kindes- und Jugendalter nach ICD-10 und DSM-IV (DISYPS-KJ)* (2. Auflage). Bern: Huber.

Döpfner, M., Schnabel, M., Goletz, H. & Ollendick, T. H. (2006). *PHOKI – Phobiefragebogen für Kinder und Jugendliche.* Göttingen: Hogrefe.

Döpfner, M., Görtz-Dorten, A. & Lehmkuhl, G. (2008). *DISYPS-II. Diagnostik-System für psychische Störungen nach ICD-10 und DSM-IV für Kinder und Jugendliche-II.* Bern: Huber.

Doyle, A. C.& Pollack, M. H. (2003). Establishment of remission criteria for anxiety disorders. *Journal of Clinical Psychiatry, 64,* 40–45.

Drahota, A., Wood, J. J., Sze, K. M. & Van Dyke, M. (2011). Effects of cognitive behavioral therapy on daily living skills in children with high-functioning autism and concurrent anxiety disorders. *Journal of Autism and Developmental Disorders, 41(3),* 257–265.

Drake, K. L. &Kearney,C. A. (2008). Child anxiety sensitivity and family environment as mediators of the relationship between parent psychopathology, parent anxiety sensitivity, and child anxiety. *Journal of Psychopathology and Behavior Assessment, 30,* 79–86.

Dubi, K., Rapee, R. M., Emerton, J. L. & Schniering, C. A. (2008). Maternal modeling and the acquisition of fear and avoidance in toddlers: Influence of stimulus preparedness and child temperament. *Journal of Abnormal Child Psychology, 36,* 499–512.

Dubi, K. & Schneider, S. (2011). Basler Bilder-Angst-Test (S. 71–74). In C. Barkmann, M. Schulte-Markwort & E. Brähler (Hrsg.), *Ratingskalen zur Diagnostik psychischer Störungen des Kindes- und Jugendalters.* Göttingen: Hogrefe.

Duchesne, S., Vitaro, F., Larose, S. & Tremblay, R. E. (2008). Trajectories of anxiety during elementary-school years and the prediction of high school noncompletion. *Journal of Youth and Adolescence, 37,* 1134–1146.

Dummit, E. S., Klein, R. G., Tancer, N. K., Asche, B. & Martin, J. (1996). Fluoxetine treatment of children with selective mutism: An open trail. *Journal of the American Academy of Child and Adolescent Psychiatry, 35,* 615–621.

Dunn, J., Slomkowski, C., Beardsall, L. & Rende, R. (1994). Adjustment in middle childhood and early adolescence: Links with earlier and contemporary sibling relationships. *Journal of Child Psychology and Psychiatry, 35,* 491–504.

Durlak, J. A. & Wells, A. M. (1997). Primary prevention mental health programs for children and adolescents: A meta-analytic review. *American Journal of Community Psychology, 25,* 115–152.

Egliston, K.-A. & Rapee, R. M. (2007). Inhibition of fear acquisition in toddlers following positive modelling by their mothers. *Behaviour Research and Therapy, 45,* 1871–1882.

Ehlers, A. (1993). Somatic symptoms and panic attacks: A retrospective study of learning experiences. *Behaviour Research and Therapy, 31,* 269–278.

Ehrenreich, J. T., Goldstein, C. M., Wright, L. R. & Barlow, D. H. (2009). Development of a unified protocol for the treatment of emotional disorders in youth. *Child and Family Behavior Therapy, 31,* 20–37.

Eifert, G. H., Schulte, D., Zvolensky, M. J., Lejuez, C. W. & Lau, A. W. (1997). Manualized behavior therapy: Merits and challenges. *Behavior Therapy, 28,* 499–509.

Eisenberg, N., Cumberland, A., Spinrad, T. L., Fabes, R. A., Shepard, S. A., Reiser, M., et al. (2001). The relations of regulation and emotionality to children's externalizing and internalizing problem behavior. *Child Development, 72,* 1112–1134.

Eley, T. C. & Plomin, R. (1997). Genetic analysis of emotionality. *Current Opinion in Neurobiology, 7,* 279–284.

Eley, T. C. & Stevenson, J. (2000).Specific life events and chronic experiences differentially associated with depression and anxiety in young twins. *Journal of Abnormal Child Psychology, 28,* 383–394.

Ellard, K. K., Fairholme, C. P., Boisseau, C. L., Farchione, T. J. & Barlow, D. H. (2010). Unified protocol for the transdiagnostic treatment of emotional disorders: Protocol development and initial outcome data. *Cognitive and Behavioral Practice, 17,* 88–101.

Emmelkamp, P. M. G. & Wittchen, H. U. (2009). Specific Phobias. In G. Andrews, D. S. Charney, P. J. Sirovatka et al. (Eds.), *Stress-Induced and Fear Circuitry Disorders. Refining the Research Agenda for DSM-IV.*Arlington (VA): APA.

Essau, C. A. (2000). *Angst und Depression bei Jugendlichen* (Anxiety and Depression in Adolescents). Habilitationschrift. Bremen: Universität Bremen.

Essau, C. A. (2003). *Angst bei Kindern und Jugendlichen.* München: Reinhardt.

Essau, C. A.(2005). Frequency and patterns of mental health services utilization among adolescents with anxiety and depressive disorders. *Journal ofDepression and Anxiety, 22,* 130–137.

Essau, C. A., Karpinski, N. A., Petermann, F. & Conradt, J. (1998). Häufigkeit und Komorbidität psychischer Störungen bei Jugendlichen: Ergebnisse der Bremer Jugendstudie. *Zeitschrift für Klinische Psychologie, Psychiatrie und Psychotherapie, 46,* 105–124.

Essau, C. A., Conradt, J. & Petermann, F. (1999). Frequency of panic attacks and panic disorder in adolescents. *Depression and Anxiety, 9,* 19–26.

Essau, C. A., Conradt, J. & Petermann, F. (2000). Frequency, comorbidity, and psychosocial impairment of anxiety disorders in German adolescents. *Journal of Anxiety Disorders 14,* 263–279.

Essau, C. A., Conradt, J. & Petermann, F. (2002). Course and outcome of anxiety disorders in adolescents. *Journal of Anxiety Disorders, 16,* 67–81.

Essau, C. A., Muris, P. & Ederer, E. M. (2002). Reliability and validity of the Spence Children's Anxiety Scale and the Screen for Child Anxiety Related Emotional Disorders in German children. *Journal of Behavior Therapy and Experimental Psychiatry, 33,* 1–18.

Essau, C. A., Conradt, J. & Reiss, A. L. (2004). In S. Schneider (Hrsg.), *Angststörungen bei Kindern und Jugendlichen. Grundlagen und Behandlung* (S. 79–102). Berlin: Springer.

Essex, M. J., Klein, M. H., Slattery, M. J., Hill Goldsmith, H. & Kalin, N. H. (2010). Early risk factors and developmental pathways to chronic high inhibition and social anxiety disorder in adolescence. *American Journal of Psychiatry, 167,* 40–46.

Evans, D. L., Foa, E. B., Gur, R. E., Hendin, H., O'Brien, C. P., Seligman, M. E. P. & Walsh, B. T. (2005). *Treating and Preventing Adolescent Mental Health Disorders: What we know and what we don't know. A Research Agenda for Improving the Mental Health of our Youth.* Oxford: University Press.

Eyseneck, H. J. (1952). The Effects of Psychotherapy: An Evaluation. *Journal of Consulting and Clinical Psychology, 60,* 659–663.

Faux, S., (1993). Siblings of children with chronic physical and cognitive disabilities. *Journal of Pediatric Nursing, 8,* 305–317.

Federer, M., Margraf, J. & Schneider, S. (2000). Leiden schon Achtjährige an Panik? Prävalenzuntersuchung mit Schwerpunkt Panikstörung und Agoraphobie. *Zeitschrift für Kinder- und Jugendpsychiatrie und Psychotherapie, 28,* 205–214.

Federer, M., Schneider, S., Margraf, H. & Herrle, J. (2000). Angstsensitivität und Angststörungen bei Achtjährigen. *Kindheit und Entwicklung, 9,* 241–250.

Ferdinand, R. F. & Verhulst, F. C. (1995). Psychopathology from adolescence into young adulthood: An 8-year follow-up study. *American Journal of Psychiatry, 152,* 1586–1594.

Fergusson, D. M., Horwood, L. J. & Lynskey, M. T. (1993). Prevalence and comorbidity of DSM-III diagnoses in a birth cohort of 15 year olds. *Journal of the American Academy of Child and Adolescent Psychiatry, 32,* 1127–1134.

Field, A. P. (2006). The behavioral inhibition system and the verbal information pathway to children's fears. *Journal of Abnormal Psychology, 35,* 337–345.

Field, A. P., Argyris, N. G. & Knowles, K. A. (2001). Who's afraid of the big bad wolf: A prospective paradigm to test Rachman's indirect pathways in children. *Behaviour Research and Therapy, 39,* 1259–1276.

Field, A. P. & Lawson, J. (2003). Fear information and the development of fears during childhood: Effects on implicit fear responses and behavioural avoidance. *Behaviour Research and Therapy, 41,* 1277–1293.

Field, A. P., Hamilton, S. J., Knowles, K. A. & Plews, E. L. (2003). Fear information and social phobic beliefs in children: A prospective paradigm and preliminary results. *Behaviour Research and Therapy, 41,* 113–123.

Flannery-Schroeder, E. C. & Kendall, P. C. (2000). Group and individual cognitive-behavioral treatments for youth with anxiety disorders: A randomized clinical trial. *Cognitive Therapy and Research, 24,* 251–278.

Foley, D. L., Pickles, A., Maes, H. M., Silberg, J. L. & Eaves, L. J. (2004). Course and short-term outcomes of separation anxiety disorder in a community sample of twins. *Journal of the American Academy of Child and Adolescent Psychiatry, 43,* 1107–1114.

Foley, D. L., Goldston, D. B., Costello, E. J. & Angold, A. (2006). Proximal psychiatric risk factors for suicidality in youth. The Great Smoky Mountains Study. *Archives of General Psychiatry, 63,* 1017–1024.

Ford, T., Goodman, R. & Meltzer, H. (2003). The British child and adolescent mental health survey: The prevalence of DSM-IV disorders. *Journal of the American Academy of Child and Adolescent Psychiatry,* 42, 1203–1211.

Fox, T., Barrett, P. & Shortt, A. (2002). Sibling relationships of anxious children: A preliminary investigation. *Journal of Clinical Child and Adolescent Psychology, 31,* 375–383.

Francis, S. E. & Noël, V. (2010). Parental contributions to child anxiety sensitivity: A review and recommendations for future directions. *Child Psychiatry and Human Development, 41,* 595–613.

Franke, G. H. (2002). *SCL-90-R.Die Symptom-Checkliste von Derogatis* – Deutsche Version – Manual. 2., vollständig überarbeitete und neu normierte Auflage. Göttingen: Beltz.

Frederick, C., Pynoos, R. & Nader, K. (1992). *Childhood Posttraumatic Stress Reaction Index – A Copyrighted Instrument.* Los Angeles: University of California.

Gallagher, H. M., Rabian, B. A. & McCloskey, M. S. (2003). A brief group cognitive behavioral intervention for social phobia in childhood. *Journal of Anxiety Disorders, 18,* 459–479.

Gar, N. S. & Hudson, J. L. (2008). An examination of the interactions between mothers and children with anxiety disorders. *Behaviour Research and Therapy, 46,* 1266–1274.

Gara, M. A., Woolfolk, R. L., Cohen, B. D., Goldston, R. B., Allen, L. A. & Novalany, J. (1993). Perception of self and other in major depression. *Journal of Abnormal Psychology, 102,* 93–100.

Garcia, A., Freeman, J., Francis, G., Miller, L. M. & Leonard, H. L. (2004). Selective Mutism. In T. Ollendick (Ed.). *Phobic and Anxiety Disorders in Children and Adolescents. A Clinician's Guide to Effective Psychosocial and Pharmacological Interventions* (pp. 433–455). London: Oxford University Press.

Gerull, F. C. & Rapee, R. M. (2002). Mother knows best: Effects of maternal modeling on the acquisition of fear and avoidance behavior in toddlers. *Behaviour Research and Therapy, 40,* 279–287.

Ginsburg, G. S. & Drake, K. L. (2002). School-Based Treatment for Anxious African-American Adolescents: A Controlled Pilot Study. *Journal of the American Academy of Child and Adolescent Psychiatry, 41,* 768–775.

Goletz, H. & Döpfner, M. (2010). ZWIK, Zwangsinventar für Kinder und Jugendliche. In C. Barkmann, M. Schulte-Markwort & E. Brähler (Hrsg.), *Ratingskalen zur Diagnostik klinisch-psychiatrischer Syndrome des Kindes- und Jugendalters in Forschung und Praxis.* Göttingen: Hogrefe.

Goodman, R. (1997). The strengths and difficulties questionnaire: A research note. *Journal of Child Psychology and Psychiatry, 38,* 581–586.

Goodwin, R. D., Fergusson, D. M. & Horwood, L. J. (2004). Early anxious/withdrawn behaviors predict later internalising disorders. *Journal of Child Psychology and Psychiatry, 45,* 874–883.

Goodwin, R. D., Faravelli, C., Rosi, S., Cosci, F., Truglia, E., de Graaf, R. & Wittchen, H.-U. (2005). The epidemiology of panic disorder and agoraphobia in Europe. *European Neuropsychopharmacology, 15,* 435–443.

Goodyer, I. M., Wright, C. & Altham, P. (1990). Recent achievements and adversities in anxious and depressed school-age children. *The Journal of Child Psychology and Psychiatry, 31*, 1063–1077.

Gould, M., King, R. & Greenwald, S. (1998). Psychopathology associated with suicidal ideation and attempts among children and adolescents. *Journal of the American Academy of Child and Adolescent Psychiatry*, 37, 915–23.

Gregory, A. M. & Eley, T. C. (2007). Genetic influences on anxiety in children: What we've learned and where we're heading. *Clinical Child and Family Psychology Review, 10,* 199–212.

Gregory, A. M., Caspi, A., Moffitt, T. E., Koenen, K., Eley, T. C. & Poulton, R. (2007). Juvenile mental health histories of adults with anxiety disorders. *American Journal of Psychiatry, 164,* 301–308.

Griffiths, M. (2003). The therapeutic use of videogames in childhood and adolescence. *Clinical Child Psychology and Psychiatry, 8,* 547–554.

Griffiths, M. & Wood, R. T. A. (2000). Risk factors in adolescence: The case of gambling, video-game playing and the Internet. *Journal of Gambling Studies, 16,* 199–225.

Griffiths, K. M. & Christensen, H. (2006). A review of randomised controlled trials of internet interventions for mental disorders and related conditions. *Clinical Psychologist, 10,* 39–42.

Gross, J. J. (2002). Emotion regulation: Affective, cognitive, and social consequences. *Psychophysiology, 39,* 281–291.

Hadwin, J. A., Garner, M. & Perez-Olivas, G. (2006). The development of information processing biases in childhood anxiety: A review and exploration of its origins in parenting. *Clinical Psychology Review, 26,* 876–894.

Hale, W. W., Raaijmakers, Q., Muris, P., van Hoof, A. & Meeus, W. (2008). Developmental trajectories of adolescent anxiety disorder symptoms: A 5-year prospective community study. *Journal of the American Academy of Child and Adolescent Psychiatry, 47,* 556–564.

Hautzinger, M., Keller, F., Kühner, C. (2006). *Beck-Depressions-Inventar Revision (BDI-II)*. Frankfurt/Main:Harcourt Test Services.

Hayden, T. (1980). Classifications of elective mutism. *The Journal of The American Academy of Child and Adolescent Psychiatry, 19,* 118–133.

Hayward, C., Killen, J. D., Kraemer, H. C. & Taylor, C. B. (1998). Linking self-reported childhood behavioral inhibition to adolescent social phobia. *Journal of the American Academy of Child and Adolescent Psychiatry, 37,* 1308–1316.

Hayward, C., Killen, J. D., Kraemer, H. C. & Taylor, B. C. (2000). Predictors of panic attack in adolescents. *Journal of the American Academy of Child and Adolescent Psychiatry, 39,* 207–214.

Herjanic, B., Hudson, R. & Kotloff, K. (1976). Does interviewing harm children? *Research Communications in Psychology, Psychiatry and Behavior, 1,* 523–531.

Herpertz-Dahlmann, B. (2004). Psychopharmakologische Behandlung. In S. Schneider (Hrsg.), *Angststörungen bei Kindern und Jugendlichen. Grundlagen und Behandlung* (S. 373–387). Berlin, Heidelberg, New York: Springer.

Hettema, J. M., Neale, M. C. & Kendler, K. S. (2001).A review and meta-analysis of the genetic epidemiology of anxiety disorders. *American Journal of Psychiatry, 158,* 1568–1578.

Heubrock, D. & Petermann, F. (2005). Diagnostik in der klinischen Kinderpsychologie. In F. Petermann & H. Reinecker (Hrsg.), *Handbuch der Klinischen Psychologie und Psychotherapie* (S. 178–190). Göttingen: Hogrefe.

Heyne, D., King, N. J., Tonge, B. J., Rollings, S., Young, D., Pritchard, M. & Ollendick, T. H. (2002). Evaluation of Child Therapy and Caregiver Training in the Treatment of School Refusal. *Journal of the American Academy of Child and Adolescent Psychiatry,41,* 687–695.

Higa, C. K. & Daleiden, E. L. (2007). Social anxiety and cognitive biases in non-referred children: The interaction of self-focused attention and threat interpretation biases. *Journal of Anxiety Disorders, 22,* 441–452.

Hirshfeld-Becker, D. R., Masek, B., Henin, A., Pollock-Wurman, R. A., Ollendick, T. H., Raezer Blakely, L., McQuade, J., DePetrillo, L., Briesch, J., Rosenbaum, J. F. & Biederman, J. (2010). Cognitive behavioral therapy for 4- to 7-year-old children with anxiety disorders: A randomized clinical trial. *Journal of Consulting and Clinical Psychology, 78,* 498–510.

Hollander, E., Braun, A., & Simeon, D. (2008). Should OCD leave the anxiety disorders in DSM-V? The case for obsessive compulsive-related disorders. *Depression and Anxiety, 25,* 317–329.

Ihle, W. & Esser, G. (2002). Epidemiologie psychischer Störungen im Kindes- und Jugendalter: Prävalenz, Verlauf, Komorbidität und Geschlechtsunterschiede. *Psychologische Rundschau, 53,* 159–169.

Ihle, W., Esser, G., Schmidt, M. H. & Blanz, B. (2002). Die Bedeutung von Risikofaktoren des Kindes- und Jugendalters für psychische Störungen von der Kindheit bis ins frühe Erwachsenenalter. *Kindheit und Entwicklung, 11,* 201–211.

In-Albon, T. (2011). Generalisierte Angststörung im Kindes- und Jugendalter. In: G. Meinlschmidt, S. Schneider & J. Margraf (Hrsg.), *Materialien für die Psychotherapie. Lehrbuch der Verhaltenstherapie (Bd. 4)*. Berlin: Springer.

In-Albon, T., & Margraf, J. (2011). Panik und Agoraphobie. In J. Hoyer & H.-U. Wittchen (Hrsg.), *Lehrbuch Klinische Psychologie (2. Aufl.)*. Berlin: Springer.

In-Albon, T. & Schneider, S. (2006). Von der kindlichen Trennungsangst zur Panikstörung des Erwachsenenalters: Die Prävention der Trennungsangst. In N. Heinrichs, K. Hahlweg, & M. Döpfner (Eds.), *Strengthening Families: Different Evidence-Based*

Approaches to Support Child Mental Health (Chapter 11) (pp. 357–402). Münster: Psychotherapie-Verlag.

In-Albon, T. & Schneider, S. (2007). Psychotherapy of childhood anxiety disorders: A meta-analysis. *Psychotherapy and Psychosomatics*, *76*, 15–24.

In-Albon, T., Dubi, K., Rapee, R. M. & Schneider, S. (2009). Forced choice reaction time paradigm in children with separation anxiety disorder, social phobia and non-anxious controls. *Behaviour Research and Therapy, 47*, 1058–1065.

In-Albon, T. & Schneider, S. (2010). Using Eye Tracker Methodology in Children with Anxiety Disorders. In J. A. Hadwin & A. P. Field (Eds.), *Information Processing Biases in Child and Adolescent Anxiety* (pp. 129–150). Chichester: Wiley.

In-Albon, T. & Schneider, S. (2011). Trennungsangst Inventar- Kind/Elternversion (TAI-K/E) (S. 458–461). In C. Barkmann, M. Schulte-Markwort, & E. Brähler (Hrsg.), *Ratingskalen zur Diagnostik psychischer Störungen des Kindes- und Jugendalters*. Göttingen: Hogrefe.

In-Albon T. & Schneider S. (2011). Verlaufsdiagnostik und Therapieevaluation bei Kindern und Jugendlichen (Kap. 54). In G. Meinlschmidt, S. Schneider & J. Margraf (Hrsg.), *Materialien für die Psychotherapie. Lehrbuch der Verhaltenstherapie* (Band 4). Berlin: Springer.

In-Albon, T., Dubi, K., Adornetto, C., Schneider, S. (2011). Neue Ansätze in der Diagnostik von Angststörungen im Kindes- und Jugendalter. *Klinische Diagnostik und Evaluation, 4(2)*, 133–147.

In-Albon, T., Kossowsky, J. & Schneider, S. (2010). Vigilance and avoidance in children with separation anxiety disorder using an eye movement paradigm. *Journal of Abnormal Child Psychology, 38*, 225–235.

In-Albon, T., Zumsteg, U., Müller, D. & Schneider, S. (2010). Psychische Auffälligkeiten in der pädiatrischen Praxis. *Newsletter der Schweizerischen Gesellschaft für Zwangsstörungen, 1*, 14–17.

Inderbitzen-Pisaruk, H., Clark, M. L. & Solano C. H. (1992). Correlates of loneliness in midadolescence. *Journal of Youth and Adolescence, 21*, 151–167.

Institute of Medicine (1994). *Reducing Risks for Mental Disorders: Frontiers for Preventive Intervention Research*. Washington, DC: National Academy Press.

Ipser, J. C., Stein, D. J., Hawkridge, S. & Hoppe, L. (2009). Pharmacotherapy for Anxiety Disorders in Children and Adolescents (Review). *The Cochrane Library, Issue 3*. London: John Wiley & Sons, Ltd.

Izard, C. E. (2002). Translating emotion theory and research into preventive interventions.*Psychological Bulletin, 128*, 796–824.

James, A., Soler, A. & Weatherall, R. (2006). Cognitive Behavioural Therapy for Anxiety Disorders in Children and Adolescents (Review). *The Cochrane Library, Issue 1*. London: John Wiley & Sons, Ltd.

Jans, T. & Warnke, A. (2004). Schulverweigerung. *Monatsschrift Kinderheilkunde, 12*, 1302–1312.

Jans, T., Wewetzer, C., Klampfl, K., Schulz, E., Herpertz-Dahlmann, B., Remschmidt, H. & Warnke, A. (2007). Phenomenology and comorbidity of childhood onset obsessive compulsive disorder. *Zeitschrift für Kinder- und Jugendpsychiatrie und Psychotherapie, 35*, 41–50.

Jerusalem, M. & Schwarzer, R. (1981). Fragebogen zur Erfassung von „Selbstwirksamkeit". In R. Schwarzer (Hrsg.), *Skalen zur Befindlichkeit und Persönlichkeit*. Berlin: Freie Universität.

Joormann, J. & Unnewehr, S. (2002). Eine kontrollierte Studie zur Wirksamkeit einer kognitiv-verhaltenstherapeutischen Gruppentherapie bei Kindern und Jugendlichen mit sozialer Phobie. *Zeitschrift für Klinische Psychologie und Psychotherapie, 31,* 284–290.

Junge, J., Neumer, S., Manz, R. & Margraf J. (2002). *Gesundheit und Optimismus (GO). Ein Trainingsprogramm für Jugendliche.* Weinheim: PVU/Beltz.

Kagan, J. (1994). *Galen's Prophecy: Temperament in Human Nature.* New York: Basic Books.

Kagan, J., Reznick, J. S., Clarke, C., Snidman, N. & Garcia-Coll, C. (1984). Behavioral inhibition to the unfamiliar. *Child Development, 55,* 2212–2225.

Kagan, J., Reznick, J. & Snidman, N. (1988). Biological bases of childhood shyness. *Science, 240,* 167–173.

Kaplow, J. B., Curran, P. J., Angold, A. & Costello E. J. (2001). The prospective relation between dimensions of anxiety and the initiation of adolescent alcohol use. *Journal of Clinical Child Psychology, 30,* 316–326.

Kashani, J. H. & Orvaschel, H. (1988).Anxiety disorders in mid-adolescence: A community sample. *American Journal of Psychiatry, 145,* 960–964.

Kataoka, S. H., Zhang, L. & Wells, K. B. (2002). Unmet need for mental health care among U.S. children: Variation by ethnicity and insurance status. *Journal of the American Academy of Child and Adolescent Psychiatry, 159,* 1548–1555.

Kazdin, A. E. & Weisz, J. R. (Eds.). 2003. *Evidence-Based Psychotherapies for Children and Adolescents.* New York: Guilford Press.

Keller, M. B., Lavori, P. W., Wunder, J., Beardslee, W. R., Schartz, C. E. & Roth, J. (1992). Chronic course of anxiety disorders in children and adolescents. *Journal of the American Academy of Child and Adolescent Psychiatry, 31,* 595–599.

Kendall, P. C. (1990). *Copig Cat Workbook.* Available from Philip C. Kendall, Department of Psychology, Temple University, Philadelphia, PA 19122.

Kendall, P. C. (1994). Treating anxiety disorders in children: Results of a randomized clinical trial. *Journal of Consulting and Clinical Psychology, 62,* 100–110.

Kendall, P. C. (2000a). *The Coping Cat Workbook.* Ardmore, PA: Workbook Publishing.

Kendall, P. C. (2000b). *Cognitive-Behavioral Therapy for Anxious Children: Therapist Manual.* Ardmore, PA: Workbook Publishing.

Kendall, P. C. & Southam-Gerow, M. A. (1996). Long-term follow-up of a cognitive-behavioral therapy for anxiety-disordered youth. *Journal of Consulting and Clinical Psychology, 64,* 724–730.

Kendall, P. C., Flannery-Schroeder, E., Panichelli-Mindel, S. M., Southam-Gerow, M., Henin, A. & Warman, M. (1997). Therapy for youths with anxiety disorders: A second randomized clinical trial. *Journal of Consulting and Clinical Psychology, 65,* 366–380.

Kendall, P. C. & Flannery-Schroeder, E. C. (1998). Methodological issues in treatment research for anxiety disorders in youth. *Journal of Abnormal Psychology, 26,* 27–38.

Kendall, P. C. & Chu, B. C. (2000). Retrospective selfreports of therapist flexibility in a manual-based treatment for youths with anxiety disorders. *Journal of Clinical Child Psychology, 29,* 209–220.

Kendall, P. C. & Hedtke, K. A. (2006). *Cognitive-Behavioral Therapy for Anxious Children: Therapist Manual.* 3rd edition. Ardmore, PA: Workbook Publishing.

Kendall, P. C. & Treadwell, K. (2007). The role of self-statement as a mediator in treatment for youth with anxiety disorders. *Journal of Consulting and Clinical Psychology, 75,* 380–389.

Kendall, P. C., Aschenbrand, S. G. & Hudson, J. L. (2003). Child-Focused Treatment of Anxiety. In A. E. Kazdin & J. R. Weisz (Eds.), *Evidence-Based Psychotherapies for Children and Adolescents* (pp. 81–100). New York: Guilford Press.

Kendall, P. C., Safford, S., Flannery-Schroeder, E. & Webb, A. (2004). Child anxiety treatment: Outcomes in adolescence and impact on substance abuse and depression at 7.4 year follow-up. *Journal of Consulting and Clinical Psychology, 72*, 276–287.

Kendler, K. S., Neale, M. C., Kessler, R. C., Heath, A. C. & Eaves, L. J. (1992). The genetic epidemiology of phobias in women. The interrelationship of agoraphobia, social phobia, situational phobia, and simple phobia. *Archives of General Psychiatry, 49*, 273–281.

Kennedy, S. J., Rapee, R. M. & Edwards, S. L. (2009). A selective intervention program for inhibited preschool-aged children of parents with an anxiety disorder: Effects on current anxiety disorders and temperament. *Journal of the American Academy of Child and Adolescent Psychiatry, 48*, 602–609.

Kessler, R. C., Berglund, P., Demler, O., Jin, R., Merikangas, K. R. & Walters, E. E. (2005). Lifetime prevalence and age-of-onset distributions of DSM-IV disorders in the National Comorbidity Survey Replication. *Archives of General Psychiatry, 62*, 593–602.

Kessler, R. C., McGonagle, K. A., Zhao, S., Nelson, C. B., Hughes, M., Eshleman, S. et al. (1994). Lifetime and 12-month prevalence of DSM-III-R psychiatric disorders in the United States: Results from the national comorbidity survey. *Archives of General Psychiatry, 51*, 8–19.

Khan, A., Leventhal, R. M., Khan, S. & Brown, W. A. (2002). Suicide risk in patients with anxiety disorders: A meta-analysis of the FDA database. *Journal of Affective Disorders 68*, 183–190.

Kim-Cohen, J., Caspi, A., Moffitt, T. E., Harrington, H., Milne, B. J. & Poulton, R. (2003). Prior juvenile diagnoses in adults with mental disorder: Developmental follow-back of a prospective-longitudinal cohort. *Archives of General Psychiatry, 60*, 709–717.

King, N. J., Gullone, E., Tonge, B. J. & Ollendick, T. H. (1993). Self-reports of panic attacks and manifest anxiety in Adolescents. *Behaviour Research and Therapy, 31*, 111–116.

King, N. J., Gullone, E. & Ollendick, T. H. (1998). Etiology of childhood phobias: Current status of Rachman's three pathways theory. *Behaviour Research and Therapy, 36*, 297–309.

Klein, D. F. (1980). Anxiety reconceptualized. *Comprehensive Psychiatry, 21*, 411–427.

Könning, J. (2007). Die Versorgungssituation im Bereich Kinder- und Jugendlichenpsychotherapie in der Bundesrepublik. *Forum Psychotherapeutische Praxis, 7*, 62–66.

Kraemer, H. C., Kazdin, A. E., Offord, D. R., Kessler, R. C., Jensen, P. S. & Kupfer, D. J. (1997). Coming to terms with the terms of risk. *Archives of General Psychiatry, 54*, 337–343.

Kremberg, E. & Mitte, K. (2005). Kognitiv-behaviorale und behaviorale Interventionen der sozialen Phobie im Kindes- und Jugendalter. *Zeitschrift für Klinische Psychologie und Psychotherapie, 34*, 196–204.

Kristensen, H. (2000). Selective mutism and comorbidity with developmental disorder/delay, anxiety disorder, and elimination disorder. *Journal of the American Academy of Child and Adolescent Psychiatry*, 39,249–256.

Kristensen, H. &Oerbeck B. (2006). Is selective mutism associated with deficits in memory span and visual memory? An exploratory case-control study. *Depression and Anxiety, 23*, 71–76.

Kumpulainen, K. (2002). Phenomenology and treatment of selective mutism. *CNS Drugs, 16*, 175–180.

Kuschel, A., Heinrichs, N., Bertram, H., Naumann, S. & Hahlweg, K. (2008). Psychische Auffälligkeiten bei Kindergartenkindern aus der Sicht der Eltern und Erzieherinnen in Abhängigkeit von soziodemographischen Merkmalen. *Kindheit und Entwicklung, 17,* 161–172.

Landolt, M. A. (2004). *Psychotraumatologie des Kindesalters.* Göttingen: Hogrefe.

Landolt, M. A., Vollrath, M., Ribi, K., Timm, K., Sennhauser, F. H. & Gnehm, H. E. (2003). Inzidenz und Verlauf posttraumatischer Belastungsreaktionen nach Verkehrsunfällen im Kindesalter. *Kindheit und Entwicklung, 12,* 184–192.

Last, C. G., Hersen, M., Kazdin, A. E., Francis, G. & Grubb, H. J. (1987). Psychiatric illness in the mothers of anxious children. *American Journal of Psychiatry, 144,* 1580–1583.

Last, C. G., Hansen, C. & Franco, N. (1997). Anxious children in adulthood: A prospective study of adjustment. *Journal of American Academic Child and Adolescent Psychiatry, 36,* 645–652.

Last, C. G., Perrin, S., Hersen, M. & Kazdin, A. E. (1992). DSM-III-R anxiety disorders in children: Sociodemographic and clinical characteristics. *Journal of the American Academy of Child and Adolescent Psychiatry, 31,* 1070–1076.

Last, C. G., Hansen, C. & Franco, N. (1998). Cognitive-Behavioral Treatment of School Phobia. *Journal of the American Academy of Child and Adolescent Psychiatry, 37,* 404–411.

Lengua, L. J. (2002). The contribution of emotionality and self-regulation to the understanding of children's response to multiple risks. *Child Development, 73,* 144–161.

Levitt, E. E. (1957). The results of psychotherapy with children: An evaluation. *Journal of Consulting Psychology, 21,* 189–96.

Lewinsohn, P. M., Hops, H., Roberts, R. E., Seeley, J. R. & Andrews, J. A. (1993). Adolescent psychopathology: 1. Prevalence and incidence of depression and other DSM-III-R disorders in high school students. *Journal of Abnormal Psychology, 102,* 133–144.

Lewinsohn, P. M., Holm-Denoma, J. M., Small, J. W., Seeley, J. R. & Joiner, T. E. (2008). Separation anxiety disorder in childhood as a risk factor for future mental illness. *Journal of the American Academy of Child and Adolescent Psychiatry, 47,* 549–556.

Lieb, R., Isensee, B., von Sydow, K. & Wittchen, H.-U. (2000). The Early Developmental Stages of Psychopathology Study (EDSP): A methodological update. *European Addiction Research, 6,* 170–182.

Lieberman, D. A. (2001). Management of chronic pediatric diseases with interactive health games: Theory and research findings. *Journal of Ambulatory Care Management, 24,* 26–38.

Lienert, G. A. (1969). *Testaufbau und Testanalyse.* Weinheim: Beltz.

Lindhout, I. E., Boer, F., Markus, M., Hoogendijk, T., Maingay, R. & Borst, S. (2003). Sibling relationships of anxiety disordered children – A research note. *Journal of Anxiety Disorders, 17,* 593–601.

Lindhout, I. E., Markus, M. Th., Borst, S. R., Hoogendijk, T. H. G., Dingemans, P. M. A. J. & Boer, F. (2009). Childrearing style in families of anxiety-disordered children: Between-family and within-family differences. *Child Psychiatry and Human Development, 40,* 197–212.

Lovibond, S. H. & Lovibond, P. F. (1995). *Manual for the Depression Anxiety Stress Scales*(2. Auflage). Sydney: Psychology Foundation.

Low, N. C. P., Cui, L. & Merikangas, K. R. (2008). Specificity of familial transmission of anxiety and comorbid disorders. *Journal of Psychiatric Research, 42,* 596–604.

Lyneham, H. J., Abbott, M. J., Wignall, A. & Rapee, R. M. (2003). *The Cool Kids Family Program – Therapist Manual.* MUARU: Macquarie University, Sidney.

Lyneham, H. J. & Rapee, R. M. (2004). Generalisierte Angststörung. In S. Schneider (Hrsg.), *Angststörungen bei Kindern und Jugendlichen.* Springer: Berlin.

Macaulay, J. L. & Kleinknecht, R. A. (1989). Panic and panic attacks in adolescents. *Journal of Anxiety Disorders, 3,* 221–241.

MacLeod, C., Mathews, A. & Tata, P. (1986). Attentional bias in emotional disorders. *Journal of Abnormal Psychology, 95,* 15–20.

McLeod, B. D., Wood, J. J., & Weisz, J. R. (2007). Examining the association between parenting and childhood anxiety: A meta-analysis. *Clinical Psychology Review, 27,* 155–172.

Manassis, K. (2009). *Cognitive Behavioral Therapy with Children. A Guide for the Community Practitioner.* New York/Abington: Routledge.

Manassis, K. & Bradley, S. J. (1994). The development of childhood anxiety disorders: Toward an integrated model. *Journal of Applied Developmental Psychology, 15,* 345–366.

Manassis, K., Mendlowitz, S. L., Scapillato, D., Avery, D., Fiksenbaum, L., Freire, M., Monga, S. & Owens, M. (2002). Group and individual cognitive-behavioral therapy for childhood anxiety disorders: A randomized trial. *Journal of the American Academy of Child and Adolescent Psychiatry, 41,* 1423–1430.

Manassis, K., Avery, D., Butalia, S. & Mendlowitz, S. (2004). Cognitive behavioral therapy with childhood anxiety disorders: Functioning in adolescence. *Depression and Anxiety, 19,* 209–216.

Manassis, K., Fung, D., Tannock, R., Sloman, L., Fiksenbaum, L. & McInnes, A. (2003). Characterizing selective mutism: Is it more than social anxiety? *Depression and Anxiety, 18,* 153–161.

Manassis, K., Russell, K. & Newton, A. S. (2010). The cochrane library and the treatment of childhood and adolescent anxiety disorders: An overview of reviews. *Evidence-Based Child Health, 5,* 541–554.

March, J. S. & Mulle, K. (1998). *OCD in Children and Adolescents – A Cogitive-Behavioral Treatment Manual.* New York: Guilford Press.

March, J. S., Swanson, J. M., Arnold, L. E., Hoza, B., Conners, C. K., Hinshaw, S. P., Hechtman, L., Kraemer, H. C., Greenhill, L. L., Abikoff, H. B., Elliott, L. G., Jensen, P. S., Newcorn, J. H., Vitiello, B., Severe, J., Wells, K. C. & Pelham, W. E. (2000). Anxiety as a predictor and outcome variable in the multimodal treatment study of children with ADHD (MTA). *Journal of Abnormal Child Psychology, 28,* 527–541.

March, S., Spence, S. H. & Donovan, C. L. (2009). The efficay of an internet-based cognitive-behavioral therapy intervention for child anxiety disorders. *Journal of Pediatric Psychology, 34,* 474–487.

Margraf, J. (2009): *Kosten und Nutzen der Psychotherapie.* Berlin: Springer.

Marks, I. M. (1969). *Fears and Phobias.*London: Heinemann.

Martin, M., Horder, P. & Jones, G. V. (1992). Integral bias in naming of phobia-related words. *Cognition and Emotion, 6,* 479–486.

Masia, C. L., Klein, R. G., Storch, E. A. & Corda, B. (2001).School-based behavioral treatment for social anxiety disorder in adolescents: Results of a pilot study. *Journal of the American Academy of Child and Adolescent Psychiatry,*40, 780–786.

Mattejat, F., Jungmann, J., Meusers, M., Moik, C., Nölkel, P., Schaff, C., Schmidt, M. H., Scholz, M. & Remschmidt, H. (1998). Das Inventar zur Erfassung der Lebensqualität bei Kindern und Jugendlichen (ILK) – Eine Pilotstudie. *Zeitschrift für Kinder- und Jugendpsychiatrie, 26,* 174 – 182.

Mazza, J. J. & Reynolds, W. M. (1998). A longitudinal investigation of depression, hopelessness, social support, major and minor life events and their relation to suicidal ideation in adolescents. *Suicide and Life-Threatening Behaviors, 28,* 358–374.

McClure, E. B., Adler, A., Monk, C. S., Cameron, J., Smith, S., Nelson, E. E., Leibenluft, E., Ernst, M. & Pine, D. S. (2007). fMRI and behavioral predictors of treatment outcome in pediatric generalized anxiety disorder. *Psychopharmacology, 191,* 97–105.

Melfsen, S. & Florin, I. (1997). Die Social Anxiety Scale for Children – Revised. Deutschsprachige Version (SASC-R-D). Ein Fragebogen zur Erfassung sozialer Angst bei Kindern. *Kindheit und Entwicklung, 6,* 224–229.

Melfsen, S. & Warnke, A. (2004). Soziale Phobie. In S. Schneider (Hrsg.), *Angststörungen bei Kindern und Jugendlichen. Grundlagen und Behandlung* (S. 165–195). Berlin: Springer Verlag.

Melfsen, S. & Warnke, A. (2009). Soziale Phobie. In S. Schneider & J. Margraf (Hrsg.), *Lehrbuch der Verhaltenstherapie. Band 3. Störungen im Kindes- und Jugendalter* (S. 531–553). Heidelberg: Springer.

Melfsen, S., Florin, I. & Warnke, A (2001). *Das Sozialphobie und -angstinventar für Kinder (SPAIK).* Göttingen: Hogrefe.

Melfsen, S., Osterlow, J. & Florin, I. (2000). Vorläufer- und Begleitsymptome der sozialen Ängste und sozialen Phobie aus der retrospektiven Sicht von Müttern. *Zeitschrift für Klinische Psychologie und Psychotherapie, 29,* 43–51.

Meltzer, H., Gatward, R., Goodman, R. & Ford, T. (2000). *Mental Health of Children and Adolescents in Great Britain.* London: The Stationery Office.

Mendlowitz, S. L., Manassis, K., Bradley, S., Scapillato, D., Miezitis, S. & Shaw, B. F. (1999). Cognitive-Behavioral Group Treatments in Childhood Anxiety Disorders: The Role of Parental Involvement. *Journal of the American Academy of Child and Adolescent Psychiatry, 38,* 1223–1229.

Menzies, R. G. & Clarke, J. C. (1993). The etiology of childhood water phobia. *Behaviour Research and Therapy, 31,* 499–501.

Menzies, R. G. & Clarke, J. C. (1995). The etiology of phobias: A nonassociative account. *Clinical Psychological Review, 15,* 23–48.

Merckelbach, H., De Jong, P. J., Muris, P. & Van den Hout, M. A. (1996). The etiology of specific phobias: A review. *Clinical Psychology Review, 16,* 337–361.

Merckelbach, H., Muris, P. & Schouten, E. (1996). Pathways to fear in spider phobic children. *Behaviour Research and Therapy, 34,* 935–938.

Merikangas, K. R., Shelli, A., Dierker, L. & Grillon, C. (1999). Vulnerability factors among children at risk for anxiety disorders. *Biological Psychiatry, 46,* 1523–1535.

Merikangas, K. R., Avenevoli, S., Acharyya, S., Zhang, H. & Angst, J. (2002). The spectrum of social phobia in the Zurich cohort study of young adults. *Biological Psychiatry, 51,* 81–91.

Meyer-Glitza, E. (2005). *Jacob, der Angstbändiger. Geschichten gegen Kinderängste.* CD. Iskopress.

Micco, J. A., Henin, A., Mick, E., Kim, S., Hopkins, C. A., Biederman, J. et al. (2009). Anxiety and depressive disorders in offspring at high risk for anxiety: A meta-analysis. *Journal of Anxiety Disorders, 23,* 1158–1164.

Michelson, L., Mavissakalian, M. & Marchione, K. (1985). Cognitive and behavioral treatments of agoraphobia: Clinical, behavioral, and psychophysiological outcomes. *Journal of Consulting and Clinical Psychology, 53,* 913–925.

Mills, R. & Wing, L. (2005). *Researching Interventions in ASD and Priorities for Research: Surveying the Membership of the NAS.* London: National Autistic Society.

Milne, J. M., Garrison, C. Z., Addy, C. L., McKeowen, R. E., Jackson, K. L., Cuffe, S. P. & Waller, J. L. (1995). Frequency of phobic disorder in a community sample of young adolescents. *Journal of the American Academy of Child and Adolescent Psychiatry, 34,* 1202–1211.

Mineka, S., Davidson, M., Cook, M. & Keir, R. (1984). Observational conditioning of snake fear in rhesus monkeys. *Journal of Abnormal Psychology, 93,* 355–372.

Mineka, S. & Cook, M. (1993). Mechanisms involved in the observational conditioning of fear. *Journal of Experimental Psychology, 122,* 23–38.

Moffitt, T. E., Harrington, H., Caspi, A., Kim-Cohen, J., Goldberg, D., Gregory, A. M. & Poulton, R. (2007). Depression and generalized anxiety disorder. *Archives of General Psychiatry, 64,* 651–660.

Muris, P., Steerneman, P., Merckelbach, H., Holdrinet, I. & Meesters, C. (1998). Comorbid anxiety symptoms in children with pervasive developmental disorders. *Journal of Anxiety Disorders, 12,* 387–393.

Muris, P., Merckelbach, H. & Damsma, E. (2000). Threat perception bias in nonreferred, socially anxious children. *Journal of Clinical Child Psychology, 29,* 348–359.

Muris, P. & Merckelbach, H. (2001). The Etiology of Childhood Specific Phobia: A Multifactorial Model. In M. W. Vasey & M. R. Dadds (Eds.), *The Developmental Psychopathology of Anxiety* (pp. 355–385). New York: Oxford University Press.

Muris, P., Meesters, C. & van Melick, M. (2002). Treatment of childhood anxiety disorders: A preliminary comparison between cognitive-behavioral group therapy and a psychological placebo intervention. *Journal of Behavior Therapy and Experimental Psychiatry, 33,* 143–158.

Muris, P., Bodden, D., Merckelbach, H., Ollendick, T. H. & King, N. (2003). Fear of the beast: A prospective study on the effects of negative information on childhood fear. *Behaviour Research and Therapy, 41,* 195–208.

Muris, P., Mayer, B., den Adel, M., Roos, T. & van Wamelen, J. (2009). Predictors of change following cognitive-behavioral treatment of children with anxiety problems: A preliminary investigation on negative automatic thoughts and anxiety control. *Child Psychiatry and Human Development, 40,* 139–151.

Murray, L., de Rosnay, M., Pearson, J., Bergeron, C., Schofield, E., Royal-Lawson, M. & Cooper, P. J. (2008). Intergenerational transmission of social anxiety: The role of social referencing processes in infancy. *Child Development, 79,* 1049–1064.

Nauta, M. H., Scholing, A., Emmelkamp, P. M. G. & Minderaa, R. B. (2003). Cognitive-behavioral therapy for children with anxiety disorders in a clinical setting: No additional effect of a cognitive parent training. *Journal of the American Academy of Child and Adolescent Psychiatry, 42,* 1270–1278.

Neal, J. A., Edelmann, R. J. & Glachan, M. (2002). Behavioral inhibition and symptoms of anxiety and depression: Is there a specific relationship with social phobia? *British Journal of Clinical Psychology, 41,* 361–374.

NIMH. *The National Advisory Mental Health Council Workgroup on Child and Adolescent Mental Health Intervention Development and Deployment.* Blueprint for Change: Research in Child and Adolescent Mental Health. 2001. Washington: NIMH.

Nock, M. K., Borges, G., Bromet, E. J., Alonso, J., Angermeyer, M., Beautrais, A., Bruffaerts, R., Chiu, W. T., de Girolamo, G., Gluzman, S., de Graaf, R., Gureje, O., Haro, J. M., Huang, Y., Karam, E., Kessler, R. C., Lepine, J. P., Levinson, D., Medina-Mora, M. E., Ono, Y., Posada-Villa, J. & Williams, D. (2008). Cross-national prevalence and risk factors for suicidal ideation, plans and attempts. *The British Journal of Psychiatry, 192,* 98–105.

Norberg, M. M., Krystal, J. H. & Tolin, D. F. (2008). A meta-analysis of d-cycloserine and the facilitation of fear extinction and exposure therapy. *Biological Psychiatry, 63,* 1118–1126.

Ollendick, T. H. & King, N. J. (1991). Origins of childhood fears: An evaluation of Rachman's theory of fear acquisition. *Behaviour Research and Therapy, 29,* 117–123.

Ollendick, T. H. & King, N. J. (2000). Empirically Supported Treatments for Children. In P. C. Kendall (Ed.), *Child and Adolescent Therapy: Cognitive-Behavioral Procedures* (pp. 386–425). New York: Guilford Press.

Ollendick, T. H. & King, N. J. (2004). Empirically Supported Treatments for Children and Adolescents: Advances Toward Evidence-Based Practice. In P. M. Barrett & T. H. Ollendick (Eds.), *Handbook of Interventions that Work with Children and Adolescents: Prevention and Treatment* (pp. 3–25). London: John Wiley & Sons, Inc.

Ollendick, T. H., Öst, L.-G., Reuterskiöld, L., Costa, N., Cederlund, R., Sirbu, C., Davis III, T. E. & Jarrett, M. A. (2009). One-session treatment of specific phobias in youth: A randomized clinical trial in the United States and Sweden. *Journal of Consulting and Clinical Psychology, 77,* 504–516.

Ollendick, T. H., Raishevich, N., Davis III, T. E., Sirbu, C. & Öst, L.-G. (2010). Specific phobia in youth: Phenomenology and psychological characteristics. *Behavior Therapy, 41,* 133–141.

Öst, L. G. (1987). Age of onset in different phobias. *Journal of Abnormal Psychology, 96,* 223–229.

Öst, L. G. & Hugdahl, K. (1981). Acquisition of phobias and anxiety response pattern in clinical patients. *Behaviour Research and Therapy, 19,* 439–447.

Öst, L. G., Svensson, L., Hellstrom, K. & Lindwall, R. (2001). One-session treatment of specific phobias in youths: A randomized clinical trial. *Journal of Consulting and Clinical Psychology, 69,* 814–824.

Otto, M. W., Henin, A., Hirshfeld-Becker, D. R., Pollack, M. H., Biederman, J. & Rosenbaum, J. F. (2007). Posttraumatic stress disorder symptoms following media exposure to tragic events: Impact of 9/11 on children at risk for anxiety disorders. *Journal of Anxiety Disorders, 21,* 888–902.

Otto, M. W., Tolin, D. F., Simon, N. M., Pearlson, G. D., Basden, S., Meunier, S. A., Hofmann, S. G., Eisenmenger, K., Krystal, J. H. & Pollack, M. H. (2010). Efficacy of d-cycloserine for enhancing response to cognitive-behavior therapy for panic disorder. *Biological Psychiatry, 67,* 365–370.

Paul, A. (2004). Wer hat Angst vorm bösen Wolf. In S. Schneider (Ed.), *Angststörungen bei Kindern und Jugendlichen* (pp. 41–53). Berlin: Springer.

Paul, G. L. (1967). Outcome research in psychotherapy. *Journal of Consulting and Clinical Psychology, 31, 109–118.*

Pediatric OCD Treatment Study (POTS) (2004). Cognitive-behavior therapy, sertraline, and their combination for children and adolescents with obsessive-compulsive disorder. *Journal of the American Medical Association, 292,* 1969–1976.

Pescosolido, B. A., Jensen, P. S., Martin, J. K., Perry, B. L., Olafsdottir, S. &Fettes, D. (2008). Public knowledge and assessment of child mental health problems: Findings from the National Stigma Study-Children. *Journal of the American Academy of Child and Adolescent Psychiatry, 47,* 339–349.

Petermann, U. (2010). *Entspannungstechniken für Kinder und Jugendliche.* Ein Praxisbuch. 5., veränderte Auflage. Weinheim: Beltz.

Petermann, F. (2009). Fallbuch der Klinischen Kinderpsychologie und -psychotherapie. Göttingen: Hogrefe.

Petermann, P. (2005). Zur Epidemiologie psychischer Störungen im Kindes- und Jugendalter. Eine Bestandsaufnahme. *Kindheit und Entwicklung, 14,* 48–57.

Petermann, U. & Petermann, F. (2010). *Training mit sozial unsicheren Kindern.* Weinheim: Beltz.

Petermann, U. & Petermann, F. (2006). *Training mit sozial unsicheren Kindern.* 9., völlig veränderte Auflage. Weinheim: Beltz.

Petermann, F. & Wiedebusch, S. (2008). *Emotionale Kompetenz bei Kindern.* Klinische Kinderpsychologie. 2., überarbeitete und erweiterte Auflage. Göttingen: Hogrefe.

Petermann, F., Koglin, U., Natzke, H. & von Marées, N. (2007). *Verhaltenstraining in der Grundschule.* Ein Präventionsprogramm zur Förderung emotionaler und sozialer Kompetenzen. Göttingen: Hogrefe.

Phillips, K. A., Stein, D. J., Rauch, S. L., Hollander, E., Fallon, B. A., Barsky, A., Fineberg, N., Mataix-Cols, D., Ferrão, Y. A., Saxena, S., Wilhelm, S., Kelly, M. M., Clark, L. A., Pinto, A., Bienvenu, O. J., Farrow, J. & Leckman, J. (2010). Should an obsessive-compulsive spectrum grouping of disorders be included in DSM-V? Review. *Depression and Anxiety, 27,* 528–555.

Pike, A. & Plomin, R. (1996). Importance of nonshared environmental factors for childhood and adolescent psychopathology. *Journal of the American Academy of Child and Adolescent Psychiatry, 35,* 560–570.

Pine, D. S., Cohen, P., Gurley, D., Brook, J. & Ma, Y. (1998). The risk for early-adulthood anxiety and depressive disorders in adolescents with anxiety and depressive disorders. *Archives of General Psychiatry, 55,* 56–64.

Pine, D. S., Klein, R. G., Coplan, J. D., Papp, L. A., Hoven, C. W., Martinez, J., Kovalenko, P., Mandell, D. J., Moureau, D., Klein, D. F. & Gorman, J. M. (2000). Differential carbon dioxide sensitivity in childhood anxiety disorders and nonill comparison group. *Archives of General Psychiatry, 57,* 960–967.

Pliszka, S. R. (1989). Tricyclic antidepressants in the treatment of children with attention deficit disorder. *Journal of the American Academy of Child and Adolescent Psychiatry, 28,* 882–887.

Pongratz, L. J. (1973). *Lehrbuch der Klinischen Psychologie.* Göttingen: Hogrefe.

POTS (2004). Cognitive-behavior therapy, sertraline, and their combination for children and adolescents with obsessive-compulsive disorder. The pediatric OCD treatment study (POTS) ransomized controlled trial. *JAMA, 292* (16), 1969–1976.

Prchal, A. & Landolt, M. A. (2009). Psychological interventions with siblings of pediatric cancer patients: A systematic review. *Psycho-Oncology, 18,* 1241–1251.

Rachman, S. (1977). The conditioning theory of fear acquisition: A critical examination. *Behaviour Research and Therapy, 15,* 375–387.

Rachman, S. (1991). Neoconditioning and the classical theory of fear acquisition. *Clinical Psychology Review, 17,* 47–67.

Rapee, R. M. (1997). Potantial role of childrearing practices in the development of anxiety and depression. *Clinical Psychology Review, 17,* 47–67.

Rapee, R. M. (2001). The Development of Generalized Anxiety. In M. W. Vasey & M. R. Dadds (Eds.), *The Developmental Psychopathology of Anxiety.* New York: Oxford University Press.

Rapee, R. M. (2002). The development and modification of temperamental risk for anxiety disorders: Prevention of a lifetime of anxiety? *Biological Psychiatry, 52,* 947–957.

Rapee, R. M. & Szollos, A. A. (2002). Developmental antecedents of clinical anxiety inchildhood. *Behaviour Change, 19,* 146–157.

Rapee, R. M., Kennedy, S., Ingram, M., Edwards, S. & Sweeney, L. (2005). Prevention and early intervention of anxiety disorders in inhibited preschool children. *Journal of Consulting and Clinical Psychology, 73,* 488–497.

Rapee, R. M., Abbott, M. J. & Lyneham, H. J. (2006). Bibliotherapy for children with anxiety disorders using written materials for parents: A randomized controlled trial. *Journal of Consulting and Clinical Psychology, 74,* 436–444.

Reed, V. & Wittchen, H.-U. (1998). DSM-IV panic attacks and panic disorder in a community sample of adolescents and young adults: how specific are panic attacks? *Journal of Psychiatric Research, 32,* 335–345.

Reinherz, H. Z., Giaconia, R. M., Pakiz, B., Silverman, A. B., Frost, A. K. & Lefkowitz, E. S. (1993). Psychosocial risks for major depression in late adolescence: A longitudinal community study. *Journal of the American Academy of Child and Adolescent Psychiatry, 32,* 1155–1163.

Reitzle, M., Metzke, C. & Steinhausen, H.-C. (2001). Eltern und Kinder: Der Zürcher Kurzfragebogen zum Erziehungsverhalten. *Diagnostica, 47,* 196–207.

Ross, A. Q. (1978). Behavior therapy with children. In S. L. Garneld & A. E. Bergin (Eds.), *Handbook of Psychotherapy and Behavior Change: An Empirical Analysis* (pp. 591–620). New York: Wiley.

Rothenberger, A. & Steinhausen, H.-C. (2005). *Medikamente für die Kinderseele. Ein Ratgeber zu Psychopharmaka im Kindes- und Jugendalter.* Göttingen: Hogrefe.

Rubin, K. H., LeMare, L. J. & Lollis, S. (1990). Social Withdrawal in Childhood: Developmental Pathways to Peer Rejection. In S. R. Asher & J. D. Coie (Eds.), *Peer Rejection in Childhood* (pp. 217–249). New York: Cambridge University Press.

Runge, A. J., Beesdo, K., Lieb, R. & Wittchen, H.-U. (2008). Wie häufig nehmen Jugendliche und junge Erwachsene mit Angststörungen eine psychotherapeutische Behandlung in Anspruch? *Verhaltenstherapie, 18*, 26–34.

RUPP Anxiety Study Group (2001). Fluvoxamine for the treatment of anxiety disorders in children and adolescents. *New England Journal of Medicine, 344,* 1279–1285.

Rutter, M. (1985). Resilience in the face of adversity. *British Journal of Psychiatry, 12,* 233–260.

Rutter, M. & Graham, P. (1968). The reliability and validity of the psychiatric assessment of the child: I. Interview with the child. *British Journal of Psychiatry, 114,* 563–579.

Rynn, M. A., Siqueland, L. & Rickels, K. (2001). Placebo-controlled trial of sertraline in the treatment of children with generalized anxiety disorder. *American Journal of Psychiatry, 158,* 2008–2014.

Saavedra, L. M., Silverman, W. K., Morgan-Lopez, A. A. & Kurtines, W. M. (2010). Cognitive behavioral treatment for childhood anxiety disorders: Long-term effects on anxiety and secondary disorders in young adulthood. *Journal of Child Psychology and Psychiatry, 51,* 924–934.

Sass, H., Wittchen, H.-U., Zaudig, M. & Houben, I. (2003). *Diagnostisches und Statistisches Manual Psychischer Störungen – Textrevision (DSM-IV-TR).* Göttingen: Hogrefe.

Scheeringa, M. S., Zeanah, C. H. & Cohen, S. A. (2010). PTSD in children and adolescents: Toward an empirically based algorithm. *Depression and Anxiety, 0,* 1–13.

Schmid, M., Fegert, S. M. & Petermann, F. (2010). Traumaentwicklungsstörung: Pro und Contra. *Kindheit und Entwicklung, 19(1), 1*–17.

Schmidt, N. B., Keough, M. E., Mitchell, M. A., Reynolds, E. K., MacPherson, L., Zvolensky, M. J. & Lejuez, C. W. (2010). Anxiety sensitivity: Prospective prediction of anxiety among early adolescents. *Journal of Anxiety Disorders, 24,* 503–508.

Schmidtke, A. & Schaller, S. (2000). The Role of Mass Media in Suicide Prevention. In K. Hawton & K. van Heeringen (Eds.), *The International Handbook of Suicide and Attempted Suicide* (pp. 675–698). New York: Wiley.

Schneider, S., Blatter, J., Herren, C., Adornetto, C., In-Albon, T. & Lavallee, K. (2011). The efficacy of a disorder-specific cognitive-behavioral treatment for separation anxiety disorder in young children: A randomized waitlist-controlled trial.*Psychotherapy & Psychosomatics, 80,* 206–215.

Schneider, S., Unnewehr, S., Florin, I. & Margraf, J. (2002). Priming panic interpretations in children of patients with panic disorder. *Journal of Anxiety Disorders, 16, 605–624.*

Schneider, S. (2004). *Angststörungen bei Kindern und Jugendlichen. Grundlagen und Behandlung.* Berlin: Springer.

Schneider, S. (in Vorbereitung). *TAFF-Trennungsangst-Programm für Familien: Ein familienbasiertes Behandlungsprogramm für Kinder mit Trennungsangst.* Unveröffentlichtes Manuskrip, Universität Basel.

Schneider, S. (in Vorbereitung). *Basler Bilder-Angst-Test (B-BAT).* Frankfurt: Pearson Assessment & Information Verlag.

Schneider, S. & In-Albon, T. (2003). Trennungsangst Inventar – Kind-/Elternversion. Unveröffentlichtes Manuskript, Universität Basel.

Schneider, S. & Margraf, J. (1998). *Agoraphobie und Panikstörung.* Fortschritte der Psychotherapie. Göttingen: Hogrefe.

Schneider, S. & Margraf, J. (2006). Diagnostisches Interview bei psychischen Störungen (DIPS). Berlin: Springer.

Schneider, S. & Margraf, J. (im Druck). *Panik. Angstanfälle und ihre Behandlung.* 3., überarbeitete und aktualisierte Auflage. Berlin: Springer.

Schneider, S. & Nündel, B. (2002). Familial transmission of panic disorder: The role of separation anxiety disorder and cognitive factors. *European Neuropsychopharmacology, 3,* 149–150.

Schneider, S. & Hensdiek, M. (2003). Panikanfälle und Angstsensitivität im Jugendalter. *Zeitschrift für Klinische Psychologie und Psychotherapie, 32,* 219–227.

Schneider, S. & Döpfner, M. (2004). Leitlinien zur Diagnostik und Psychotherapie von Angst- und Phobischen Störungen im Kindes- und Jugendalter: Ein evidenzbasierter Diskussionsvorschlag. *Kindheit und Entwicklung, 13,* 80–96.

Schneider, S., Adornetto, C. & Blatter, J. (2004). *Revised Children's Manifest Anxiety Scale – Elternversion.*Unveröffentlichtes Manuskript, Universität Basel.

Schneider, S., Suppiger, A., Adornetto, C. & Unnewehr, S. (2009). Diagnostisches Interview bei psychischen Störungen im Kindes- und Jugendalter (Kinder-DIPS) – Handbuch. Heidelberg: Springer.

Schneider, S., Unnewehr, S., & Margraf, J. (Hrsg.) (2009). *Kinder-DIPS. Diagnostisches Interview bei psychischen Störungen im Kindes- und Jugendalter.* 2., aktualisierte und erweiterte Auflage. Heidelberg: Springer.

Schneider, S., Houweling, J. E. G., Gommlich-Schneider, S., Klein, C., Nündel, B. & Wolke, D. (2009). Effect of maternal panic disorder on mother-child interaction and relation to child anxiety and child self-efficacy. *Archives of Womens Mental Health, 12,* 251–259.

Schneider, S., In-Albon, T., Nündel, B. & Margraf, J. (eingereicht). *The influence of parental panic treatment on children's psychopathology.*

Schneider, S., In-Albon, T. & Döpfner, M. (in Vorbereitung). *Leitlinien zur Diagnostik und Psychotherapie von Angst- und Phobischen Störungen im Kindes- und Jugendalter.*

Seligman, M. & Darling, R. B. (1997). *Ordinary Families, Special Children: A Systems Approach to Childhood Disability.* 2nd edition. New York: Guilford Press.

Shirkey, H. (1968): „Therapeutic Orphans", in: *Journal of Pediatrics, 72,* 119–120.

Shortt, A. L., Barrett, P. M. & Fox, T. L. (2001). Evaluating the FRIENDS program: A cognitive-behavioral group treatment for anxious children and their parents. *Journal of Clinical Child Psychology, 30, 525–535.*

Silverman, W. K. & Moreno, J. (2005). Specific phobia. *Child and Adolescent Psychiatric Clinics of North America, 14,* 819–843.

Silverman, W. K., Kurtines, W. M., Ginsburg, G. S., Weems, C. F., Lumpkin, P. W. & Carmichael, D. H. (1999). Treating anxiety disorders in children with group cognitive-behavioral therapy: A randomized clinical trial. *Journal of Consulting and Clinical Psychology, 67,* 995–1003.

Silverman, W. K., Pina, A. A. & Viswesvaran, C. (2008). Evidence-based psychosocial treatments for phobic and anxiety disorders in children and adolescents. *Journal of Clinical Child and Adolescent Psychology, 37,* 105–130.

Simons, M. (2009). Zwangsstörung. In S. Schneider & J. Margraf (Hrsg.), *Lehrbuch der Verhaltenstherapie,* Band 3: Störungen im Kindes- und Jugendalter (S. 629–645). Berlin: Springer.

Simons, M., Schneider, S. & Herpertz-Dahlmann, B. (2006). Metacognitive therapy versus exposure and response prevention for pediatric obsessive-compulsive disorder. *Psychotherapy and Psychosomatics, 75,* 257–264.

Sorce, J. F., Emde, R. N., Campos, J. J. & Klinnert, M. D. (1985). Maternal emotional signaling: Its effects on the visual cliff behavior of 1-year-olds. *Developmental Psychology, 21,* 195–200.

Sourander, A., Haavisto, A., Ronning, J. A., Multimäki, P., Parkkola, K., Santalahti, K., Nikolakaros, G., Helenius, H., Moilanen, I., Tamminen, T.,Piha, J., Kumpulainen, K. & Almqvist, F. (2005). Recognition of psychiatric disorders, and self-perceived problems. A follow-up study from age 8 to age 18. *Journal of Child Psychology and Psychiatry 46,* 1124–1134.

Southam-Gerow, M. A. & Kendall, P. C. (2002). Emotion regulation and understanding: Implications for child psychopathology and therapy. *Clinical Psychology Review, 22,* 189–222.

Speck, V. (2005). *Training progressiver Muskelentspannung für Kinder.* Göttingen: Hogrefe.

Speck, V. (2004). *Progressive Muskelentspannung für Kinder.* Entspannungs-CD. Göttingen: Hogrefe.

Spence, S. H., Donovan, C. & Brechman-Tooussaint, M. (2000). The treatment of childhood social phobia: The effectiveness of a social skills training-based, cognitive-behavioral intervention, with and without parental involvement. *Journal of Child Psychology and Psychiatry, 41,* 713–726.

Spence, S. H., Holmes, J. M., March, S. & Lipp, O. V. (2006). The feasibility and outcome of clinic plus internet delivery of cognitive-behavior therapy for childhood anxiety. *Journal of Consulting and Clinical Psychology, 74,* 614–621.

Spielberger, C. D., Gorsuch, R. L. & Lushene, R. E. (1970). *The State-Trait Anxiety Inventory: Test Manual for Form X.* Palo Alto, CA: Consulting Psychologists Press.

Steil, R. & Füchsel, G. (2006). *Interviews zu Belastungsstörungen bei Kindern und Jugendlichen (IBS-KJ).* Göttingen: Hogrefe.

Stein, M. B., Fuetsch, M., Müller, N., Höfler, M., Lieb, R. & Wittchen, H.-U. (2001). Social anxiety disorder and the risk of depression. *Archives of General Psychiatry, 58,* 251–256.

Stein, B. D., Jaycox, L. H., Kataoka, S. H., Wong, M., Tu, W., Elliott, M. N. et al. (2003). A mental health intervention for schoolchildren exposed to violence: A randomized controlled trial. *Journal of the American Medical Association, 290,* 603–611.

Steinhausen, H. C. & Juzi, C. (1996). Elective mutism: An analysis of 100 cases. *Journal of the American Academy of Child and Adolescent Psychiatry, 35,*606–614.

Steinhausen, H.-C., Metzke, C., Meier, M. & Kannenberg, R. (1998). Prevalence of child and adolescent psychiatric disorders: The Zürich epidemiological study. *Acta Psychiatrica Scandinavica, 98,* 261–271.

Stieglitz, R. D. (2008). *Diagnostik und Klassifikation in der Psychiatrie.* Stuttgart: Kohlhammer.

Stoneman, Z. & Berman, P. W. (1993). *The Effects of Mental Retardation, Disability, and Illness on Sibling Relationships: Research Issues and Challenges.* Baltimore: Paul H. Brookes.

Strauss, C. C. & Last, C. G. (1993). Social and simple phobias in children. *Journal of Anxiety Disorders, 1,* 141–152.

Strauss, C. C., Lahey, B. B., Frick, P., Frame, C. L. & Hynd, G. W. (1988). Peer social status of children with anxiety disorders. *Journal of Consulting and Clinical Psychology, 56,* 137–41.

Suhr, L. & Döpfner, M. (2005). *Leistungsängste. Therapieprogramm für Kinder und Jugendliche mit Angst- und Zwangsstörungen – THAZ,* Band 1. Göttingen: Hogrefe.

Suppiger, A., In-Albon, T.[1], Hendriksen, S., Hermann, E., Margraf, J. & Schneider, S. (2009). Acceptance of structured diagnostic interviews for mental disorders in clinical routine. *Behavior Therapy, 40,* 272–279.

Suveg, C. & Zeman, J. (2004). Emotion regulation in children with anxiety disorders. *Journal of Clinical Child and Adolescent Psychology, 33,* 750–759.

Suveg, C., Morelen, D., Brewer, G. A. & Thomassin, K. (2010). The emotion dysregulation model of anxiety: A preliminary path analytic examination. *Journal of Anxiety Disorders, 24,* 924–930.

Tabibnia, G., Lieberman, M. D. & Craske, M. (2008). The lasting effect of words on feelings: Words may facilitate exposure effects to threatening images. *Emotion, 8,* 307–317.

TADS (2007). The treatment for adolescents with depression study (TADS). Long-term effectiveness and safety outcome. *Archives of General Psychiatry, 64* (10), 1132–1144.

Thienemann, M., Moore, P. & Tompkins, K. (2006). A parent-only group intervention for children with anxiety disorders: Pilot study. *Journal of the American Academy of Child and Adolescent Psychiatry, 45,* 37–46.

Thomas, K. M., Drevets, W. C., Dahl, R. E., Ryan, N. D., Birmaher, B., Eccard, C. H., Axelson, D., Whalen, P. J. & Casey, B. J. (2001). Amygdala response to fearful faces in anxious and depressed children. *Archives of General Psychiatry, 58,* 1057–1063.

Thompson, E. A., Mazza, J. J., Herting, J. R., Randell, B. P. & Eggert, L. L. (2005). The mediating roles of anxiety depression, and hopelessness on adolescent suicidal behaviors. *Suicide and Life-Threatening Behavior, 35,* 14–34.

Thurner, F. & Tewes, U. (2000). *Kinder-Angst-Test II (KAT-II). Drei Fragebogen zur Erfassung der Ängstlichkeit und von Zustandsängsten bei Kindern ab 9 Jahren.* Göttingen: Hogrefe.

Tiet, Q. Q., Bird, H. R., Hoven, C., Moore, R., Wu, P., Wicks, J., Jensen, P. S., Goodman, S. & Cohen, P. (2001). Relationship between specific adverse life events and psychiatric disorders. *Journal of Abnormal Child Psychology, 29,* 153–164.

Treadwell, K. & Kendall, P. C. (1996). Self-talk in youth with anxiety disorders: States of mind, content specificity, and treatment outcome. *Journal of Consulting and Clinical Psychology, 64,* 941–950.

Treatment for Adolescents with Depression Study (TADS) Team (2004). Fluoxetine, cognitive-behavioral therapy, and their combination for adolescents with depression. *Journal of the American Medical Association, 292,* 807–820.

1 Andrea Suppiger and Tina In-Albon contributed equally to the research reported in this manuscript.

Treatment for Adolescents with Depression Study (TADS) Team (2007). Long-term effectiveness and safety outcomes. *Archives of General Psychiatry, 64,* 1132–1143.

Trumpf, J., Margraf, J., Vriends, N., Meyer, A. H. & Becker, E. S. (2009). Specific Phobia Predicts Psychopathology in Young Women. *Social Psychiatry and Psychiatric Epidemiology*,e-publication ahead of press, November, 2009.

Turner, S. M. & Beidel, D. C. (1989). Social phobia: Clinical syndrome, diagnosis, and comorbidity. *Clinical Psychology Review, 9,* 3–18.

Turner, S. M., Beidel, D. C. & Jacob, R. G. (1994). Social phobia: A comparison of behavior therapy and Atenolol. *Journal of Consulting and Clinical Psychology, 62,* 350–358.

Tuschen-Caffier, B., Krämer, M., Seefeldt, W. L. & Heinrichs, N. (June, 2010). Evaluation of a cognitive-behavioral group treatment for childhood social anxiety disorder in a randomized clinical sample. Symposium at the 6th World Congress of Behavioral and Cognitive Therapies, Boston, USA.

Tuschen-Caffier, B., Kühl, S. & Bender, C. (2009). *Soziale Ängste und soziale Angststörung im Kindes- und Jugendalter. Ein Therapiemanual.* Göttingen: Hogrefe.

Unnewehr, S., Schneider, S., Florin, I. & Margraf, J. (1998). Psychopathology in children of patients with panic disorder or animal phobia. *Psychopathology, 31, 69–84.*

Van Ameringen, M., Mancini, C. & Farvolden, P. (2003). The impact of anxiety disorders on educational achievement. *Journal of Anxiety Disorders, 17,* 561–571.

van der Kolk, B. A. (2009). Eintwicklungstraumastörung: Auf dem Weg zu einer sinnvollen Diagnostik für chronisch traumatisierte Kinder. *Praxis der Kinderpsychologie und Kinderpsychiatrie, 58, 572–586.*

Verhulst, F. C., Van der Ende, J., Ferdinand, R. F. & Kasius, M. C. (1997). The prevalence of DSM-III-R diagnoses in a national sample of Dutch adolescents. *Archives of General Psychiatry, 54,* 329–336.

von Marées, N. & Petermann, F. (2009). Förderung sozial-emotionaler Kompetenzen im Grundschulalter. *Kindheit und Entwicklung, 18,* 244–253.

Walkup, J. T., Albano, A. M., Piacentini, J., Birmaher, B., Compton, S. N., Sherrill, J. T., Ginsburg, G. S., Rynn, M. A., McCracken, J., Waslick, B., Iyengar, S., March J. S. &Kendall, P. C. (2008). Cognitive behavioral therapy, sertraline, or a combination in childhood anxiety. *New England Journal of Medicine, 359,* 2753–2766.

Watson, J. B. & Rayner, R. (1920). Conditioned emotional reactions. *Journal of Experimental Psychology, 3,* 1–14.

Watson, D. & Kendall, P. C. (1989). Understanding Anxiety and Depression: Their Relation to Negative and Positive Affective States. In P. C. Kendall & D. Watson (Eds.), *Anxiety and Depression: Distinctive and Overlapping Features* (pp. 3–26). San Diego, CA: Academic Press.

Watson, D. & Pennebaker, J. W. (1989). Health complaints, stress, and distress: Exploring the central role of Negative Affectivity. *Psychological Review, 96,* 234–254.

Watson, H. J. & Rees, C. S. (2008). Meta-analysis of randomized, controlled treatment trials for pediatric obsessive-compulsive disorder. *The Journal of Child Psychology and Psychiatry, 49,* 489–498.

Watson, D., Clark, L. A., Weber, K., Assenheimer, J. S., Strauss, M. E. & McCormick, R. A. (1995a). Testing a tripartite model: II. Exploring the symptom structure of anxiety and depression in student, adult, and patient samples. *Journal of Abnormal Psychology, 104,* 15–25.

Watson, D., Weber, K., Assenheimer, J. S., Clark, L. A., Strauss, M. E. & McCormick, R. A. (1995b). Testing a tripartite model: I. Evaluating the convergent and discriminant validity of anxiety and depression symptom scales. *Journal of Abnormal Psychology, 104,* 3–14.

Watt, M. C., Stewart, S. H. & Cox, B. J. (1998). A retrospective study of the learning history origins of anxiety sensitivity. *Behaviour Research and Therapy, 36, 505–525.*

Watt, M. C. & Stewart, S. H. (2000). Anxiety sensitivity mediates the relationships between childhood learning experiences and elevated hypochondriacal concerns in young adulthood. *Journal of Psychosomatic Research, 49,* 107–118.

Weems, C. F. (2008). Developmental trajectories of childhood anxiety: Identifying continuity and change in anxious emotion. *Developmental Review, 28,* 488–502.

Weiss, B., Catron, T., Harris, V. & Phung, T. M. (1999). The effectiveness of traditional child psychotherapy. *Journal of Consulting and Clinical Psychology, 67,* 82–94.

Weiss, B., Catron, T. & Harris, V. (2000). A 2-year follow-up of the effectiveness of traditional child psychotherapy. *Journal of Consulting and Clinical Psychology, 68,* 1094–1101.

Weissman, M. M., Bland, R. C., Canino, G. J., Faravelli, C., Greenwald, S., Hwu, H.-G., Joyce, P. R., Karam, E. G., Lee, C.-K., Lellouch, J., Lépine, J.-P., Newman, S. C., Oakley-Brown, M. A., Rubio-Stipec, M., Wells, J. E., Wickramaratne, P. J., Wittchen, H.-U. & Yeh, E.-K. (1997). The Cross-national Epidemiology of Panic Disorder. *Archives of General Psychiatry, 54,* 305–309.

Weisz, J. R., Weiss, B., Han, S., Granger, D. A. & Morton, T. (1995). Effects of psychotherapy with children and adolescents revisited: A meta-analysis of treatment outcome studies. *Psychological Bulletin, 117,* 450–468.

Weller, E. B., Young, K. M., Rohrbaugh, A. H. & Weller, R. A. (2001). Overview and assessment of the suicidal child. *Depression and Anxiety, 14,* 157–163.

Werner, E. E. & Smith, R. S. (1998). *Vulnerable but Invincible: A Longitudinal Study of Resilient Children and Youth.* New York: Adams.

Wewetzer, C., Jans, T., Beck, N., Reinecker, H., Klampfl, K., Barth, N., Hahn, F., Remschmidt, H., Herpertz-Dahlmann, B. & Warnke, A. (2003). Interaktion, Familienklima, Erziehungsziele und Erziehungspraktiken in Familien mit einem zwangskranken Kind. *Verhaltenstherapie, 13,* 10–18.

Wieczerkowski, W., Nickel, H., Janowski, A., Fittkau, B. & Rauer, W. (2000). *Angstfragebogen für Schüler (AFS).*Göttingen: Hogrefe.

Williams, J., Klinepeter, K., Palmes, G., Pulley, A. & Meschan Foy, J. (2004). Diagnosis and treatment of behavioral health disorders in pediatric practice. *Pediatrics, 114,* 601–606.

Wittchen, H.-U., Nelson, C. B. & Lachner, G. (1998). Prevalence of mental disorders and psychosocial impairments in adolescents and young adults. *Psychological Medicine, 28,* 109–126.

Wittchen, H.-U., Stein, M. B. & Kessler, R. C. (1999). Social fears and social phobia in a community sample of adolescents and young adults: Prevalence, risk factors and comorbidity. *Psychological Medicine, 29,* 309–323.

Wittchen, H.-U., Lieb, R., Pfister, H. & Schuster, P. (2000). The waxing and waning of mental disorders: Evaluating the stability of syndromes of mental disorders in the population. *Comprehensive Psychiatry, 41,* 122–132.

Wittchen, H.-U., Fuetsch, M., Sonntag, H., Müller, N. & Liebowitz, M. (2000). Disability and quality of life in pure and comorbid social phobia – Findings from a controlled study. *European Psychiatry, 15,* 1–13.

Wolpe, J. (1958). *Psychotherapy by Reciprocal Inhibition.* Stanford: Stanford University Press.

Wood, J. J., Piacentini, J. C., Southam-Gerow, M., Chu, B. C. & Sigman, M. (2006). Family cognitive behavioral therapy for child anxiety disorders. *Journal of the American Academy of Child and Adolescent Psychiatry, 45,* 314–321.

Wood, J. J., Drahota, A., Sze, K., Har, K., Chiu, A. & Langer, D. A. (2009). Cognitive behavioral therapy for anxiety in children with autism spectrum disorders: A randomized, controlled trial. *Journal of Child Psychology and Psychiatry, 50,* 224–234.
Woodward, L. J. & Fergusson, D. M. (2001). Life course outcomes of young people with anxiety disorders in adolescence. *Journal of the American Academy of Child and Adolescent Psychiatry, 40,* 1086–1093.
World Health Organization, WHO (1993). *Tenth revision of the international classification of diseases,* Chapter V (F): Mental and behavioural disorders (including disorders of psychological development). Research criteria. Geneve: WHO.
Wunderlich, U., Bronisch, T. & Wittchen, H.-U. (1998). Comorbidity patterns in adolescents and young adults with suicide attempts. *European Archives of Psychiatry and Clinical Neuroscience, 248,* 87–95.
Yeganeh, R., Beidel, D. C., Turner, S. M., Pina, A. A.&Silverman, W. K. (2003). Clinical distinctions between selective mutism and social phobia: An investigation of childhood psychopathology. *Journal of the Academy of Child and Adolescent Psychiatry*, *42*,1069–1075.
Zaworka, W., Hand, I., Jauernig, G., & Lünenschloss, K. (1998). *Hamburger Zwangsinventar. HZI.* Weinheim, Göttingen: Beltz.
Zellmann, H., Jans, T., Irblich, B., Hemminger, U., Reinecker, H., Sauer, C., Lange, K.W., Tucha, O., Wewetzer, C., Warnke, A. & Walitza, S. (2009). Kinder und Jugendliche mit Zwangsstörungen, eine prospektive Verlaufsstudie. *Zeitschrift für Kinder- und Jugendpsychiatrie und Psychotherapie, 37,* 173–182.
Zivin, K., Eisenberg, D., Gollust, S. E. & Golberstein, E. (2009). Persistence of mental health problems and needs in a college student population. *Journal of Affective Disorders, 117,* 180–185.

Ratgeber für Eltern

Finger, G. (2005). *Brauchen Kinder Ängste? Wie Kinder an ihren Ängsten wachsen.* Stuttgart: Klett-Cotta.
Friedl, J. (2003). *Spielerisch mit Angst umgehen.* Ravensburg: Ravensburger Buchverlag.
Maur-Lambert, S. & Landgraf, A. (2003). *Keine Angst vor der Angst! Elternratgeber bei Ängsten im Grundschulalter.* Dortmund: Verlag modernes lernen Borgmann.
Schmidt-Traub S. (2001). *Selbsthilfe bei Angst im Kindes- und Jugendalter.* Göttingen: Hogrefe .
Schulte-Markwort, M. & Graf Schimmelmann, B. (1999). *Kinderängste: Was Eltern wissen müssen.* München: Midena.

Bücher und Broschüren für Kinder

Aliki, (1987). *Gefühle sind wie Farben.* Weinheim/Basel: Beltz.
Bohdal, S. (1996). *Selina, Pumpernickel und die Katze Flora.* Zürich: Nord-Süd.
Boie, K. (2001). *Kirsten Boie erzählt vom Angst haben.* Hamburg: Oetinger.
De Beer, H. (2004). *Der kleine Eisbär und der Angsthase.* Lüneburg: Findling.
Ende, M. & Fuchshuber, A. (1978). *Das Traumfresserchen.* Stuttgart: Thienemanns.

Löffel, H. & Manske, C. (1996). *Ein Dino zeigt Gefühle.*Ruhnmark: Donna Vita.
Mai, M. & Suetens, C. (2002). *Mein erstes Mutmach-Bilderbuch: Vorlesegeschichten.* Ravensburg: Ravensburger.
Portmann, R. (2002). *Mut tut gut.* 2. Auflage. Würzburg: Arena.
Schneider, S. & Borer, S. (2007). *Nur keine Panik: Was Kids über Angst wissen sollten.* Basel: Karger.

Stichwortverzeichnis

E

F

G

H

I

K

S

T

U

V

W

Y

Z

Merkblätter für Eltern

Kinderängste haben viele Gesichter!

Ängste im Kindesalter sind weit verbreitet und gehören zur normalen Entwicklung eines Kindes. Typischerweise sind diese Ängste vergleichsweise mild, altersspezifisch und vorübergehend.

Was ist eigentlich Angst?

Angst ist ein grundlegendes, normales Gefühl, das jeder kennt, so wie Freude, Wut und Traurigkeit. Normalerweise tritt Angst als Reaktion auf bedrohlich beurteilte Ereignisse auf. Obwohl Angst meistens als unangenehm erlebt wird, ist sie nicht gefährlich. Im Gegenteil, die Angst kann auch sehr nützlich und sinnvoll sein (→ siehe Abschnitt „Wozu haben wir überhaupt Angst?").

Wie zeigt sich Angst?

Jeder kennt das Gefühl der Angst und doch wird es von jedem anders wahrgenommen. Angst besteht aus drei Bestandteilen: Einem körperlichen Anteil (z. B. Herzklopfen, Zittern, Schwitzen), einem gedanklichen Anteil (z. B. „Meine Eltern könnten einen Unfall haben", „Die anderen denken, ich sei dumm", „Ich will hier weg" oder „Ich schaffe das nicht") und dem Verhalten, das in einer Angstsituation gezeigt wird. Beispielsweise laufen manche Kinder aus einer Situation weg, die ihnen Angst bereitet, während andere sich ganz fest an ihre Eltern klammern.

Wann ist die Angst zuviel und sollte behandelt werden?

Ängste werden dann als eine Krankheit bezeichnet, wenn sie starke und anhaltende Beeinträchtigungen für das Kind bedeuten, langfristig die normale Entwicklung des Kindes verhindern (z. B. wenn das Kind nicht mit Freunden spielt oder nicht mehr zur Schule geht) oder wenn sie Probleme in der Familie auslösen. Ängste, die hingegen zeitweise auftreten und für die jeweilige Entwicklungsphase normal sind, sollten entsprechend nicht behandelt werden.

Angst wird zur Krankheit, wenn...

- sie lange anhält und übermäßig stark ist.
- das Kind darunter leidet und sein normaler Alltag dadurch beeinträchtigt ist.
- die normale Entwicklung des Kindes behindert wird.

Wie häufig sind Angststörungen?

Moderne Studien zeigen, dass Angststörungen die häufigsten psychischen Erkrankungen des Kindes- und Jugendalters sind. Etwa 10 % der Kinder leiden unter einer Angsterkrankung. Des Weiteren hat sich auch gezeigt, dass Angststörungen in der Kindheit nicht einfach „verschwinden", sondern ernst genommen werden müssen, da sonst die Gefahr besteht, dass sie auch noch als Erwachsene unter Angststörungen oder auch an Depressionen leiden.

Woher kommen die Ängste?

Häufig überlegen sich Eltern, ob sie an den Ängsten ihrer Kinder schuld sind und etwas falsch gemacht haben. Auf die Frage, was Angst verursacht, kann auch heute noch niemand eine abschließende Antwort geben. Die Forschung hat gezeigt, dass die Ursachen von Ängsten sehr vielfältig sind und sich in verschiedene Bereiche gliedern lassen. Im folgenden Abschnitt werden einige der diskutierten Ursachen vorgestellt.

Die Rolle der Vererbung

Heute weiß man, dass Angsterkrankungen in manchen Familien häufiger auftreten als in anderen Familien. So berichten auch oft Betroffene, dass außer ihnen noch jemand aus der Familie ängstlich ist. Zwillingsstudien belegen, dass eine gewisse Veranlagung zur Angstbereitschaft vererbt wird. Jedoch zeigen gerade auch diese Studien, dass es von nicht-genetischen Faktoren, das heißt von der Umwelt abhängt, welche Angststörung sich ausbildet. Dies wiederum kann für die Behandlung als positives Zeichen gesehen werden, da Umweltfaktoren (z. B. Lernerfahrungen) im Gegensatz zur genetischen Anlage verändert bzw. „umgelernt" werden können.
Im Allgemeinen wird angenommen, dass nicht Angst als solche vererbt wird, sondern sog. Temperamentseigenschaften. Ähnlich, wie sich Menschen in ihrer Größe oder in ihrer Haarfarbe unterscheiden, unterscheiden sich Menschen in der Art und Weise, wie sie sich in fremden und unvertrauten Situationen verhalten. In den letzten Jahren hat sich gezeigt, dass Kinder, die von Geburt an in neuen, unvertrauten Situationen (z. B. gegenüber fremden Personen, Objekten oder Umgebungen) ein zurückgezogenes, vorsichtiges, vermeidendes und schüchternes Verhalten zeigen, eher dazu neigen, eine Angsterkrankung zu entwickeln.

Reaktionen anderer, wenn das Kind ängstlich ist

Wie bereits bei der genetischen Veranlagung angesprochen, haben auch Lernerfahrungen, das Umfeld des Kindes und das Verhalten der Bezugspersonen (z. B. Eltern oder Menschen, die viel Zeit mit dem Kind verbringen) einen großen Einfluss auf die Ausprägung von Ängsten.
Eltern lieben ihre Kinder und wollen sie beschützen, wenn diese verängstigt sind. Dies ist normal, kann aber in manchen Fällen ein „zuviel" an Hilfe sein. Überbehütendes Verhalten kann dazu führen, dass Eltern beginnen, die Angst ihres Kindes „vorherzusehen" und das Kind beschützen oder entlasten, auch wenn dies nicht unbedingt notwendig ist. Dies zeigt sich vor allem bei Eltern, die selber

ängstlich sind. Falls dieses Verhaltensmuster mehrmals auftritt und das Kind nicht mehr mit ungewohnten, herausfordernden Situationen konfrontiert wird, lernt es schnell z. B. die Einstellungen: „Die Welt ist gefährlich." oder „Ich schaffe das nicht.".
Eltern belohnen manchmal unbeabsichtigt ängstliches Verhalten des Kindes, z. B. wenn das Kind in angstauslösenden Situationen die volle Aufmerksamkeit der Eltern bekommt. Es ist jedoch wichtig, dass dem Kind in solchen Situationen nicht noch zusätzlich Aufmerksamkeit geschenkt wird. Das Kind sollte unterstützt und gelobt werden, wenn es mutiges Verhalten zeigt. Vermeidungsverhalten hingegen sollte nicht unterstützt werden.

Lernen am Modell

Kinder lernen durch Beobachtung und Nachahmung. Daher ist das Vorbildverhalten der Eltern sehr wichtig. Wenn ein Elternteil ängstlich ist und Situationen vermeidet, kann das Kind lernen, dass auf Angst mit Vermeidung reagiert werden sollte. Es wird damit keineswegs gesagt, dass das Kind aufgrund des Lernens am Modell eine Angsterkrankung entwickelt, jedoch könnte eine bereits vorhandene Ängstlichkeit des Kindes dadurch verstärkt werden.

Stress

Wenn das Kind einmal von einem Hund gebissen wurde, wird es sich sehr wahrscheinlich über eine gewisse Zeit lang Sorgen machen, dass sich dieses Erlebnis wiederholen könnte. Wenn sich die Eltern trennen oder scheiden lassen, ist es möglich, dass das Kind während einer gewissen Zeit das Vertrauen verliert oder es sensibler reagiert als sonst. Diese Reaktionen sind nachvollziehbar und natürlich. Wenn ein Kind ein stressvolles Ereignis erlebte und das Kind bereits vorher ängstlich war, kann ein solcher Zwischenfall einen großen Einfluss auf das Kind haben und die Angst verstärken. Ein solcher Auslöser lässt sich jedoch nicht bei jedem Kind mit einer Angststörung finden.

Was sollten Sie als Eltern tun?

Die Ängste Ihres Kindes können Sie als Eltern verunsichern und ratlos, jedoch nicht machtlos machen. Sie sollten mit Ihrem Kind und seinen Ängsten wie folgt umgehen: Die Ängste des Kindes ernst nehmen und mit ihm darüber sprechen, gemeinsam mit dem Kind die Möglichkeiten durchgehen, wie es gegen starke und übertriebene Ängste angehen kann, das Kind unterstützen, dass es sich mit seiner Angst auseinandersetzt, anstatt angstauslösende Situationen zu vermeiden, es für mutiges Verhalten loben und sich nicht von seiner Angst anstecken lassen.
Mit diesen Maßnahmen können Sie Ihrem Kind helfen, Mut und Zuversicht zu entwickeln, damit es wagen kann, etwas auszuprobieren und sich auf neue, ungewohnte Situationen einzulassen. So wiederum können Selbstbewusstsein und Selbstvertrauen entwickelt und gefördert werden.

Wenn jedoch Ängste den Alltag bestimmen oder das Kind unter der Angst leidet, sollten Sie nicht zögern und Ihrem Kind Hilfe organisieren. Klinische Kinder- und

Jugendpsychologen kennen Angstprobleme gut und helfen Ihnen gerne. (→ siehe Abschnitt Behandlung)

Tipps für den Umgang mit ängstlichen Kindern

- Loben Sie das Kind, wenn es mutiges Verhalten zeigt.
- Ignorieren Sie ängstliches Verhalten des Kindes.
- Geben Sie dem Kind keine zusätzliche Aufmerksamkeit, wenn es wegen der Angst Situationen vermeidet.
- Trauen Sie dem Kind etwas zu – übergeben Sie ihm Eigenverantwortung.
- Haben Sie Geduld, wenn sich der Erfolg nur langsam einstellt.
- Geben Sie dem Kind zu verstehen, dass es in Ordnung ist, Gefühle zu zeigen, dass Angst aber nicht „gefährlich" ist.
- Setzen Sie sich mit Ihren eigenen Ängsten auseinander.
- Holen Sie sich professionelle Hilfe, wenn die Ängste lange andauern, das Kind darunter leidet oder es durch die Ängste beeinträchtigt wird.

Wozu haben wir überhaupt Angst?

Angst erfüllt auch eine sinnvolle und notwendige Funktion. Während unserer Entwicklungsgeschichte entwickelte sich die Angst als eine überlebenswichtige Reaktion. Als die Menschen noch in der freien Natur lebten, war Angst lebensnotwendig als Vorbereitung auf Flucht und Kampf. Auch heute noch ist ein gewisses Maß an Angst und Vorsicht sinnvoll. Z.B. zeigt sich eine Angst-Alarmreaktion, wenn beim Überqueren einer Straße plötzlich ein Auto hupend und schnell auf Sie zukommt. Sie werden aufgrund einer automatischen Angstreaktion rasch zur Seite springen und sich damit das Leben retten. Die typischen körperlichen Reaktionen bei Angst dienen der Vorbereitung des Körpers auf schnelles Handeln.

Wie die Vergangenheit die Gegenwart erklärt: Evolutionsgeschichtliche Aspekte kindlicher Angst

Die Angst vor Monstern unter dem Bett...

In der Menschheitsgeschichte ist die Gewohnheit, dass Kinder alleine in ihrem eigenen Bett und in ihrem eigenen Zimmer schlafen, eher jüngeren Datums. Fast alle Primaten, wie beispielsweise Schimpansen, verbringen die Nächte, im Vergleich zu den Menschen, immer noch auf Bäumen. Wenn man an all die Gefahren bedenkt, denen die Primaten am Boden ausgesetzt sein könnten (z. B. Schlangen, Löwen), ist dies leicht zu verstehen. Dass die Angst vieler Kinder vor dem „Monster unter dem Bett" hier ihren Ursprung hat, scheint ein wenig weit hergeholt zu sein, aber aus evolutionärer Sicht könnte dies durchaus der Fall sein!

Die Angst vor Fremden ...

Das „Fremdeln" ist eine eher seltsame kindliche Angst, tritt doch diese Angst vor Fremden in der kindlichen Entwicklung in allen menschlichen Kulturen auf. Forschungsbefunde weisen darauf hin, dass es am ehesten erklärbar ist, wenn man annimmt, dass es durch natürliche Selektion als Anpassung an reale Gefahren in früheren Umwelten geformt wurde. Eine reale Gefahr, die Kindern, auch noch in der heutigen Umwelt, durch andere Menschen droht, sind Kindstötungen oder Kindsmisshandlungen. Aufgrund von Untersuchungen in verschiedenen Kulturen hat sich gezeigt, dass Kleinkinder ein erhöhtes Risiko haben, von anderen Menschen als seiner Mutter oder seinem Vater bedroht zu werden. Für Generationen von Kindern waren (und teilweise sind) also fremde Menschen eine lebensbedrohliche Realität, und jedes Kind, bei dem in einer solchen Situation nicht die Alarmglocken läuteten, hätte in der Umwelt unserer evolutionären Angepasstheit wohl eine geringere Überlebenschance gehabt.

Folgende Angsterkrankungen werden im Kindesalter unterschieden:

„Ich will nicht in den Keller, da sind Spinnen!": Phobien des Kindesalters
Kinder mit einer phobischen Störung zeigen eine dauerhafte und starke Angstreaktion gegenüber bestimmten Objekten, Situationen oder Tieren, von denen keine reale Gefahr ausgeht. Ist die Angst eng umgrenzt (z. B. Angst vor Phantasiegestalten, Spinnen, Spritzen), handelt es sich um eine Spezifische Phobie. Tritt die Angst immer in sozialen Situationen auf (z. B. vor der Schulklasse sprechen), und befürchtet das Kind, sich zu blamieren oder vor anderen dumm dazustehen, spricht man von einer Sozialen Phobie. Während der phobischen Reaktion kommt es bei Kindern zu starken körperlichen Symptomen wie Herzklopfen, Bauchschmerzen oder Zittern. Die Gedanken des Kindes kreisen um das phobische Objekt und beinhalten häufig die Überzeugung, dass eine Begegnung mit diesem zu persönlichem Schaden führen wird („Der Hund wird mich beißen", „Die anderen werden mich auslachen"). Auch das Verhalten des Kindes wird durch die Angst geprägt. Es vermeidet die gefürchtete Situation oder verlässt diese und sucht die Nähe seiner Eltern, die ihm Sicherheit vermitteln können.

Die häufigsten Inhalte kindlicher Phobien

- Angst vor Fremden
- Angst vor Dunkelheit
- Angst vor Tieren
- Angst vor Gewitter
- Angst vor Höhen

Bei Kindern mit Sozialer Phobie handelt es sich um anhaltende Ängste in sozialen Situationen, in denen das Kind auf Gleichaltrige trifft. Kinder mit einer Sozialen Phobie befürchten, wie gesagt, dass sie sich blamieren könnten oder die anderen Kinder denken, dass sie dumm seien. Anders als Erwachsene sind Kinder nicht immer in der Lage, den Grund ihrer Ängste zu benennen. Als Hinweise einer Sozialen Phobie im Kindesalter können beispielsweise folgende Verhaltensweisen auftreten: Schulverweigerung, Vermeidung von altersgemäßen sozialen Aktivitäten (Bevorzugung von untypischen, „einsamen" Hobbies, wie etwa Programmieren von Computern oder Beschäftigung mit historischen Fakten).

„Ich mache mir immer über alles Sorgen!": Die Generalisierte Angststörung

Kinder mit einer Generalisierten Angststörung machen sich übermäßig starke, unbegründete und nicht kontrollierbare Sorgen über verschiedene Situationen und Lebensbereiche: Sorgen über Kleinigkeiten wie Pünktlichkeit, gut genug in der Schule oder im Sport zu sein, sich richtig verhalten oder genug Freunde zu haben. Viele Kinder haben ein starkes Bedürfnis nach Rückmeldung und Rückversicherung durch Eltern und Lehrer, die ihnen erklären sollen, ob und wie sie die alltäglichen Situationen bewältigen können. Charakteristisch für diese Angst ist auch das Auftreten körperlicher Symptome der Anspannung. So klagen diese Kinder häufig über Ein- und Durchschlafprobleme, Konzentrationsschwierigkeiten, Muskelverspannungen, Müdigkeit oder Reizbarkeit.

„Ich setze mich im Kino immer neben den Ausgang, damit ich bei zu starker Angst flüchten kann!": Panikstörung und Agoraphobie

Panikstörung und Agoraphobie gehören nicht zu den „klassischen" Angststörungen des Kindes- und Jugendalters. Typischerweise treten diese Störungen erst im späteren Jugendalter oder im Erwachsenenalter auf. Hauptmerkmal der Panikstörung sind zeitlich umgrenzte Angstanfälle, die plötzlich, „wie aus heiterem Himmel" auftreten. Herzklopfen, Schwitzen und Atemnot sind die häufigsten wahrgenommenen Symptome von Jugendlichen. Bei den kognitiven Symptomen berichten Jugendliche Gedanken wie „das Gefühl, keine Luft zu bekommen" oder „Furcht zu sterben."Viele der Patienten mit Panikanfällen entwickeln mit der Zeit Vermeidungsverhalten. Sie beginnen, Orte zu vermeiden, an denen Panikanfälle auftreten könnten oder an denen es im Falle eines Angstanfalls schwierig oder peinlich wäre zu flüchten respektive es schwierig wäre, Hilfe zu bekommen. In solchen Fällen wird dann zusätzlich zur Panikstörung die Diagnose einer Agoraphobie vergeben. Typische Orte und Situationen, die vermieden oder nur mit starker Angst ertragen werden, sind: Kaufhäuser, Kinos, öffentliche Verkehrsmittel, Fahrstühle, hohe Türme oder Autofahren.

Literaturhinweise für Eltern und Kinder

Ratgeber für Eltern

Finger, G. (2005). *Brauchen Kinder Ängste? Wie Kinder an ihren Ängsten wachsen.* Stuttgart: Klett-Cotta.

Friedl, J. (2003). *Spielerisch mit Angst umgehen.* Ravensburg: Ravensburger Buchverlag.

Maur-Lambert, S. & Landgraf, A. (2003). *Keine Angst vor der Angst! Elternratgeber bei Ängsten im Grundschulalter.* Dortmund: Verlag modernes lernen Borgmann.

Schmidt-Traub S. (2001). *Selbsthilfe bei Angst im Kindes- und Jugendalter.* Göttingen: Hogrefe.

Schulte-Markwort, M. & Graf Schimmelmann, B. (1999). *Kinderängste: Was Eltern wissen müssen.* München: Midena.

Bücher und Broschüren für Kinder

Aliki, (1987). *Gefühle sind wie Farben.* Weinheim/Basel: Beltz.

Bohdal, S. (1996). *Selina, Pumpernickel und die Katze Flora.* Zürich: Nord-Süd.

Boie, K. (2001). *Kirsten Boie erzählt vom Angst haben.* Hamburg: Oetinger.

De Beer, H. (2004). *Der kleine Eisbär und der Angsthase.* Lüneburg: Findling.

Ende, M. & Fuchshuber, A. (1978). *Das Traumfresserchen.* Stuttgart: Thienemanns.

Löffel, H. & Manske, C. (1996). *Ein Dino zeigt Gefühle.*Ruhnmark: Donna Vita.

Mai, M. & Suetens, C. (2002). *Mein erstes Mutmach-Bilderbuch: Vorlesegeschichten.* Ravensburg: Ravensburger.

Portmann, R. (2002). *Mut tut gut.* 2. Auflage. Würzburg: Arena.

Schneider, S. & Borer, S. (2007). *Nur keine Panik: Was Kids über Angst wissen sollten.* Basel: Karger.